"高职高专商学系列教材" 编委会名单

高职高专商学系列教材

现代企业（第三版）管理学教程

XIANDAI QIYE GUANLIXUE
JIAOCHENG

林宙　刘善华　陈世艳　编著

暨南大学出版社
JINAN UNIVERSITY PRESS

中国·广州

图书在版编目（CIP）数据

现代企业管理学教程/林宙，刘善华，陈世艳编著.—3 版.—广州：暨南大学出版社，2014.8

（高职高专商学系列教材）

ISBN 978 - 7 - 5668 - 1118 - 9

I.①现⋯　II.①林⋯②刘⋯③陈⋯　III.①企业管理—高等职业教育—教材　IV.①F270

中国版本图书馆 CIP 数据核字（2014）第 187288 号

出版发行：暨南大学出版社

地　址：	中国广州暨南大学
电　话：	总编室（8620）85221601
	营销部（8620）85225284　85228291　85228292（邮购）
传　真：	（8620）85221583（办公室）　　85223774（营销部）
邮　编：	510630
网　址：	http：//www.jnupress.com　http：//press.jnu.edu.cn
排　版：	广州市天河星辰文化发展部照排中心
印　刷：	广东广州日报传媒股份有限公司印务分公司
开　本：	787mm×1092mm　1/16
印　张：	13.5
字　数：	340 千
版　次：	2006 年 2 月第 1 版　2014 年 8 月第 3 版
印　次：	2014 年 8 月第 7 次
印　数：	19001—22000 册
定　价：	29.00 元

总　序

呈现在读者面前的这一套"高职高专商学系列教材"是面向高等教育的专科教材。该系列教材内容涵盖了经济与管理两大学科中商务活动的基础理论、基础知识和基本技能，它在突出其实践性的同时，还对它们的性质、特点、方式、方法、过程及运行机制进行了研究。

商学是一门社会科学。我国清代学者郑观应曾说过："商理极深，商务极博，商心极密，商情极幻。"这便揭示了商学的特点及复杂性。据考证，商学最早的著作是 10 世纪阿拉伯的《商人手记》（即《巨商阿·德米斯基手记》），尔后，1458 年意大利出版了《商人学》，17 世纪德国出版了《商事学》等。商学发展历经沧桑，反映了不同国家生产力发展的水平和商务活动的状况。

进入 21 世纪，我国的生产力水平已经发展到了一个相当的高度。2003 年我国国内生产总值（GDP）已达 115 898 亿元，比上年增长 9.1%，按当时汇率计算，人均 GDP 首次突破 1 000 美元。2004 年 GDP 已达 136 515 亿元，又上了一个新台阶。2004 年全国社会消费品零售总额为 53 950 亿元，是 1949 年 140.5 亿元的 383.9 倍。据世界贸易组织秘书处公布：2004 年我国货物进口额为 11 547.4 亿美元（是 1950 年 11.3 亿美元的 1 021.8 倍），世界排名第 3 位；服务贸易出口额为 589 亿美元，世界排名第 9 位；服务贸易进口额为 697 亿美元，世界排名第 8 位，突显了我国经济发展的强劲态势和商务活动在国内、国际经济所处的重要地位。毫无疑问，加强商学科学研究、指导实践活动是时代赋予我们的使命。

从事商学教学与实践的各位作者、同人与全体商学界的同道殚见洽闻，得其三昧，为推动商学系列教材的建设与创新，师直为壮，不敢懈怠，殚精竭虑，编写了这一套与时俱进、适应当今我国经济和科技发展及商学科学要求的"高职高专商学系列教材"。

商学系列教材的编写得到了暨南大学、华南师范大学、广东工业大学、广州大学、广东技术师范学院、广东潮汕学院、广州金桥干部学院、广州科技职业技术学院、广州航海高等专科学校、长沙民政职业技术学院、白云职业技术学院、私立华联学院等高校的教授、院长、系主任的悉心指导和鼎力相助。他们的加盟，无疑给这套"高职高专商学系列教材"锦上添花。在此，我们衷心地感谢他们开物成务的创造性劳动！

当然，编写"高职高专商学系列教材"难免管中窥豹，但它所具有的特色不容置疑。

一是针对性强。本系列教材体现高职高专要求：强调理论够用，突出实践性。既能把握理论基础，又能为强化应用提供广阔的空间，一改过去专科生使用本科生教材上课的旧习。

二是编写作者阵容强大。编著者来自普通高校和高职高专院校的资深专业教师，包括一大批双师型教师，他们具有丰富的教学经验、实践经验和较高的写作水平，确保了教材的高质量和可读性。

三是知识内容丰富。本系列教材的内容在汲取国内外新理论、新经验、新科技的基础之上，作者结合自身的研究与实践，博采众长，切磋琢磨，使认识得到了升华，在很多方面不乏新意、新创。

四是体例新颖。本系列教材的编著一改过去的理论说教、平铺直叙的呆板方式，而是围绕素质、知识、能力三位一体的教育原则，在结构框架、栏目设置和写作风格上均有所创新，结构层次分明，并运用了图表、案例、专栏等形式，激发学生学习兴趣，增强学生学以致用的信心。

商学科学是一个极其复杂和动态的领域，处于不断发展变化之中。因此，要想穷尽所有的内容是不可能也是不必要的。诚如有人所说，建筑是一门遗憾的艺术，因为楼房建成以后总会发现一些缺陷与疵点。本系列教材的编著者们也会有与建筑师同样的感受，但他们已磨砺以须，恪守不渝，奋力紧跟时代发展，力使本系列教材日臻完善。

陈己寰

2005 年 5 月于华联园

前　言

　　本教科书以培养工商企业管理类应用型人才为目标，以教育部高职高专管理课程教学基本要求的精神为指导，为适应高职高专教师传授知识和学生实际应用的需要，以推进教学改革的创新和发展为动力编著而成。

　　本教材在内容和形式上有其特点：一是内容上，吸收了现代企业管理理论和实践的新发展，使本书的资料新颖，内容丰富生动，结构合理严谨，并以企业管理的软科学为特色，借鉴企业管理实务中成功的经验和失败的教训，重点突出，用现代企业管理的知识和智慧解决企业在发展进程中所面对的困难和挑战，为企业的发展出谋献策，加快企业现代化的步伐。二是在编排形式上，参考最新版面编排的特点，突出教学目标的要求，做好各章提纲挈领的小结；举出案例，进行案例的分析和探讨，联系学生实训的需要，给学生布置一定量的练习题及补充阅读参考资料等，以促进学生更加主动地学习和深入研究与解决企业管理的实际问题。

　　本教材自2005年出版以来，受到了许多院校师生及读者的喜爱。2014年，为了保证教材的内容能够与时俱进，我们决定对其进行修订，在章节、体例基本与第一版一致的基础上，更新了一些相关的现代企业管理知识与实用案例，希望以更好的内容、更优质的编写质量奉献给广大读者。

　　由于时间仓促，加之编著者水平有限，本教材在编写和修订中难免有不妥之处，敬请专家及读者指正。

作者

2014 年 7 月

目 录

2 现代企业的创立与发展

3 现代企业环境分析

4 现代企业战略管理

5 现代企业经营管理

6　现代企业品牌管理

7　现代企业技术创新管理

8 现代企业财务管理

9 现代企业管理者

10　现 代 企 业 文 化 建 设

11　现 代 企 业 策 划

12　现代企业诊断

13　企业管理现代化

1 现代企业管理概论

◉ **本章学习要点**

　　1. 了解现代企业的概念和类型。

　　2. 掌握现代企业管理的职能和作用。

　　3. 掌握现代企业管理的理论和学习方法。

　　4. 了解现代企业管理理论研究的意义和方法。

◉ **本章学习内容**

　　1. 现代企业的概念、特征与类型。

　　2. 现代企业管理的概念、性质和职能。

　　3. 现代企业管理理论的创立与发展。

　　4. 现代企业管理理论研究的意义和方法。

◉ 个　案

◉ 案 例 分 析

◉ 本 章 小 结

◉ 关 键 术 语 和 概 念

◉ 练 习 题

◉ 补 充 阅 读

　　现代企业管理理论是办好现代企业的行为指导，是现代企业谋求生存与发展的思想宝库。本章不仅是认识现代企业的状况，更重要的是学习和掌握先进科学的企业管理理论，并用以指导企业的社会实践活动，充分发挥企业管理的各项职能与作用，解决企业运行中存在的各种困难和问题，提高企业运行的效率，促进企业更快地发展。

1.1 现代企业的概念、特征与类型

1.1.1 现代企业的概念

企业是在一定的生产方式下从事生产经营活动的经济组织，它是与社会生产力相联系的社会化大生产的产物，并随着科技的进步、生产力的提高而不断发展。进入20世纪80年代之后，我国企业在改革开放的大潮推动之下，通过技术改造、设备的更新换代、采用现代管理手段和管理方法，进入到一个更高的现代化发展阶段，成为现代企业。现代企业是指从事商品生产、流通和服务等规模性的经济活动，为满足社会的各种需要而进行自主经营、独立核算、自负盈亏、自我约束和自我发展，并具有法人资格、实施现代企业制度、承担相应的社会道义和法律责任的现代经济组织。这个概念的基本含义包括以下三个方面：

（1）现代企业的创建一般有两个目的：一是社会性的目的，即现代企业充分有效地利用社会资源，千方百计地开发研制产品，或提供优质服务，满足社会多方面的需要，包括社会公众、其他企事业单位及政府机关的需要。市场有了需求，企业才有存在的理由和根据。二是经济性的目的，即现代企业为求得生存和发展，可以通过生产经营价廉物美、适销对路的产品和良好服务而获得社会的回报，以取得丰厚的效益，用以向国家缴纳税款，改善职工的福利待遇及为企业扩大再生产准备雄厚的资金。

（2）现代企业的行为方式是组织社会化的大生产，合理配置和开发多种资源，实行自主经营、自负盈亏、自担风险的经营实体，实施产权明晰、政企分开、权责分明、管理科学的现代企业制度。现代企业只有有了良好的经营业绩和品牌信誉，才能立足于市场，争取消费者的信任，在激烈的市场竞争之中立于不败之地。

（3）现代企业是具有法人资格的经济组织，它依法成立，具备法定的注册资本和必要的生产经营条件，可以以独立的法人身份参加社会的各种事务和经济活动。对外可签订合作协议和经济合同，并承担相应的法律责任。其在开展经济活动过程中应遵纪守法，维护社会经济的秩序和市场运行规则，不得采取任何不正当竞争手段，享有法律所赋予的经济权利和履行应尽的经济义务。

1.1.2 现代企业的特征

1. 企业资产的所有者和经营者相分离

现代企业的一个重要特征就是企业资产的所有权与经营权相分离。投资者将自己的资产委托给经营者经营，只享有对个人资产的处置权和收益权及对经营者的选择聘用权。经营者接受投资者的委托，独立自主地经营、支配和使用资产，力求使资产保值与增值，实现更高的经营利润，以给投资者更大的回报。

2. 拥有现代的技术

现代企业在生产经营活动中，为取得市场竞争的优势和良好的经济效益，尽一切努力采用最新的科学技术和先进的技术装备及自动化流水线等生产方式，极大地降低了生产者的劳动强度，运用数码控制技术改变管理者的重复劳动，激发生产经营者发挥自身的聪明才智，创造性地工作，极大地提高生产工作效率和企业效益，并需千方百计地应用多种技术，防治污染，消除三废，维护社会的生态环境及保证企业持续健康地运行和发展。在现代企业中，

科学技术知识和智力的开发已成为决定生产力发展速度、市场竞争力高低的关键因素。

3. 开展现代化管理

现代企业生产自动化程度的提高，要求有更严格的计划性、比例性和节奏性，要极大地降低各种资源的消耗，提高劳动生产率。因此，在精细分工和严密协作的基础上实施科学管理，通过程序化、规范化的生产经营，化解和防范经营中的风险，以高效、低耗、快速的方式，激励生产经营者的劳动热情和创造精神，推进社会化大生产，创造出日益增多的社会财富。

4. 企业规模趋向两极分化

现代企业一方面注重按经济规律办事，实现规模经济，同时注重产品质量和按国际标准开展规模化生产与经营；其充分运用资金、人才、信息等方面的资源，采取收购、兼并、合作等方式，走对外扩张和对内挖潜两项并重的发展道路，把企业做大、做强、做优，成为集团型的企业，取得在行业或整个市场的某种优势地位和核心竞争力，实施经济全球化或区域化的经营方式，以获取最大限度的利润，担负起振兴民族工业的重任。另一方面，也涌现出一批知识技术密集型、专业化程度高、规模较小的企业。这些小型化的企业以其投资少、见效快、适应性强、机动灵活、效率和效益高的优势，在市场竞争中显示出勃勃生机与活力，在市场经济的大洋中起着小快艇的作用。

5. 广泛的外部联系和灵活的适应能力

现代企业作为市场营销的主体，在经济活动中与其他企业和有关部门保持广泛的经济、技术联系，这是现代企业从外部获取各种资源、求得生存和发展的必要条件，也是国民经济其他组织正常运行的保证。同时，现代企业面对瞬息万变的市场，必须具有适应市场变化的能力，灵活调整自己的产品和服务，满足消费者的多种需要，取得市场的有利位置，提高产品在市场中的占有率。

1.1.3　现代企业的类型

当今存在的企业根据其资产构成的不同方式，可将其分为三种基本类型。

1. 独资企业

独资企业是指个人出资开展生产经营活动，资产全部归个人所有，其所有权和经营权完全统一的企业。即个人投资，个人自主经营管理，自负盈亏与独自承担所有的经营风险的企业。这种企业不具有法人资格，在法律上为自然人企业。

独资企业的特点，一般是资本少，规模较小，组织管理机构较简单，雇员较少，技术水平不高，经营范围较窄。其优点是：设立、转让、关停等手续较简便，能随机应变，产权转移迅速；个人决策迅速，经营灵活，效率较高，适应市场的能力较强；开支少，成本低，便于技术保密，容易保持其经营特色。其弱点是：资本有限，难以做大做强；业主经营风险较高，一旦经营失误，须承担无限责任，危及企业安全，故难以放手经营；企业没有独立的生命，如果业主死亡或在未转让的情况下放弃经营，企业就会随之消失。

独资企业诞生于早期的市场经济，并且至今仍存在于世，而且数量很多，可见其适应力强。独资企业比较适合于零售商业、服务业，如中国的个体杂货店、食品店、餐饮店、修理店等独资企业占80%以上，体现出市场经济的多样化特点。

2. 合伙制企业

合伙制企业是指由两个或两个以上的出资人，以合伙经营契约的形式，共同出资、共同经营、共享收益并共担风险的企业。在具体运作时，可以由其中的一个合伙人经营，其他的合伙人仅仅出资，并且共负盈亏；也可由所有的合伙人按协商一致的原则共同经营。合伙制企业也不具有法人资格，在法律上与独资企业一样，同为自然人企业。

合伙制企业的优点表现在两个方面：一是由于可以由众多合伙人共同筹资，因而可以扩大资本，能够从事规模较大的生产经营活动，而且企业的经营决策有了制约，必须共同协商决策；二是合伙人对企业的债务负有清偿的无限责任，意味着他们以自己的全部资产为企业担保，因此，合伙人对企业的盈亏十分关心，这有助于增强企业经营者的责任心，要求合伙人同心协力，群策群力，按章程制度行事，以创造良好的经营业绩。合伙制企业的缺点有四：一是合伙人对经营负有无限连带责任，风险太大；二是企业资产规模依然较小，资产所有权转让困难，合伙人中有一人退出或加入，都会引起企业的解散与重新组合；三是集体决策，遇到重大问题时难以统一意见，使得决策时效延迟；四是易形成多头领导，权力分散，增大管理协调的难度。

合伙制企业也是早期的企业形式。在现代商品经济中，合伙制企业的数量较少，仅占10%左右。一般只适合于资本规模较小、管理不复杂、不需设专门管理机构的生产或经营型企业；还有一些服务业企业，如会计师事务所、律师楼、广告商、经纪行等，往往也采取合伙制的形式。

3. 股份制企业

股份制企业一般称为公司，它是指由法定人数以上的股东出资组成，或是由两个以上的企业出资联合而成的企业。即公司是具有一定的组织机构和独立财产，能以自己的名义享有民事权利和承担民事义务，依照法定程序成立的经济组织。公司是法人，它在法律上具有独立的法人主体资格和行为能力及权利能力，公司实现了股东所有权与法人财产权的分离，公司法人财产具有整体性、稳定性和连续性的特点。只要公司存在一日，公司法人就不会丧失财产权。因此，公司在社会的信誉大为提高。公司按集资方式和股东承担责任的不同，可分为以下几种形式：

（1）无限责任公司。它是指由两个以上的股东组成，对公司的债务负连带无限清偿责任的公司。无限公司具有法人资格，是法人企业，它的股东必须是自然人，企业不能做股东，公司的信誉主要是建立在股东身上，而不在公司的资本上。

（2）有限责任公司。它是指由两个或两个以上股东共同出资，每个股东以其出资额对公司承担有限责任，是公司以其全部资产，对其债务人承担责任的企业法人。其基本特点是：①公司的全部资产不分为等额股份，公司向股东签发出资证明书，不发行股票；②公司股份的转让有严格的限制；③股东人数在法律上有上下限度；④股东按出资额，享受权利，承担义务。

（3）两合公司。它是指由无限责任股东和有限责任股东混合而成的公司。其中，无限责任股东对公司的债务负连带无限责任；有限责任股东对公司债务以出资额为限负有限责任。

（4）股份有限公司。它是指将注册资本分为等额股份，并通过股票或股权证筹集资本，股东以其所认购的股份对公司承担有限责任，是公司以其全部资产对公司债务承担责任的企业法人。其基本特点是：①公司的股票可以自由交易、转让；②股东人数必须达到法定人数；③每一股有一票表决权；④股东以其持有的股份数，享有相应的权利，承担对等的义务；⑤公司应将注册会计师审查验证的会计报表公之于众。

由此可知，不同形式的公司具有不同的特点。目前，我国现代企业的组织形式主要是有限责任公司和股份有限公司两种。公司突破了单个资本、小额合伙资本的限制，能有效地把分散的资本集合起来，有利于企业扩大经营规模。公司实行有限责任制度，以有限的责任可以创造无限的利润，有利于解除投资者的后顾之忧，增强公司的生产力和竞争力。公司的法人地位确定后，企业就成为一个有独立生命的主体，不会因某些自然人的生死存亡而使公司的经营活动受到牵连。公司制企业的缺点是组建起来比较困难，组织费用较高，政府和法律对公司的组建、变更、破产有很多限制条件，公司的财务数据难以保密，需要对政府部门和股东报告，公司要缴纳的税负比较重，公司要缴企业所得税，股东要缴个人所得税。

1.2　现代企业管理的概念、性质和职能

1.2.1　现代企业管理的概念

现代企业管理是适应现代生产力发展的客观要求，运用科学的思想、组织、方法和手段，对企业的生产经营活动进行有效的管理，创造最佳经济效益的过程。即由企业的经营管理者和职工按照市场经济的规律和运行规则，对企业的生产经营活动进行计划、组织、指挥、协调和控制，以适应外部环境的变化，充分利用各种资源，调整企业内部的管理机制，全面提高企业和社会经济效益的活动。

1.2.2　现代企业管理的新特点

1. 战略决策将更加强调灵活性和迅速

在瞬息万变的国内外环境中，现代企业能否制定出正确的战略和决策，将关系到企业的兴衰成败。因此，企业经营管理者需具备迅速适应新变化的能力，能审时度势，高瞻远瞩，快速对变化的环境做出反应，抓住机遇，应对挑战，战胜风险，取得成功。这就要求企业战略的灵活性及决策的及时性，捕捉市场需求信息，研发新产品的速度更加快捷，以便抢占先机，领先一步占领市场。由于企业的战略决策至关重要，传统的高层个人决策已被专家智囊团所取代，需要快速制定出有远见卓识、符合现代企业发展和市场需要的战略与决策。

2. 信息管理将成为企业核心竞争力的重要手段

丰富而准确的信息将为现代企业制定正确的战略决策提供可靠的依据，促使企业掌握现代的科学技术，合理配置市场资源，开发产品，开拓新的市场等。对此，现代企业十分注重准确、全面、有效地收集、加工、利用信息资源，作为提高管理效率、保持竞争优势的重要手段。

3. 企业家团队在现代企业的作用日益突出

现代企业发展历程证明，一个企业的兴盛或衰败，在很大程度上取决于企业家团队的智慧、意志和魄力。现代企业已充分意识到一个企业要想在激烈复杂的市场竞争中立于不败之地，必须建设一支优秀的企业家队伍。这支队伍不仅具有管理的能力，还具备应变能力、洞察事物的能力、决断能力、承担风险的勇气和开拓创新的精神。这真可谓"国家强盛思良将，企业兴旺靠优秀企业家"。

4. 按国际市场规则和惯例管理企业已成趋势

全球经济一体化已是大势所趋，世界贸易规则、产品服务及国际标准已成为现代企业必须遵循的法则。对此，企业需要在产品信誉、质量、价格、服务和设计等方面符合国际统一

的标准和规则，只有这样才能领取进入国际市场的通行证或许可证。这就要求现代企业加强经营管理，制订缜密的计划和长远发展规划，细分国际市场，选择适宜企业开发的目标市场，确定本企业的产品定位，实施最佳的营销组合方式，战胜国际竞争对手，夺取国际市场的一席之地。

5. 现代企业的风险管理更加突出

随着知识经济和信息时代的来临，现代企业的发展更加依赖于对科学技术知识和市场复杂多变信息的认识和掌握程度。然而，高新技术不断涌现，市场供求关系千变万化，对企业的发展前途不可能做出准确预测，这些使现代企业的经营者十分困惑，甚至束手无策。因此，怎样识别风险、避开风险、战胜风险、化险为夷，已成为现代企业一个十分重要的管理课题。加强风险管理，提高对风险的预测能力，制定对风险的防范措施，积极有效地开发市场急需的紧缺商品，提高企业开发市场的成功率，减少经营失败造成的亏损，取得良好的风险收益，这些对现代企业的风险管理提出更高的要求。

6. "以人为本"，重视人力资源的深度开发

当今市场竞争是科学技术、研制产品、经营管理的竞争，但归根到底是人才的竞争。对此，现代企业家十分重视对人力资源的开发和人才的培养；不惜重金引进人才，培育人才，珍惜人才，发挥人才的作用，已成为现代企业的共识。这就要求企业加强文化建设，形成尊重知识和人才的良好氛围和风气；要"以人为本"，关心人、爱护人、帮助人、激励人，使企业员工的潜能和聪明才智得到充分发挥；要千方百计地创造条件，构建平台，让人才能脱颖而出，人才辈出，实现人的价值和作用；要加强对人力资源的管理，使上下同心，团结一致，风雨同舟去战胜困难，出奇制胜，创造企业美好的未来。

1.2.3 现代企业管理的职能

1. 计划与预测的职能

计划是对既定目标进行具体的安排，作为企业全体职工在一定时期内的行动纲领，并规定实现目标的途径和方法的管理活动。在市场经济激烈竞争的形势下，现代企业要提高经济效益，创造更多的利润，就必须按照市场的需求和企业发展规划及自身的资源条件，确定经营目标，运用综合平衡、协调配置的方法，开展市场调研和预测工作，掌握市场的充分信息，对企业的内外条件进行严格的科学分析，对企业未来发展变化的趋势进行预测，制订企业的各类经营计划。只有这样，才能把企业的调研、预测和计划制订等工作有机地结合起来，保证企业有条不紊、循序渐进地实现预定的发展目标。

2. 组织与指挥的职能

现代企业为了实现生产经营活动的目标和计划，必须把生产经营活动的各要素、各部门、各环节以及同企业外部的各种联系合理地组织起来，使组织内部各个要素联结成一个有机整体，使人、财、物得到充分有效使用的管理活动。为此，现代企业就要建立和完善组织保证体系，合理地设置组织机构，明确各职能机构的职能、职责和职权；明确上下级之间的领导关系和相互间的协作关系，建立信息沟通的渠道，正确挑选和调配各类工作人员，加强考核和培训，实施合理的奖惩制度等，加强分工协作，恪尽职守，完成任务，实现目标；要尽一切可能地精简机构，减少层次，压缩人员编制，提高工效，克服机构臃肿、人员过多的"大企业病"；要建立强有力的高效率的生产指挥系统，对企业的生产经营活动实现统一领导和指挥，及时解决生产经营过程中的问题；要充分发扬民主，经常听取广大职工的意见，充分

发挥群众的智慧和力量，并深入加强思想教育、法制教育工作，保证企业统一步调、协调稳健地运营与发展。

3. 监督与控制的职能

在计划执行的过程中，现代企业必须监督和控制计划的执行情况。即按照既定目标、计划和工作标准与要求，对企业生产经营活动中各方面的实际情况进行检查和监督，如检验原材料、零部件、外购件产品的质量，考察检验人员是否严格把关；科技人员制定的技术标准是否符合国际标准及环保要求；采购人员是否按质量标准购进企业所需的原材料等。现代企业必须严加督导和监控，发现问题，分析原因，并采取有效措施予以纠正，排除各种因素的干扰，促使工作能按原计划和工作标准进行，或根据客观情况的变化，对计划作适当的调整，以期实现预定的企业目标。

4. 教育和激励的职能

现代企业要创造良好的经济效益，必须调动全体员工的积极性和创造力，通过各种喜闻乐见的形式和丰富多彩的文化活动，教育职工爱国家、爱企业、爱岗敬业，勤奋学习和掌握生产经营的科学技术和方法，改进生产工艺，降低生产消耗和经营成本，开展群众性岗位练兵、劳动竞赛、文体竞技等活动，使广大职工深受教育和鼓舞，不断增强企业的向心力、凝聚力和战斗力；现代企业还可通过建立合理的奖惩制度，把物质鼓励和精神鼓励很好地结合起来，实现按劳分配、按业绩分配、按贡献分配的政策，用"待遇留人，感情留人，事业留人"的方法，留住人才，鼓励人才冒尖，干出成绩，并使广大职工团结一心，共同奋斗，共创企业的辉煌。

5. 挖潜和创新的职能

现代企业在生产经营及管理活动中，不断采用新技术、新工艺、新设备、新材料和新方法，促进生产效率和经济效益的全面提升；在向科技方向寻求发展的同时，也应向下使劲，练好内功，创新挖潜。现代企业应充分发挥企业内部的人力、物力、财力的潜能，尤其是人力资源，它像一座蕴藏量丰富的有待开发的矿山，只有通过机制创新，科技创新，培养创新人才，深入地发动思想，给予春天般的关怀、事业的鼓励及物质利益的支持，才能让埋藏在广大职工内部的源泉喷涌而出，变成改造企业现状、推进企业发展的强大力量，使企业能持续、稳健、快速地发展，创造出新的伟业。

1.3 现代企业管理理论的创立与发展

1.3.1 传统企业管理思想的形成

18世纪后期，英国经过产业革命，瓦特改良的蒸汽机得到广泛应用，于是机器生产代替手工制作，用自然力、机械力代替了人力，在英国以至随后在欧洲各国都相应建立了许多工厂。这个时期的企业，生产规模不大，生产技术也不复杂，管理工作主要依靠个人经验。对企业管理的认识，主要体现在工厂管理者的个人实践和经济学家的个别论述之中，尚未形成系统的企业管理理论。

传统企业管理的主要特点是企业的所有者和管理者没有完全分离，企业管理者一般也是企业资本的所有者，专职的管理者还不多；企业管理是靠个人的经验和感觉，工人凭个人技术、经验操作，没有科学的操作规程；管理人员凭个人经验从事管理工作，没有统一的管理方法；管理人员和工人的培养，也只能靠师傅带徒弟的办法，通过言传身教传播个人的经验、感受和体会，没有统一的标准和要求。

传统企业管理的主要内容是生产管理、工资管理和成本管理。企业管理者只关心和解决如何分工协作以提高生产效率，如何减少物资原料的消耗以赚取更多的利润等问题。这种状况一直延续到19世纪末期，那时已不能适应生产力发展的需要，客观上要求建立一套科学的企业管理理论和管理方法。

1.3.2 科学管理理论的产生

在20世纪初到20世纪40年代，当时社会的资本主义自由竞争逐步向垄断过渡，科学技术及生产社会化的程度不断提高，市场和企业规模不断扩大，生产技术更加复杂，分工协作更加严密，对企业管理工作的要求越来越高。客观上要求企业管理工作成为一种专门的职业，建立专业的管理部门，制定科学的管理制度，采用有效的管理方法；同时，也要求对过去积累的管理经验进行系统化、科学化、标准化，并上升为理论，用科学的管理理论取代传统的管理经验，以指导管理实践，提高企业的整体管理层次和水平。由此，科学管理理论也应运而生。

科学管理理论主要有美国管理专家泰罗提出的科学管理理论，法国管理学者法约尔提出的一般管理理论和德国管理学家韦伯提出的行政组织体系理论，这些是当时典型的理论代表。

泰罗于1911年出版了《科学管理原理》，这是世界工业史上第一本以工厂管理作为研究对象的书，他提出的管理思想和管理方法对企业产生了深远的影响。其著作的内容主要有：①采取职能组织形式，实行专业化分工，各负其责，各管其职；②通过对生产劳动的动作研究和时间研究，制定标准的作业动作、程序、方法和时间；③规定工作定额，实施胡萝卜加大棒的政策，超额有奖，没完成定额受罚，实行差别工资制；④实行例外原则，即上司对下属分权，上司集中精力对企业重大事项做出决定，并实施有效管理。泰罗提出上述的科学管理原理和方法，在企业生产运营中被广泛采用，取得积极的效果，使劳动生产效率大为提高，至今在许多企业仍被广泛应用。

法约尔针对企业经营管理的职能和原则，在他的《工业管理和一般管理》中，提出将管理职能从企业生产经营活动中分离出来，明确管理上的五大职能是计划、组织、指挥、协调、控制；并提出实施管理的重要原则是分工、权利与责任的统一、纪律与命令的统一、指挥的统一、个人利益服从整体利益、员工的报酬、集权化、等级制、秩序、公平、职工工作的稳定、首创精神和集体精神。法约尔理论丰富了科学管理的理论，为管理组织理论的发展创立了理论条件。

韦伯在他的行政组织体系理论中指出：①组织体系存在明确的分工；②组织内部按职务级别，形成自上而下的等级系统；③组织依法规组建而成；④组织成员之间是一种职位关系，不受个人情感的影响；⑤任用人员须通过公开考试确定，有严格的选择标准和条件。

总之，科学管理理论是将丰富的管理经验进行系统和科学的总结，倡导运用科学的方法和手段来解决企业生产管理及行政机构职能等问题，使管理工作程序化、规范化和标准化，但对人的特性关注不够。

1.3.3 现代管理理论的创立与发展

从 20 世纪 40 年代开始，随着世界科学技术的进步，商品经济和生产力的迅速发展，企业生产经营规模日益扩大，生产流程更加复杂，市场竞争激烈，出现了生产、技术贸易、资本国际化的新情况、新问题、新要求。这些都迫切要求用新的管理理论来加以解决和指导，促进现代管理理论的创新和发展，其中主要体现在"行为科学"和"管理科学"两大管理理论学派。行为科学理论是从社会学、心理学的角度，以人际关系和社会环境等方面为重点，研究人的行为对企业生产经营活动的影响，企业不仅要重视物质技术条件，更重要的是关心人、爱护人，做好人的思想工作，处理好人与人的关系，激励人的主动性和创造性，才能提高劳动生产率，创造更高的企业经济效益。行为科学的代表人物有美国行为学家梅奥，他开创了著名的霍桑试验，对人的个性、需求、动机及行为的特征，特别是对企业生产运行中的人际关系进行观察分析与研究，并发表了专著《工业文明的人类问题》。其主要论点是：①企业员工不但是经济人，而且是社会人，企业管理者应当重视人的社会性；②创造条件，尽可能满足企业员工的需求，可充分调动员工的积极因素和内在潜力；③企业中存在诸多的"非正式组织"，管理者应尽力使这些小群体组织与企业的目标保持协调一致。除梅奥之外，还有马斯洛的需要层次理论、赫茨伯格的双因素激励理论以及麦格雷戈的 X 理论和 Y 理论等，这些理论极大丰富和发展了行为科学的内涵。

管理科学理论实际上继承和发展了科学管理理论，它将泰罗的动作研究和时间研究提升到工业工程学和工效学层面，提倡在管理科学理论中要广泛吸收自然科学、技术科学、社会科学研究中的新成果和新学问，积极运用运筹学、系统工程、电子计算机等科技手段，创立出新的管理科学理论学派，如决策理论学派、权变理论学派、系统理论学派和数理统计理论学派等。

上述两大学派，行为科学强调生产关系，管理科学强调生产力，随着现代企业的发展，两大学派相互补充，日趋完善。体现现代管理理论创新的观念有：①经营决策正确与否决定企业的成败；②企业发展的核心力是提高科研水平，开发市场需求的新产品；③企业管理以人为本，建设一支优秀的高素质的职工队伍；④广泛应用现代科学技术的成就和科技手段管理企业；⑤实施系统管理、资本营运、企业流程再造、精益生产等新的生产经营方式，不断发展生产力和市场竞争力。

1.3.4 我国企业管理的实践与转变

我国企业管理发展比较迟缓。新中国成立之前，我国长期处在半殖民地半封建社会，工业落后，企业管理水平低，管理人才十分贫乏。新中国成立后，企业管理有了比较大的改观，但因长期实行计划经济体制，以国家计划为中心，重视政治手段来管理企业，强调提高生产产量，增产节约，降低成本，不管市场，埋头生产，导致企业管理的弊端十分突出，"吃大锅饭"的现象相当严重，企业经济效益很差。1978 年党的十一届三中全会后，随着经济体制改革的深化，市场经济体制的逐步建立和完善，我国的企业管理发生了极为深刻的变化：

（1）政企分开。企业的法人地位得到确定，企业管理的重心转移到以市场为中心、以提高经济效益为目标的轨道上来。

（2）企业管理者开始注重外部环境的影响因素，研究和合理配置社会资源，积极参与市场竞争，优胜劣汰，求得企业在环境中生存和发展。

（3）企业管理者开始加强职工队伍和企业文化建设，注重整体素质和技术实力，建立新的企业形象，培养企业精神，创建企业品牌，保证企业持续、稳定、健康地发展。

（4）企业管理者注重研究企业的发展战略，确定企业的战略目标，克服企业的短期行为，并集中全力和资源努力实现企业的长远发展。

（5）为适应市场的变化，尤其是国际市场复杂多变的状况，现代企业管理者意识到须加强企业内部管理，练好内功，实现多元化经营，以适应市场的多种需求。

随着市场经济体制的确立，市场运行规则和秩序的规范，现代企业制度不断完善，我国企业管理的水平将不断提高，只有认真学习和借鉴先进企业的经验，博采众长，才能大大加快企业管理现代化的进程。

1.4 现代企业管理研究的意义和方法

1.4.1 现代企业管理学习与研究的内容

学习和研究现代管理的内容十分丰富。其一，要总结两百多年企业管理的发展历程，从中归纳出有益的经验、教训及企业管理理论的深刻内涵，探索经济规律，引导中国企业有效地借鉴，比较顺利地发展，避免不必要的损失及代价；其二，要学习、考察、研究当代企业管理的大量生产实践活动，无论是国内外企业，还是跨国公司，要善于从中发现许多有价值的成功教益，帮助和指导中国企业由弱到强，走出国门，开发国际市场，成为世界企业中的佼佼者；其三，学习和研究企业管理的职能和方法，过去的教科书比较偏重于企业管理中的如计划、组织、指挥、协调、控制及人事、财务、物资、技术、生产、供销、质量、设备等传统理论方面的研究，而本教科书除此之外，更多倾向于软科学的企业管理理论的研究，如企业环境分析，企业战略与决策，企业制度与企业文化的建设，企业管理者及企业家的培养，企业形象与企业品牌的设计及企业的诊断与创新等方面。这些较科学管理理论的学习和研究，更能激发学生智力的培养，更能促进教师和学者深入思考探讨，更能促使企业家和管理者注重企业管理理论的学习和研究，尤其是当前我国企业在软科学管理上还十分薄弱，并且出现的问题还十分突出，更需加强探索，才能有利于企业持续健康地发展。

1.4.2 学习现代企业管理理论的意义

1. 创立具有中国特色的企业管理理论

中国企业管理学者和专家，通过不断总结企业管理的实践经验，学习和借鉴先进工业化国家现代企业管理成功的运作方式及其产生的现代企业管理理论，创立具有中国特色的企业管理科学体系，为指导中国企业的发展，使其进入世界 500 强企业的行列，提供强大有效的理论支持。

2. 充分合理地利用社会资源

中国企业管理的经营者通过学习管理理论知识，深刻认识社会资源的有限性，采用一切先进科学的管理方法和手段，合理配置社会资源，"物尽其用"，"人尽其才"，千方百计地降低资源消耗，用有限的资源产生良好的经济效益，这是企业家最重要的任务。

3. 培养一支优秀的企业家和现代管理者队伍

只有通过系统学习现代企业管理的理论和方法，并理论联系实际，探索中国企业发展的正确道路，迎接市场竞争和各种风险的考验，才能培养出中国优秀的企业家和一大批优秀的管理人才，中国企业的发展才能大有希望。

1.4.3 学习企业管理理论的方法

任何一门学问都有其学习研究之道。掌握科学的学习研究方法，可以更好地推进理论的发展。企业管理理论的学习和研究方法主要有如下几种：

1. 坚持理论联系实际的研究方法

企业管理理论来自企业的生产经营实践活动，是企业丰富实践经验的科学总结。学习企业管理理论应坚持理论联系实际的原则，不仅学习书本上的理论知识，更重要的是把企业管理理论与企业管理实践密切地结合起来，通过实践来验证理论的正确和完善与否，进而发展企业管理理论。同时采用先进的管理理论去指导企业的管理工作，深化企业改革，以实事求是和创新务实的态度，提高企业科学管理的水平，掌握企业管理的客观规律，并且联系企业的个性和特点，使企业在复杂多变的市场竞争中各具特色，求得生存和发展。

2. 兼收并蓄多种学科的理论知识与实务经验

企业管理理论是社会科学和自然科学交叉结合的学科，作为企业家要努力学习和运用多种理论知识，如企业经营哲学、技术质量经济学、社会心理学、经济法学、国际贸易学、财政金融学、会计统计审计学、企业公共关系学等。强闻博学，日积月累，用心观察和分析国内外的市场环境，才能认清经济发展的客观规律，了解竞争对手，加强市场多方面的合作，谋求企业的长远利益和战略目标的实现。

3. 学习和借鉴国外企业的先进管理理论和管理方法

西方发达国家的企业管理已有200多年的发展历史，西方学者关于企业管理的理论著作颇丰，其中不乏对企业的发展做出重要贡献、成为人类共同财富的著作。"科学无国界"，我国企业要结合国情和企业实况，善于学习和借鉴企业管理发展总结出来的积极成果，做到以我为主、博采众长，洋为中用，全力推进中国企业管理水平的提升，彻底改变管理层次不高、管理方法单调、管理能力不强等状况，跨进现代企业管理的先进行列。

4. 采取共性与个性相结合的办法，突出重点，掌握专业管理技能

作为大学生，尚未涉足企业管理之门，缺乏企业管理的实践经验，全面掌握和领悟企业管理的理论知识还有一定的难度。对此，可采取的学习和研究方法有，在广泛了解企业管理基本理论的基础上，重点选择个人感兴趣的某类别的管理知识，如行政管理、人事管理、物流管理等，选其中的一项管理作为自己的研究对象，并对照企业的实况，用解剖一只麻雀的方式，深入探讨其中的奥秘，并以此解决企业管理上存在的一个问题，提出自己的见解和方案，若取得一定程度的成效，就可算取得了一份成绩而受到肯定。以此为突破口，加深对企业管理理论的学习和理解，由浅入深，由管理知识面窄到拓宽知识面，从企业的单项专业职能管理延伸到企业的全部管理理论，其管理理论水平就会有较大的提升。

沈阳"飞龙"的"总裁的二十大失误"

沈阳"飞龙集团"的创始人姜伟，20世纪80年代初毕业于辽宁省中医学院，担任过中药研究所药物研究室主任。他以生产飞燕减肥茶起家，后来开发出延生护宝液走红全国。1990年"飞龙"还仅是一个注册资金75万元的小企业，到1991年就实现利润400万元，1993年和1994年"飞龙"利润都超过2亿元，公司迅速发展成以医药、保健品、美容品为主的高新技术企业集团，姜伟也因此当选为"全国杰出青年企业家"、"中国十佳青年"和"中国改革风云人物"。然而，在"飞龙"高速快进的1996年，姜伟通过调研，猛然察觉到"飞龙"存在巨大的危机，经过深刻的反思，终于写出"我的错误"万言书，历数了自己在管理企业上存在的二十条错误，在全国民营企业界引起很大的反响。这些企业管理方面的失误主要体现在如下几方面：

1. 在经营决策方面的失误

（1）决策的浪漫化。"飞龙"在6年的生产经营中，企业决策过于理想化、浪漫化，淡化了企业实现利润的目的。在企业运行过程之中不计成本，不预算利润，不计后果，为决策失误埋下祸根。

（2）决策的模糊化。"飞龙"在一段时期过于强调产业多元化，涉足了许多不熟悉的领域，违背"不熟不做"的商业法则，导致盲目决策和模糊决策时有发生，为企业经营失败留下隐患。

（3）决策的急躁化。"飞龙"在6年发展的过程中，总裁经常处在一种急躁、恐慌和不平衡的心态之中，缺乏对企业全局长远发展深层次的思考和有效的准备，因而在激烈复杂的市场竞争中，时常做出片面的、错误的、危险的决策，使企业陷入困境之中。

2. 在人才培养与使用方面的失误

（1）没有一个长远的人才战略。"飞龙"在发展中，从未对人才需求进行战略设计，对人员招聘无一定之规，随机招收、人情招收、家族式招收的情况延续3年之久，造成公司人员素质偏低、人才短缺的现象十分严重。加之用人不当，又使公司付出惨重的代价。

（2）人才机制没有市场化。"飞龙"在人才观上的两大错误，一是人才不轻易流动，二是人才自产自用。公司在发展中不能通过市场机制吸引人才，导致企业低水平、低质量运营，制约了企业的发展。

（3）单一的人才结构。"飞龙"从1992年开始，盲目地大量招收医药方面的专业人才，并安排在企业所属的部门和机构中，造成企业高、中管理层知识结构单一，人才结构不合理，严重阻碍了企业的科学管理。

（4）人才选拔渠道不畅。1993年，"飞龙"的一位高层领导的失误造成营销中心主任离开公司，从而使营销中心一度陷入混乱。公司"铁交椅"、"铁饭碗"的现象十分严重，人才难以得到提升或重用。

3. 在市场开发方面的失误

（1）市场开拓的模式同一。延生护宝液成功进入市场后，其模式被总裁认为是一个万能的标准模式，错误地将后期研制的新产品用同一模式在全国大面积推广，结果犯了严重的经验主义错误。

（2）虚定的市场份额。"飞龙"由于过分强调市场份额和市场销量，导致了市场应收款剧增、货物混乱的严重局面。

（3）没有全面的广告战略。"飞龙"对产品宣传缺乏全面的广告策划和长远考虑，致使产品在市场的生命力不强。

（4）实施地毯式轰炸的无效广告。"飞龙"公司片面强调在全国、在大城市主体广告攻击的作用，导致大量无效广告的产生，广告效果不明显，广告资金流失，出现广告应付款大增，而销售业绩提升很慢。

（5）国际贸易理想化。"飞龙"公司对国际贸易的法则不熟悉，用国内运作的方式应用于国际市场，再次犯经验主义的错误。

4. 在企业发展战略方面的失误

（1）企业发展缺乏远见。"飞龙"在企业的经营中没有长远的规划，没有健全企业的运行机制，致使企业行为短期化的现象十分严重。

（2）企业理念无连贯性。"飞龙"公司近3年运行的最大特点是：总裁说得多，但具体怎么做没有指导，只有理论而没有具体的实施办法，工作缺乏连贯性。

（3）企业创新不力。"飞龙"近6年来，总裁过分强调了过去的辉煌，没有认真思考创新，造成企业管理和市场开拓无新意，致使企业走向衰落。

（4）对国家经济政策反应迟缓。1993年国家实行新税制，当时"飞龙"没有理会"增值税抵扣发票"的政策，沿袭过去保守的售货方式，结果在1995年出现中间商拖欠货款、零售环节不力、资金严重短缺等问题，险些被逐出市场。

5. 在企业内部管理方面的失误

（1）管理制度不实不细。"飞龙"公司在6年中制定了无数条规章制度，但这些规章没有严格的具体实施细则，没有具体落实到责任人，导致有规难行的困境。

（2）忽视现代化管理。1993年，国家某部门两次登门推广自动化管理程序，1994年又有一次机会，然而皆被总裁拒之门外，使企业与现代管理失之交臂。

（3）利益分配机制不均衡。"飞龙"长期不打破分配体制的平均主义，过分强调共同发展，事实上企业干部在用灰色收入弥补自身收入的不足，极大影响了职工的创业积极性和事业心。

（4）在资金运用上用"撒胡椒面"的做法。"飞龙"长期处于资金分散使用的状态，不能有计划地集中使用资金，导致资金严重分散、浪费及短缺，无法形成产业优势。

【案例分析】

1. 沈阳"飞龙"检讨失误，问题并非出在外部市场环境，而是出在企业内部的管理机制及体制。对此，只有加强企业管理，练好企业内功，提高企业的素质，培养企业的管理人才，不断总结经验，吸取教训，使企业管理者更加聪明，才能促进企业更好地发展。

2. 现代企业应十分重视制定战略，加强战略管理，集中企业的全力，推进战略的实施，实现企业的战略目标。"一个没有战略发展的企业是毫无希望和前途的"，人无远虑，必有近忧，只有长远规划，才能引导企业走向光明的未来。

3. 现代企业应十分注意市场决策、人才决策、投资决策等软科学研究，决策失误将影响企业的安危，只有科学决策，才能使企业走向胜利。对此，企业应面向市场，掌握消费者需求变化，引进和培养科技与管理人才，把握投资时机，研发产品，满足市场需求。为做到这些成功之举，必须借助专家学者的知识和智慧，借助市场信息的充分、及时与准确，加上决策者的聪明才智，才能使企业走上成功之路。

4. 沈阳"飞龙"总裁姜伟敢于正视自己的失误，列举二十条大错误，这对民营企业家来说，实属难能可贵。对一个企业家而言，不仅是认识错误，更重要的是用科学的发展观和方法去改正错误，避免重犯类似的错误，做到"前事不忘，后事之师"，善于学习、总结和提高，这样才能成为一名真正的企业家。

【本章小结】

现代企业和现代企业管理的初步知识，是学习现代企业管理理论的"专业启蒙"，是进入企业管理知识宝库的入门阶梯。本章介绍现代企业及现代企业管理的概念、特点及职能，更为重要的是学习和领会企业管理理论的创立与发展的内容，通过理论联系实际，创造中国特色的企业管理理论是企业管理者和专家学者崇高的使命。

【关键术语和概念】

现代企业管理　独资企业　合伙制企业　股份有限公司　有限责任公司　行为科学管理科学　学习理论方法

【练习题】

1. 现代企业有哪些种类？你接触过哪种企业？谈谈你的认识和感受。
2. 现代企业管理有哪些特点？你对此有什么新的认识？
3. 现代企业管理具有哪些方面的职能？你认为如何加强或发挥这些职能的作用？
4. 企业管理理论有哪些？这些理论对我国企业有什么指导作用？
5. 你打算用什么学习方法来研究企业管理的新发展？

【补充阅读】

1. 高海晨. 现代企业管理. 北京：机械工业出版社，1999.
2. 杭中茂. 现代企业经营管理. 大连：东北财经大学出版社，2002.
3. 程国平. 管理学原理. 武汉：武汉理工大学出版社，2002.

2 现代企业的创立与发展

◉ **本章学习要点**

    1. 了解现代企业创立的基本程序和条件。

    2. 能够撰写企业创立的主要文件。

    3. 掌握识别、评价风险的方法。

◉ **本章学习内容**

    1. 现代企业创立的程序和主要文件。

    2. 现代企业创立的条件和方式。

    3. 现代企业的发展。

◉ **个 案**

◉ **案 例 分 析**

◉ **本 章 小 结**

◉ **关 键 术 语 和 概 念**

◉ **练 习 题**

◉ **补 充 阅 读**

    现代企业的创立和发展要历经千辛万苦，要有充分的思想准备，创造必要的条件；要战胜千难万险，须具备科学知识技能和丰富的实战经验；要千方百计、群策群力，善于抓住机遇，正确对待风险，以推进企业更快地发展。本章讲授现代企业创立的基本程序、基本条件和基本方式，要求学生亲身体验一下创业的艰辛，并学会识别、评价风险的方法，掌握必要的知识和技能，积极投身到创业发展的热潮之中，建功立业，锻炼成才。

2.1 现代企业创立的程序

现代企业在创立之中，必须按照法定程序，即根据《公司法》的有关规定，采取相应的步骤，逐级申报，直到政府授权部门批准，在工商行政管理机关登记注册，颁发营业执照为止。以股份有限公司为例，现代企业创立的基本程序如下。

2.1.1 筹备

成立公司时，首先要确定发起人。由发起人协商一致签订创立公司的协议，承担成立公司的责任。在发起人的全部出资经过法定的验资机构验证后，由全体发起人推举或共同委托一个在当地注册的发起人办理创立的申请手续。在提交申请之前，发起人必须做好下列准备工作：

（1）成立公司筹备工作组，负责整个公司组建工作中的决策及各方面的协调、联络工作。

（2）聘请股票上市与发行咨询机构。这种机构有比较丰富的专业知识和经验，比较熟悉股份制规范化的要求，能参与制订公司的组建方案，制作有关的申报材料，解答企业在申办过程中所出现的各种问题，使企业全套的申报材料规范，符合要求，确保质量，有利于通过审批。

（3）选择一家信誉良好、有证券业务许可证的会计师事务所对企业前三年的财务状况及经营成果进行审计并出具审计报告。

（4）选择一家公正、客观并有证券业务许可证的资产评估机构，在通过审计的基础上，进行资产评估，并将资产评估的结果交给国有资产管理部门予以确认，土地使用权的评估作价应由国土资源部予以确认。

（5）选择一家资信好、服务周到、实力雄厚的承销机构来制订股票承销方案，并按规定格式编制招股说明书。

（6）聘请一家有证券业务许可证的律师事务所作为法律顾问，对公司创立过程中有关法律问题提供咨询，出具法律意见书，协助公司起草章程，保证整个创建工作的合法性。

在完成上述一系列的准备工作之后，发起人即可整理编制全套向政府主管部门提交有关公司创立的申请文件，并正式提出申请。

2.1.2 报批

按照《公司法》的规定，公司的创立必须报请政府授权的部门审批，其工作步骤如下：

1. 提交申请书

创立公司以其主营范围确定它的行业主管部门，按行业归口的要求，发起人向行业主管部门提交设立公司的申请书，力争获得主管部门的审核和批准。如公司创立中，涉及国家规定需要报批的基本建设项目、技术改造项目、外商投资项目和其他需要经政府批准的事项，应办理相应的报批手续。

2. 审批

政府授权部门在接到行业主管部门的审核意见及发起人提交的申请材料，包括创立公司的协议书、经营估算书、公司章程、资产评估报告、验资报告、招股说明书等后，进行审查，提出批复意见。对外商投资股份达到25%以上的公司，经政府授权部门审批后，还须报中华人民共和国商务部审查同意，由其核发批准成立证书。

3. 办理筹建登记手续

经政府授权审批公司成立的部门批准后，发起人自批准之日起30天内到同级公司登记机关办理筹建登记手续，发起人提交各项文件必须用中文书写。在发起人各方认为需要时，可商定再用一种外文书写，但以审批生效的中文文本为准。

2.1.3 募股

公司创立申请获准后，发起人以书面的形式认定公司规定的股份，应缴纳全部的股款。以实物、工业产权、非专利技术或土地使用权抵作股权的，应依法办理其财产权的转移手续。需向社会公开发行股票筹集资本的股份公司，应向国务院证券管理部门及中国人民银行提出公开发行股票的申请，经批准后，方可发行股票。

2.1.4 召开创立大会

公司股份在筹足并完成缴款后，必须经法定的验资机构验资并出具证明。同时，发起人应在30天之内召开创立大会。创立大会应当提前15天通知全体认股人或者予以公告，并在代表股份总额一半以上的认股人（或其委托的代理人）出席时方可召开。创立大会若达不到法定股份的认股人出席，应延期20天举行，并再次通知未出席会议的股东到会。

创立大会的职责是：审议发起人关于公司筹办情况的报告；通过发起人拟定的公司章程；选举公司董事会和监事会的成员；对公司创立的费用进行审核；对发起人用于抵作股款的财产作价进行审核；对发生不可抗力或者经营条件发生重大变化直接影响公司成立的，可以做出不设立公司的决议。

创立大会对上述事项做出决议，必须经过法定出席会议的认股人所持表决权的半数以上通过方可生效。

2.1.5 注册

创立大会后30天以内，公司董事会应向国家授权的工商行政管理部门申请办理企业法人登记，并报送下列文件：

（1）注册登记申请书。

（2）有关主管部门的批准文件。

（3）创立大会的会议记录。

（4）公司章程。

（5）筹办公司的财务审计报告。

（6）董事会、监事会成员的姓名及住所。

（7）法定代表人的姓名及住所。

（8）验资证明。

（9）其他要求的文件。

公司登记机关在接到公司创立登记申请之日起30天内做出是否予以登记的决定。对符合《公司法》所规定条件的，予以登记注册，并发给《企业法人营业执照》，公司即获得法人资格，正式宣告成立。营业执照签发日期即为公司成立日期，公司成立后，应在指定的媒体上予以公告。

综上所述，现代企业设立的程序如图2-1所示。

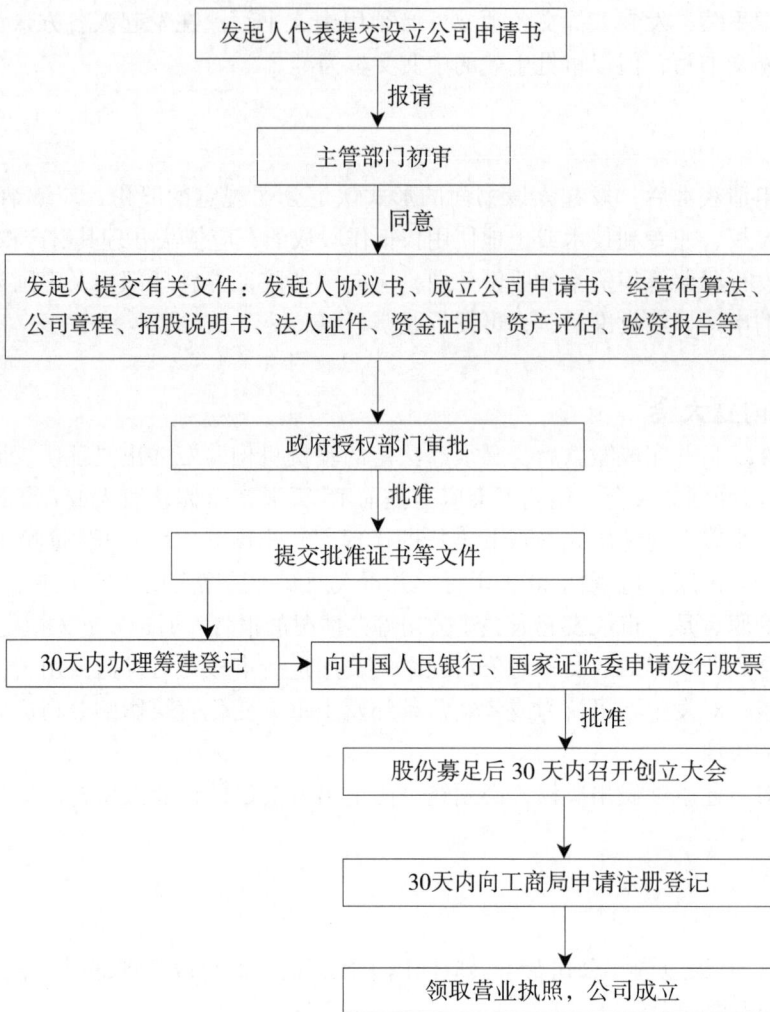

图2-1　现代企业设立的程序

如有限责任公司变更为股份公司，应当符合股份公司创立的条件，并按照上述创立程序办理。有限责任公司在依法经批准变更为股份公司时，折合的股份总额相当于公司的净资本额，如需增加资本向社会公开募集股份时，应按有关规定办理。个体制企业和合伙制企业在创立注册登记的程序上比较简化，即将企业创立申请书提交给所在地的工商行政管理部门，经审查考核符合成立条件后，便可领取《企业营业执照》，正式开业经营。

2.2　现代企业创立的条件与方式

现代企业的创立包括成立股份有限公司和成立有限责任公司。成立的条件是指组建公司所需要具备的法定条件即法定资格。只有具备法定的各项条件，并拟定出一系列相关的文件，向工商行政管理机关提交申请，经过审核批准后，方能正式宣告成立。俗话说：创业难。创立现代企业的首道难关就是要为成立企业创造必需的法定条件。

2.2.1 股份有限公司创立的条件

根据我国 2014 年《公司法》的规定，设立股份有限公司应当具备的条件如下：

1. 注册资本

注册资本是股份有限公司创立的必要条件，它是股份公司在成立时能够拥有与法人权利能力和行为能力相适应的财产基础的保证，是该公司在工商行政管理机关申请登记的全体发起人认购的资本总额或实收股本总额。法律、行政法规以及国务院决定对股份有限公司注册资本实缴、注册资本最低限额另有规定的，从其规定。

2. 发起人符合法定的人数

股份有限公司的发起人也称为创立人，是指通过自身的积极创业行为，依照法定程序创办现代企业，并使其取得法人资格的民事权利的主体。发起人必须按照《公司法》的要求，订立发起人协议书，提出成立现代公司的申请，认购公司的股份，并对公司的成立承担责任，必须有两人以上两百人以下为发起人，其中须有半数以上的发起人在中国境内有住所。国有企业改制为股份公司，发起人可以少于 5 人。一般而言，自然人、党政机关、群众社团等非企业法人组织、个体经营者不得充当发起人。发起人在股份公司的成立过程中起关键作用，一旦公司依法成立，则发起人成为公司的股东。

3. 制定公司章程

章程是成立公司的必备文件。它是公司运作规范性的指导规则，公司的一切重大问题都需要在章程中予以规定，章程是公司被核准注册登记并得以成立的重要依据。发起人在成立公司时，共同商议起草章程，将公司的性质、宗旨、任务、组织机构、议事程序等内容写入章程内。在拟定公司章程时，要遵循《公司法》中的有关规定，不能自作主张，另搞一套。章程的各项规定要合理合法，各种办法要符合科学、实际，公司内部的权力和利益要分配恰当，条款章节分明，文字表述清楚，并经过创立大会一致通过，由公证部门公证，报政府主管机构审批后，才能成为对公司及其股东的经营行为具有法律约束力的文件。

4. 为公司命名及组建相应的组织机构

股份有限公司的名称必须符合法定式样。即公司的名称一般由四个部分构成：一是公司注册机关的行政级别和行政管理范围；二是公司的行业经营特点，即公司的名称应显示出公司的主要业务和行业性质；三是商号，它是公司名称的核心内容，由当事人自主决定的内容，商号应由两个以上的文字或少数民族文字组成；四是公司的法律性质，即凡依法成立的公司，必须在公司名称中标明有限责任公司或股份有限公司的字样。公司名称的式样如：北京市慧通医疗器械有限公司。"北京市"即为公司注册机关的行政级别和行政管辖范围；"慧通"即为商号；"医疗器械"即为公司的主要业务和行业经营特点、性质；"有限公司"即为"有限责任公司"，简称为有限公司。名称登记应在公司注册前单独申请，获取名称登记的法律凭证为《企业名称登记证书》。组织机构是保障公司从事生产、经营、管理活动正常运行的组织条件。股份有限公司的组织机构一般设有股东大会、董事会、监事会和经理执行机构。组织机构必须有一定的权威性，具有组织、协调、指挥公司参与重大经济活动的能力。

5. 具备生产经营条件

公司作为企业法人，就必须在一个稳定的经营范围内从事持续性的生产经营活动，以达到获取经济效益的目的。对此，公司需要有一个固定的生产经营基地，同时可作为公司经营办公的场所。公司若生产商品，还须建有厂房，购置与生产经营项目配套的机器设备，招聘必要的员工等；公司若经销商品，还须开设店铺，具备出售商品的柜台、货架及贮存货物的场地等。这些生产经营条件对组建公司来说都是不可缺少的。

2.2.2　有限责任公司创立的条件

根据我国 2014 年《公司法》的规定，设立有限责任公司应当具备如下条件：

1. 股东符合法定人数

按照我国 2014 年《公司法》的规定，有限责任公司必须由 50 个以下的股东出资成立。国家授权投资的机构或部门可以单独设立国有独资的有限责任公司，它是有限责任公司的一种特殊形式。如中国人民银行经国务院授权设立的中国信达资产管理公司，就是一家国有独资的有限公司。

2. 注册资本

有限责任公司的注册资本是指符合公司章程规定的全体股东认缴的，在工商行政管理机关登记的股本总额。法律、行政法规以及国务院决定对有限责任公司注册资本实缴、注册资本最低限额另有规定的，从其规定。

3. 其他必要备件

有限责任公司如同股份有限公司一样，由全体出资发起人共同制定公司章程，作为责任公司从事一切活动的行动纲领和最基本的运行规则。制定公司章程应符合法律规定的要求，章程内容应记载法定的事项，作为全体股东行为的规范。公司章程也是审查机关和注册登记部门核准成立公司的必要条件。

有限责任公司也必须有自己的名称，作为与其他公司相区别的标志，这是成立公司的必要条件。责任公司还须建立起符合生产经营要求的组织机构，一经主管部门批准，即可进行正常的运作。如拟设立较大型的有限责任公司，应当设置股东会、董事会、监事会及经理工作班等组织机构。如果没有组建公司的工作机构，或者该组织机构不符合法律对有限责任公司要求的，都不能成立公司。

有限责任公司作为一个经营实体，必须要有固定的生产和经营场所及必要的生产经营的物质基础，以保障公司连续有效地运行，这也是作为企业法人所必备的共同条件。

个体制企业和合伙制企业的创立条件与设立公司的条件相比，其门槛大大降低，条件相对宽松，人数没有严格限制，一个人就可以创办企业。其资金和其他生产经营条件只要与生产经营的内容相符，并经过申请，由当地工商管理部门批准后即可开业经营，对其债务负连带赔偿责任。

2.2.3　现代企业创立的方式

现代企业创立的方式，实质上就是未来公司资本形成的方式，其主要分为发起设立和募集设立两种方式。

发起设立的方式如下：

1. 发起设立的概念

发起设立是指由发起人共同出资认购公司应发行的全部股份而设立公司的方式，因为发起设立仅在发起人范围内筹集公司的股本而不向其他人募集资金，所以也称为"共同设立"。如以发起设立的方式组建公司，则各发起人同意缴纳的出资额之和，应当等于设立公司的预定资本总额，以保证公司的注册资金和实有资本相一致；否则就不能采用发起设立的方式组建公司。

2. 发起设立的步骤

发起设立一般采取认购股份和缴纳股款两个步骤。由发起人以书面的形式认定公司章程中规定的发行股份，即发起人填报认股书，以书面形式承诺要认购的股份数额，各发起人同意认购的出资数额应当由全体发起人协商指定。一旦发起人认定出资额，就应在规定的时间内缴纳全部股款或者办理转移财产权的法定手续，即采取实际行动将其货币、实物或技术等资产转归公司所有，以表明该发起人的诚意及实践自己的诺言和应尽的义务。若该发起人到期拒绝缴纳出资额，就会影响到公司的正常成立，由此须承担相应的道义上或经济上的责任。

3. 发起人出资数额

发起设立时，全体发起人用货币出资的最低限额必须达到公司法定注册资本最低限额的50%；发起人若以实物出资，这些实物应是公司生产经营所需的建筑物、设备和其他可用物资，并委托资产评估机构进行资产评估，不得高估或低估其价值。数额不大的，可由发起人各方按国家的有关规定，核准实物的价款，并折算成股份；若以国有资产出资的，其评估应由国有资产管理部门核实确认；发起人若用工业产权、非专利技术作价出资，其金额不得超过公司注册资本总额的20%，国家对采用高新技术成果有特别规定的除外；用土地使用权作价出资的，应按国家的有关规定办理。发起人不论是以实物还是以技术出资，应经核实确属该发起人所享有的使用权或经营权的财产，并须经过国家核准的注册会计师验证和出具证明材料。

4. 发起人资格条件

凡采取发起人设立公司形式的，其股东皆是发起人，所以，最初公司的董事、监事只能在发起人中选任。

募集设立的方式如下：

1. 募集设立的概念

募集设立是指由发起人认购公司发行股份的一部分，其余部分向社会公众和公司内部职工公开募集而成立公司的方式。由于募集设立往往先由发起人认购公司股份，然后再向公众招募其余部分，使公司资本的形成过程分为两个相互联系的阶段，较之发起设立的方式更为复杂。因此，募集设立也称为"渐次设立"。募集设立在一定程度上减轻了发起人的出资负担，可以避免发起人的资金不足而影响公司的组建。但发起人出资应有一定的额度。根据《公司法》规定，以募集方式设立的公司，发起人认购的股份不得少于公司股份总额的35%；否则，就会加重社会的负担。

2. 募集设立的种类

募集设立可分为定向募集和社会募集两种形式：①定向募集。在定向募集方式下，股份公司发行的股份除由发起人认购一部分外，其余股份按上级指定的其他法人发行，经过批准的，也可以向本公司内部职工发行部分股份。②社会募集。在社会募集方式下，股份公司发行的股份除由发起人认购部分之外，其余股份应向社会公众公开发行，本公司职工也可以公开认购一定比例的股份。发起人在向社会公开募集股份时，必须经过国务院证券管理部门的批准方可实行；否则即为违法募集。

3. **募集设立的工作步骤**

募集设立的工作程序比较繁杂，具体可分为四个阶段：①发起人拟定招股说明书。它是向公众公开发行股票的股份公司向社会公开披露有关信息，邀请公众投资，招纳股金的文件。②审核和公告招股说明书。为防止发起人在拟定招股说明书中的不正当行为，保护公众全面了解招股情况的权利，有关证券管理部门应审核招股说明书的合法性和准确性，并予以公告，上市公司对其招股说明书中公布信息的真实性负有法律责任。③发起人为了便于完成募股的任务，应当制作认股书，让投资者便于填写，当认股总数达到应募数量时，则可视为认足股份。④发起人催缴股款。投资者或公众认购股份后，发起人应向其发出缴纳股款的通知，并规定缴纳股款的合理期限。投资者应于该期限内自觉缴纳股款，逾期没有缴纳的，视为弃权并应赔偿相应的损失。

发起设立和募集设立两种方式的主要区别在于是否向公众招募公司资本。发起设立不向公众招募资本，而募集设立则向社会募集部分资本。新组建的公司在选择设立方式时，一般而言，若成立有限责任公司，宜选择发起设立的方式；若组建股份有限公司，可采取募集设立的方式，这也是国际上通行的惯例。

2.3 现代企业的发展

"创业难，守业更难。"中国的这句古训说明了现代企业的创立和发展要历经很多的艰难困苦。创业者不仅要打破传统观念，敢于承担风险；还要不断创新，制定本企业的战略目标，采用先进的科学技术和管理方法，建设一支优秀的职工队伍，研发市场需要的新产品，并能牢牢地占领市场，这样才能推进企业更快地发展。

2.3.1 企业发展的动力与约束

企业发展是指企业投资，通过建造、购置、改造及兼并其他企业等方式，提高生产经营能力，形成新的企业规模和经济实力的过程。企业发展的动力主要来自企业内部要求发展的动力和企业外部环境的压力。

1. **企业内部要求发展的动力**

（1）投资者追求最大回报率的愿望。投资者将自己的资本投向市场，其目的就是取得更高的收益，使自己的资产能够保值与增值，创造出比投入资本高出数倍的回报。为达此目的，投资者可采取在法律框架内所允许的一切手段和措施，包括在国际市场上按照世界贸易的规则和国际惯例，进行产品生产和营销，以赚取产品价值的最大化。

（2）企业经营者扩张要求的本能。在现代企业制度的规范要求下，企业的职业经理人受聘于董事会，并接受监事会的监督，必然会受到内部的压力。他们必须创造出优秀的业绩及丰厚的利润，才能受到董事会的奖酬，才能取得下属的尊敬和服从，才能赢得社会公众的信誉和荣耀。因此，企业经营者为了实现自身的价值，用实际行动证明自己的才华，必然会采用最先进的技术装备，组织最优秀的员工，生产市场最受欢迎的产品和服务，创造出更高的利润，以回报董事会的期待和信任。

（3）企业为实现做大做强的内在驱动力。在市场激烈的竞争态势下，优胜劣汰已是市场竞争的规律，企业要立于不败之地，必然需要扩大生产规模、增加产量、降低成本、分散风险、提高市场的竞争力和占有率。企业为使自身强大起来，成为市场的佼佼者，不被市场淘汰出局，就必然会聘请优秀的人才，开发研制科技含量高的产品，加强市场的营销和优质服务，创立名牌产品，并争取到金融界广泛的信任和强大支持。因此，做大、做强、做优秀已成为企业必然追求的目标和发展模式。

2. 企业外部环境的压力

（1）市场需求的不断变化，随着市场经济的发展，消费者的需求不断增长，市场呈现出多样化、个性化、时尚化。企业为满足市场需要、适应变化，就须加大投入资金的力度，研制开发新产品。企业的产品如无更新换代，花色、品种、功效长期不变，"以不变应万变"，势必就很难适应市场，最终就有可能被市场淘汰。

（2）市场竞争日趋激烈，对企业的压力日益增大。"市场如战场"，说明企业进入市场就如同进入战场一样，必须有高昂的斗志、高超的斗争艺术和顽强的战斗作风；要价廉物美，适销对路，诚信服务，有良好的公关策略和技巧；要培育企业的技术实力、雄厚资金、人才优势等核心竞争力去参与竞争，取得市场竞争的优势地位，保持企业在竞争之中立于不败之地。

（3）信息、技术革命发展迅速。当今信息爆炸、技术创新的浪潮十分迅猛，企业面临的机遇和挑战十分紧迫，既要抓住机遇，充分利用和开发信息，采用最先进的技术装备，抢先发展；又要面对诸多的风险和困难，沉着冷静地思考应对，改革企业经营机制和模式，调整企业的经营策略和措施，实施技术更新和人才开发战略，使企业走在行业发展的前列。

3. 企业发展的约束条件

企业在发展的进程中常受到各种条件的约束，主要体现在以下三方面：

（1）资源的约束。企业从市场可调配的资源总是有一定的限度，市场资源不是无限制地任其调动消耗，如日益涨价的石油、燃料、原材料，十分紧缺的资金、人才等资源。现代企业要十分珍惜人才，惜油如金，将有限的资金集中使用在刀刃上，将有限的资源，以最少的代价创造出最好的业绩和获得最大的回报。而企业那种无节制地消耗资源，浪费人、财、物等资源的现象再也不能继续下去了，必须像丰田汽车公司那样，实施精益生产方式，杜绝一切浪费，充分发挥人的聪明才智，开发企业所拥有的专门技术、商誉和专业人才等软件方面的优势资源，促进企业更快地发展。

（2）市场风险的约束。市场运行的机制教育我们的企业："机会与风险并存，希望和挑战同在。"企业在抓住机遇的同时，常常要顾虑风险的威胁，因为机会越大，风险越大。企业要建立防范风险的机制和办法，一旦风险发生，就能有备应对，化险为夷。如企业在选择投资项目时，就应做好可行性分析，了解市场存在风险的可能性及发生的概率，做到心中有数，早备防范，并采取一切有效的谋略，规避风险，或将风险的危害降低到最低限度。

（3）政策法规的约束。我们国家的计划与经济管理部门定期颁布的有关产业政策，鼓励符合生产力发展和市场需求的产业加快发展，如生物、信息、能源、空间等技术及产业得到政策支持，鼓励其发展；有些行业如烟酒等轻工业、钢铁业、制铝业受到某种政策的限制或调整，约束其扩大规模。现代企业要正确领会国家的产业政策，严守市场经济的法律法规，按照产业政策调节本企业的产品结构、技术构成、人员素质，使其尽量向产业政策靠近。只要符合市场需求及生产力发展的方向，就能得到国家金融政策、税收政策、科技政策的支持，就能大大加快企业的发展进程。

2.3.2　企业发展的模式与选择

现代企业为实现自己的发展目标，根据外部环境和内部条件，选择适当的发展模式和对策。

1. 技术密集型的发展模式

随着科学技术的进步，新技术、新工艺、新材料、新方法不断创新和广泛采用，极大地改变了企业劳动密集型、资金密集型的运作模式，降低了生产者的劳动强度与生产性成本，提高了劳动生产率和产品质量，防治环境污染，综合创造了企业的经济效益和社会效益。现代企业为遵循技术密集型发展模式的要求，加大科研经费的投入，加强科技人才、管理人才和高级技工的培养；加紧对科技信息的收集、处理和开发利用，综合运用多项科学研究的成果，研制性能先进的成组设备和设施，研制开发出耗材少、污染小、技术附加值高、适合消费者需求的产品。此类技术知识密集型的现代企业以其技术优势、技术专长、先进技术和独有的知识产权作为特色，在企业界独树一帜。

2. 一体化的发展模式

随着现代企业生产经营规模和范围的扩大，为创造更大的经济效益，加快产业的发展，企业往往采取一体化的发展模式。其模式的类型有：①按销产供为序或按供产销为序的生产经营模式，即前者为向后一体化，如一家服装店过去一直从服装厂进货，现在决定兼并一家濒临破产的服装工厂；后者为向前一体化，如一个过去只生产原油的油田，现在决定开办炼油厂。另外还有水平一体化的发展模式，即企业通过兼并它的竞争对手或者同类企业合资经营的方式扩大生产经营规模，以取得更大的发展。②产学研一体化的发展模式，即现代企业通过横向联系与科研院所和大专院校合作，形成科研技术、生产经营和人才培养一体化的经营方式，寻求共同发展的道路。③科工贸一体化的发展模式，即现代企业与科研机构和贸易公司联合起来，研发生产新产品，并通过贸易公司打进国内外新开发出来的市场，赢得更大的发展空间，占领更大的市场份额。总之，一体化的发展模式可以采取多样化的形式，求得发展才是硬道理。④多角化的发展模式，即实现跨行业的或者超越生产经营范围的，或者新增与现有产品有一定联系的或毫无联系的产品业务的多角化经营，以实现企业业务的增长。其生产经营的增长方式有：其一是同心多角化的发展模式，即利用现有的物质技术力量开发新产品，增加产品的门类和品种。如20世纪80年代以来，我国许多军工企业实行"军转民"，大步进入民用品市场，取得了长足的发展，嘉陵牌摩托车就是一例。其二是横向多角化发展模式，即企业针对现有市场的其他需要，增添新的物质技术力量开发新产品，以扩大业务经营范围，发展新的支柱产业。如一家农机制造企业，现决定开办一家化肥厂，实行跨行业经营，但仍为农民服务。其三是集团式多角化发展模式，即企业通过投资或兼并等形式，把经营范围扩展到多个新兴部门或其他部门，组成混合型企业集团，如我国首都钢铁公司，除主营钢铁外，其经营范围还扩展到电子、机械、建筑等行业，组建成首钢集团。多角化经营发展模式一般为财力雄厚、技术实力强大、社会声望和信誉良好的大公司采用，以利于企业的长远发展。

3. 企业发展模式的选择

选择何种发展模式关系到企业的生存和发展，对此，可制定的对策是：首先，要树立追求长远发展的指导思想。"人无远虑，必有近忧。"现代企业要根据内外环境和条件，选择好生产经营的发展方向、生存发展的模式及发展的途径。如制定出企业的发展战略及各项发展目标，即怎样扩大经营规模、增强企业的实力和挖掘科技人才的潜力，大力增长企业的产值GDP和利润等目标，而发展模式与途径的选择是作为发展战略的实施手段。其次，深入观察和分析国内外企业成功的实例，这些成功企业不少是从小企业发展壮大起来的，企业要研究他们在战略决策和发展模式选择上的高明之处，从中受到深刻的启发，从而寻求和把握住发展的机遇和方式。再次，一般而言，品种单一、资金较少、技术实力不强的小型企业可采用单一的技术密集型的发展模式，大型企业或企业集团则应选择多角化的发展模式。发展模式的选择不是一成不变的，应根据市场需求的变化，企业经营实力的增强，不失时机地转换发展模式，实现由单一到多角化发展的转变，但这种转变的关键是企业在单一状态时一定要做大、做强、做优，才能为转变发展模式创造良机和条件。

2.3.3　企业发展的风险与机会

企业发展目标最终的实现，不仅取决于企业生产经营运行的实效，还取决于企业的外部环境条件及变化，而环境条件及变化的多种因素，企业往往是不可以任意左右的。因此，企业发展的结果将会具有多种可能性，即实际结果与预期的发展目标可能产生偏离。我们常常把有利于实现目标的可能性，称之为"机会"；而把不利于实现目标的可能性，称之为"风险"。"机会"和"风险"都是企业发展进程中不确定性的表现形式。例如，企业决定开发一种高技术的新产品，但尚未掌握市场的需求，不知有无销路或销量大小，就有赔本的"风险"。如果放弃开发，就无这种"风险"，也就失去赢利的"机会"。因此，我们应正确认识企业发展面临的各种风险和机会，为企业的发展做出科学的抉择。

1. 风险的种类

企业常见的风险类型有：①政策性风险，指由于国家政策的变化，对企业带来的风险。如国家制定的产业政策，对能耗高、污染严重的企业采取极为强硬的行政措施，限制以及阻止企业向该行业发展；又如国家制定的金融政策，由于其利率提高的变化，对企业的信贷及生产经营的扩大带来一定的风险。②经营性风险，指企业在发展的过程中，因其经营和管理不善可能产生的风险，或者市场竞争及市场需求的变化，也给企业造成一定的压力。对于这些风险，企业可采取适当的措施和方法加以化解或规避，如果措施不当，无力转嫁或弱化经营风险，企业就有可能遭到破产的厄运。③财务风险，指企业在发展的过程中因筹资或投资所带来的可能性风险。如投资的项目，因回收期过长而不能实现赢利；在筹措资金的过程中，先期投入资金而未能筹到必要的资金，出现严重亏损，这些都可能给企业造成损失。对此，企业可通过证券公司发行债券或股票，将筹资的风险降低到最小限度。

2. 风险的评价方法

现代企业进入市场，从事生产经营商品以获取利益，就必然会遇到各种风险，获利越大，风险越大。因而企业应具备风险意识，并采用切实有效的方法战胜风险，化险为夷、渡过难关。其方法有：①完全规避风险，是指企业将风险的影响降低到最小限度以至可忽略不计。最常见的是市场反不正当竞争的规则，企业千万不能采取掺杂使假、制假贩假、坑骗消费者的行为，否则，将受到法律的严厉惩罚；又如企业对高新技术产业十分向往，深知其利润大，风险也大，因自身的实力所限，只能望洋兴叹，避而求其次，寻求适合企业条件的发展机会。②权衡利弊得失和慎重选择风险，是指企业对各种可能遇到的风险进行比较、鉴别、判断，权衡风险的后果，即对利弊、得失、成败等加以分析，选择那种利大于弊、收益大于损失、成功希望较大的风险结果。这其中可凭借决策者的聪明才智，科学的决策技术、方法以及决策者丰富的实践经验，选择那种可以接受的、其发生可能性较小的或结果损失不大的风险，以争取最好的结果。③风险成本—效益分析的方法，是指企业为了减少风险而采取相应的措施，就要付出一定的成本作为代价而换取一定的收益。如为降低市场的风险，企业就须进行市场调研，支付一定的调研费、咨询费及可行性论证费等。企业在采用这种方法时，要明确投入产出的关系，尽量做到成本低、效益高，符合经济运行应遵循的规律。

3. 正确对待企业发展的风险与机会

市场告诉我们："机会和风险并存，挑战和希望同在。"现代企业的经营管理者在发展的进程中应高度重视风险，正确对待风险，认真分析、预测和防范风险，善于抓住发展的机遇，以推进企业走上成功之路。其具体的策略有：①高度重视风险。市场经济中的风险无处不在，不以个人的意志为转移，必须提高企业的风险意识，深刻认识到风险的普遍性、变化性、转换性等特征。高度重视风险可能带来的损失和危害，才能使企业经营者居安思危、有备无患，做好防范风险的各种准备，一旦风险来临，因早有预案，"兵来将挡，水来土掩"，将风险一一化解，保证企业持续、稳定、健康地发展。如果企业经营者不能警钟长鸣，而是玩忽职守、掉以轻心、疏忽大意，一旦风险降临就惊慌失措，将会给企业造成无可挽回的损失。②正确对待风险。企业经营管理者一般对待风险的态度有三种类型：一是害怕型。这种类型的经营者不求大利，怕承担风险，对损失比较敏感，对收益比较迟钝，即小富即安，不求更大的进取，害怕风险将来之不易的财富毁于一旦，因而在生产经营中十分胆小，不能有大的作为。二是冒险型。这种类型的经营者敢于冒险，谋求大的收益，对损失并不斤斤计较，对追逐利益比较敏锐，即为求得一夜暴富，不惜一切代价，孤注一掷，在企业的生产经营中，有点像赌徒的行为。这种类型的经营者容易大起大落，十分危险。三是谨慎型。这种类型的经营者具有科学的头脑和方法，通过分析比较生产经营的损益值或期望值的高低及风险发生概率的大小来进行科学判断和选择，在确有把握或成功的希望比较大的情况下，做出正确的决策，扬长避短，避免大的损失或灾难的发生，保证企业循序渐进、日积月累地增长财富，并与时俱进，科学创新，不断把企业推进到一个更高的发展阶段。这才是对待风险的正确态度和方法。③善于抓住机会。真正的企业家在善于识别风险的同时，还应善于抓住有利于企业发展的大好时机和机会，并主动地承担一定限度的风险，不应因害怕风险而错失发展的良机。因此，企业家通过风险与收益的对比分析，抓住机遇，或在相同的风险条件下，争取更大的收益；或在相同收益的条件下，去冒较小的风险。为提高抓住机会的能力，企业经营管理者只要不断提高自身的科学文化素质，丰富实践经验，掌握科学的决策方法，加强风险管理，对发展过程中可能出现的风险进行预测、控制和处理，就为抓住机会创造了有利条件，确保了企业的顺利发展。

"嘉禾木"的商业模式

"嘉禾木"是一家2004年成立的清洁技术有限公司，获得多家风险投资机构的青睐，融资额达1亿多元人民币，2008年下半年吸引了2 500万美元的投资。

也许投资者是看好这家公司的"独特"的商业模式。

用麦草造纸，只有40%到50%原料有用，其余的变成"黑液"。若直接排放，一个造纸厂就可以污染一条河。对于小造纸厂来说，不论建污水处理厂，还是采用碱回收，成本都很高，而不这样做就会被强制关停。

据《21世纪经济报道》，这家叫做"嘉禾木"的公司，从中科院获得污水处理的专利技术，可将90%黑液经蒸发浓缩、磺化改性、喷雾干燥，最后将污染物转化为"木质素"和"有机化复合肥"，其余10%中段水经处理达标排放，可用于农田灌溉。

"木质素"用途广泛，据《IT经理世界》报道，其价格高达1 900元/吨，可作为普通混凝土凝水剂、石油钻进液稀释剂、农药分散剂和耐火材料黏合剂等。

然而"嘉禾木"并非只想把这种污水处理技术，做成设备卖给造纸厂，它显然对收购造纸厂更感兴趣。这使得它的商业模式显得有些与众不同。"如果我卖技术，卖100个才只有几千万的收入，""嘉禾木"公司总经理吴勇对《新经济导刊》记者说，"如果我自己收购十个造纸厂，每个厂有四五万吨的规模，加起来就是四五十万吨，以每吨3 000元的价格，我就能有10多个亿的销售收入。"

在环保的重压下，很多小造纸厂不堪重负，愿意廉价出售。通过收购，"嘉禾木"以较低成本快速进入造纸业，如果自建造纸厂，需要一亿以上的资金，而"嘉禾木"收购河南济源纸厂只花了2 000万元，加上改造资金，总共5 000多万元。"嘉禾木"目前已收购了3家造纸厂，除了2004年以2 000万元收购河南济源纸厂外，2006年7月又通过拍卖获得河北临漳的两家县属造纸企业。

据《21世纪经济报道》，收购临漳厂的当年，"嘉禾木"开始赢利，营业收入2 000万元，利润约100万元。2007年，"嘉禾木"生产纸浆近3万吨，"木质素"1.8万吨，有机化肥几千吨，营业收入7 000万元，利润1 200万元。2008年总营业收入达到2亿，利润能有200%增长，这样的业绩足够该公司在中小板上市。而在上市之前，"嘉禾木"计划收购五家造纸厂。

从收购第一家造纸厂开始，"嘉禾木"就不只是一家污水处理技术公司，而逐渐向更大的造纸企业迈进。和其他造纸企业不同的是，它还从木质素和有机复合肥上赚到钱。但这样一家家收购，是否是一个很好的商业模式？

【案例分析】

1. 现代企业要根据内外环境和条件，选择好生产经营的发展方向、生存发展的模式及发展的途径。"嘉禾木"公司所采取的商业模式主要利用了自身环境的优势，加上小规模造纸企业无法承受高成本的污水处理费用，给"嘉禾木"公司提供了较低成本收购的机会，从而实现了利润最大化。

2. "嘉禾木"这种商业模式也存在风险，所以不能盲目收购，必须要结合市场需求变化，做好风险管理，提高风险的预测、控制和处理能力，保证企业顺利发展。

【本章小结】

本章讲述了现代企业创立的基本程序是创业者创业的必经之路，除了必须掌握的知识和技能之外，还要学会制定各种企业文件，学会组织管理，发动群众做好各项工作，并积极创造条件，采取各种行之有效的方式，抓住机会，战胜风险，积累实力，促进企业更快地发展。

【关键术语和概念】

注册资金　公司章程　发起设立　募集设立　发展模式　创立程序　市场机会　市场风险

【练习题】

1. 现代企业创立的基本步骤是什么？请到工商部门做一次注册登记调查。
2. 有限责任公司创立的基本条件是什么？
3. 你有无创立企业的考虑？如有，你具备了哪些条件？
4. 企业发展受哪些条件的约束？你有何对策？
5. 企业发展将会遇到哪些风险？你怎样对待？

【补充阅读】

1. 王方华. 现代企业管理. 上海：复旦大学出版社，1998.
2. 张爱玲. 现代企业策划. 北京：中国经济出版社，2002.
3. 穆庆贵. 新编企业管理. 上海：立信会计出版社，2000.

3 现代企业环境分析

◉**本章学习要点**

    1. 认识企业生存和发展的内外环境及条件。

    2. 了解企业内外环境及条件的构成因素。

    3. 掌握企业内外环境及条件分析的基本原理和基本方法。

◉**本章学习内容**

    1. 环境的概念、特点。

    2. 企业环境的概念、内容。

    3. 企业环境分析的意义。

    4. 企业内外环境构成的因素及其分析的步骤与方法。

    5. 市场调查和预测的意义、对象、程序和方法手段。

◉个 案

◉案 例 分 析

◉本 章 小 结

◉关 键 术 语 和 概 念

◉练 习 题

◉补 充 阅 读

    环境是指一个子系统相对于另一个子系统而言所存在的条件和影响因素。对企业来讲，环境就是企业生存的条件和发展的空间及影响因素。企业环境具有系统性、动态性和相对稳定性。所谓系统性，是指企业自身系统的运行处于更大的外部环境系统之中，企业环境并不是孤立存在的，它与其内外各方面有着千丝万缕的联系；所谓动态性，是指企业生存的条件不断改变，发展的空间不断翻新，影响的因素不断变化，企业环境并不是一成不变的，企业生产经营是在与环境的持续交互作用中展开的，是在螺旋循环过程中按照优胜劣汰规律生存和发展的；所谓相对稳定性，是指在一定时期和一定前提下，企业生存的条件和发展的空间及影响因素保持连续性。企业环境并不是无缘无故变化的，只有当其内外条件经过一定量变和质变之后，企业环境才能够发生根本性的变化。正是企业环境的系统性，使得企业能够从外部获得人、财、物等各种资源，能够投入和产出，为社会提供各种商品和服务，从而实现价值增值和企业经营目标；正是企业环境的动态性，使得企业能够不断地调整生产经营战略，与外部环境保持动态平衡，从而使企业向更高层次、更高境界发展；正是企业环境的相对稳定性，使得企业能够按照既定战略和计划连续地生产和经营。

3.1 企业外部环境分析

3.1.1 环境分析的必要性

企业外部环境，是指企业生存和发展的外部条件和影响因素。按系统论观点，在社会这个大系统中，企业与其外部环境各是一个子系统。它们之间相互支撑，不断进行物质、能量、信息的交换，共同发展。企业自身系统的运行处于外部环境之中，企业生产经营是在与环境的相互作用中开展的。正是在这样的循环过程中，企业求生存、求发展、求升级。

企业通过自己的经营活动参与社会并影响社会，而社会环境则对企业的经营秩序、经营条件、经营理念起着某种制约作用。不过，这种作用主要是通过市场体现出来的。市场给予企业的既有机遇又有威胁。这种机遇或威胁有的能够帮助企业起死回生，获得较大的发展；而有的则会使企业陷于困境，一蹶不振。因此，企业必须建立自己的信息监视系统，不断地对外部进行监视，密切关注其具体状况及其变化趋势，进行企业外部环境分析。

企业外部环境分析是企业战略制定的基础之一，企业战略要受到企业外部环境的影响。不进行企业外部环境分析，就不能正确认识企业外部机遇与威胁，就不能正确认识企业竞争的优势和劣势，也就不能明确正确的战略方向和目标。企业外部环境分析主要是认识外部环境对企业的机遇与威胁，以及企业在产业中的竞争优势与劣势，明确优势是什么，劣势在何处。

3.1.2 外部环境分析的内容

企业外部环境分析的内容大体上包括企业外部一般环境分析、企业外部特殊环境分析和企业竞争环境分析。

1. 企业外部一般环境分析

企业外部一般环境，也称为总体环境或社会环境，是企业在一定的时间和空间范围内面临的，虽对生产经营不起直接作用，但对经营管理决策有潜在影响的环境。其包括五大方面的内容：经济环境、技术环境、社会文化环境、政治法律环境和自然环境，简称 ETSPN。

按照五大环境因素发生作用的影响力大小顺序，分别说明如下：

（1）经济环境。经济环境是企业生产经营活动的重要的外部环境因素。所谓经济环境，是指企业生产经营过程中所面临的各种经济条件、经济联系和经济特征等客观因素。共有 27 项经济因素的变化可能给企业带来机会或威胁。核心的经济因素有六大部分：①国家宏观经济政策、国民经济发展趋势、三大产业之间的比重和关系、通货膨胀率、利率的水平和价格政策；②国民适应经济变化的行为，即失业水平、居民的平均收入、消费与储蓄的比例关系、地区和消费群体的差距；③金融政策、货币政策、本国货币在国际金融市场上的价值、银行信贷的方便程度、股票市场的动向；④外经贸政策，即进出口情况、劳动力和资本输出的变化；⑤财政政策，即政府的赤字预算、税收政策和外债的承受能力；⑥国际经济的影响，即欧盟、北美贸易自由区政策，最不发达国家联盟的经济政策，亚洲经济的高速发展、石油输出国组织的政策等。

（2）技术环境。技术环境是影响企业生产经营活动十分明显的外部环境因素。所谓技术环境，是指企业所处国家和地区的科技要素及其有关社会现象的集合，包括科学技术水平、科学技术政策、科学技术发展及其趋势和新产品研制开发能力。随着科学技术的高速发展，当今社会计算机广泛应用、国际互联网高速发展、机器人柔性工厂、高效药物、太空通信、激光技术、卫星通信网络、光导纤维、生物工程、生命工程等革命性的技术变化已经给企业的生产过程和技术带来了巨大的影响。技术革命能够对企业的产品、服务、市场供应者、供货、竞争者、顾客、市场销售手段产生极大的影响。

技术环境对企业的影响，体现在新产品、新工艺、新材料和新设备等方面，主要是：①产品生命周期缩短。据有关资料统计，近30年来出现的科技成果，远远超过人类历史2 000多年的总和。近几十年来，有20%以上的新产品寿命不超过10年，而80%以上的新产品无法享有20年的主宰地位。究其原因，科技发明形成社会生产力的时间大大缩短，技术更新加快，产品换代加速，企业创新加强。②技术发展步伐加快。当今技术发展迅速，影响范围之广，力度之大，可谓"技术革命"。18世纪的工业革命，20世纪的计算机革命、技术革命和进步，使人类改变自然环境的能力大大增强，创造新资源、新效能的能力大大增强。可以这样说，技术发展是企业机构的再生功能，技术创新为企业提供了特殊的竞争优势。因为在一个竞争的技术环境中，倘若企业成功地运用了新技术，则其产品在市场上占主动地位；反之，企业缺乏产品创新，跟不上技术环境变化，其产品将会被市场所淘汰，企业将面临生存危机。因此，企业必须重视技术环境的变化，并且积极地、及时地采取应对策略。

（3）政治法律环境。政治法律环境是指企业所处的国家或地区的政治体制、政治制度、政治形势、方针政策、法律规范等方面的因素所构成的有机统一体。政治法律环境的构成因素一般包括政党数量、执政党主张、政权稳定性、政府廉洁勤政、行政效率、民主自由、企业管制、外资限制、社会开放及规范全社会经济活动的法律法规等。

政治力量决定了一个国家经济体制的选择，政府管制关系到国计民生和意识形态领域。政府在政治环境中扮演着十分重要的角色，影响着每一个企业。政府的作用有两个：①促进经济发展。政府制定一系列法规和政策，刺激或影响经济扩张或压缩，如政府的财政政策、货币政策、物价政策、信贷政策、税收政策、外贸政策、汇率政策等，影响行业经济发展。例如，政府制定物价政策，既提供定价体系，又管制市场物价；既有利于企业发展，又有利于社会稳定。价格是决定工资的要素，工资和原材料又是决定产品价格的要素。如果人们的生活必需品、工业原材料和劳动力三者价格上涨，容易导致市场物价水平上涨。尽管物价的适度上涨是经济发展过程中的正常现象，但是物价超幅上涨，必将导致国民购买力下降，从而影响民生。因此，政府通过对物价的管理，发挥着平抑物价和协调物价的功能。②规范企业行为。政府制定诚信政策、用工政策、工资政策、保险政策、福利政策、环保政策等，制约企业行为，使企业在法律、法规和政策允许范围内从事生产经营活动，使企业有法经营、依法经营、守法经营、合法经营。

（4）社会文化环境。企业离不开社会，社会影响企业。企业生产经营要受到一定社会的价值观念、风俗习惯、教育水平等因素影响。所谓社会文化环境，是指企业所处的国家或地区的教育水平、文化程度、民族特征、社会结构、风俗习惯、宗教信仰、价值观念、审美观念、文化传统等因素的总和。其内容有：①一个国家或地区的教育水平和文化程度，必然影响居民的需求层次，从而影响企业的生产经营。具有高水平教育和高文化程度的居民，其需求具有高层次性、高品位性，不仅满足物质生活的需求，而且追求精神生活的享受。②民族特征影响企业的生产经营。不同的民族，其生活方式不同，消费需求各异，企业开展生产经营，必须适应民族特征要求。③社会结构必然影响所在企业的生产经营。常见的一些重要的社会组织有家庭、社会团体等。家庭是社会结构的基石，是社会的细胞。在现代社会，家族企业及其影响依然存在、依稀可见。例如，在日本，丰田公司利用家庭的巨大凝聚力，倡导一家祖祖辈辈做"丰田人"；在中国，私有企业迅速崛起，带有较浓厚的家族色彩，即使是在国有大中型企业，家族家庭关系也屡见不鲜。可见，企业或多或少要受到来自家族家庭的影响。不仅如此，企业还要受到来自社会团体的影响。由于社会不断开放，现代社会的团体各种各样，呈现多样化趋势，如学会、协会等学术团体；基金会等公益团体；田径协会、球类协会等体育团体等。企业生产经营要重视和研究社会结构产生的影响。④风俗习惯和宗教信仰必然抵制或禁止某些与之不符的企业的生产经营活动。企业开展生产经营，必须符合所在国家或地区的风俗习惯和宗教信仰。⑤价值观念影响居民对企业目标、企业活动以及企业存在的认可。⑥审美观念影响居民对企业活动内容、活动方式以及活动结果的评价。⑦文化传统是经过家庭的繁衍和社会的教育而形成的历史积淀，具有高度的稳定性、持续性和传承性。每一种文化都是由许多亚文化组成的，这些亚文化群体有着共同的社会态度、心理偏好和行为方式，从而表现出与亚区域相同的市场需求和相似的消费行为。

（5）自然环境。企业自然环境主要是指企业所在地域的全部自然资源、自然条件与自然生态等因素所组成的集合。其包括土地、森林、矿藏、能源、河流、海洋、气候、地理、生物等。企业生产经营必须重视天时、地利、人和，这里的地利则主要取决于地理位置、气候条件、资源状况、生态平衡与环境保护等自然因素。①地理位置是制约企业生产经营的一个重要因素。企业是否靠近原材料产地、产品销售市场，必然影响到企业获取资源的难易、企业物流成本的大小。②气候条件及其变化，将会影响企业的生产经营活动。寒来暑往，必然影响人们的衣食住行，从而影响市场的需求与供给，进而影响到企业的生产经营活动。③资源状况关系到一个国家或地区的经济发展，关系到产业的布局结构，关系到所在企业的发展机会。④生态平衡与环境保护影响企业生产经营活动。良好的生态及其平衡，有益于企业长远发展；优质的环境及其保护，有益于企业提高社会效益。

企业应该特别关注自然资源短缺化、环境污染严重化、政府干预加强化、消费需求环保化、产品耗用节能化等动向，企业应该牢固树立科学发展观、绿色营销观，化自然环境的制约对企业形成的威胁为企业可持续发展的契机。如果说产品质量性是 20 世纪企业成功的关键，那么，产品环保性则是 21 世纪企业国际竞争制胜的法宝。

2. 企业外部特殊环境分析

企业不仅在一般环境中生存和发展，而且在一定的特殊环境中生存和发展。这里所谓的特殊环境，主要是指行业环境。行业环境是企业生存发展的微观环境，是影响企业生产经营活动的关键环境。企业是在一定行业中从事生产经营活动，每一个企业从属于一定行业，各行业的发展具有其具体特点和一定约束条件，行业环境的特点直接影响着企业的竞争力。因此，行业分析对于企业而言，是至关重要的。

行业分析的首要任务在于发现行业长期获利的潜在力，分析影响行业吸引力的因素。美国学者波特在《竞争战略》一书中认为，影响行业内竞争结构及其强度的环境因素主要有五种：现有厂商、潜在竞争者、替代品制造商、原材料供应方以及产品买方。其竞争模型如图3-1所示。

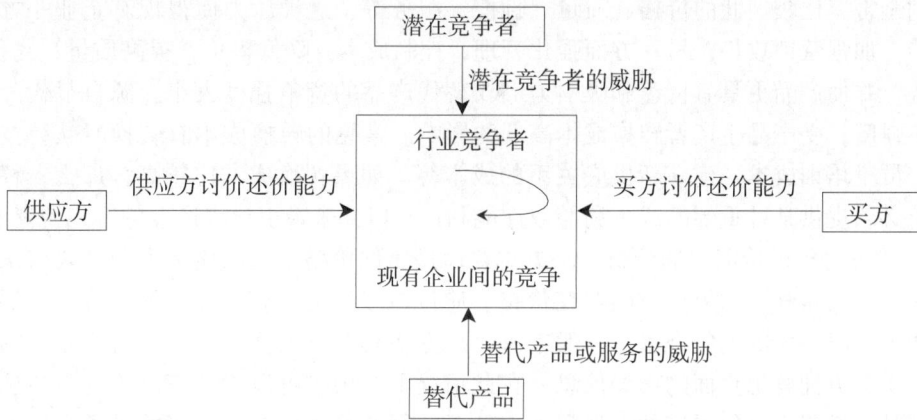

图3-1　影响行业竞争的五种力量

（1）现有企业间的竞争分析。企业面临的市场一般是一个竞争的市场。在此市场中，多家企业生产经营相同的产品，同种产品可由多家企业生产经营，多家企业竞相争夺客户，因而形成市场竞争。现有竞争对手分析的内容主要包括：①现有竞争对手的基本情况。它包括竞争对手的数量、分布、规模、资金、技术、优势、劣势等。反映企业竞争实力的主要指标通常有：一是销售增长率，即企业本期销售额与上期相比的增长幅度；二是市场占有率，即在市场总容量中企业所占的份额；三是产品的获利能力，即销售利润率。②主要竞争对手的基本情况。分析主要竞争对手对本企业构成威胁的主要原因所在，发现主要竞争对手竞争实力的决定因素，从而为企业制定相应的竞争策略提供可靠的信息和依据。③竞争对手的新动向。在分析判断竞争对手的新动向时，要研究退出某一产品生产的难易程度。一般来讲，政府的限制性、资产的专用性、退出成本的高低性、特定产品的情结性等因素可能制约企业退出某一产品的生产。通常情况下，如果出现行业进入壁垒少、产品差异性小、市场饱和性大、企业退出成本高等情形，那么，行业中所有企业之间的竞争会变得更加激烈。

（2）潜在竞争者威胁的分析。一旦新产品研制开发成功，必然会有更多的企业加入。新加入者既给行业带来新的活力，又给原厂商造成压力。也就是说，新加入者带来新的生产能力，带来可观的财源，带来激烈的竞争，从而可能造成行业内部企业费用的猛涨或产品价格的暴跌，由此，不仅现有厂商获利将会减少，而且将会危及企业本身的生存。对于特定的行业或市场来讲，新厂商进入行业的可能性，取决于两个方面的因素：①由行业特点或市场壁垒决定的进入难易程度。进入某一个行业的难易程度要受到规模经济、产品差别和在位优势等因素的影响。进入市场的壁垒多少取决于潜在竞争者所拥有的资源和能力。②现有厂商对新进入者可能做出的反应强烈程度，或积极捍卫其市场地位，如采取加速产品创新进度、加强广告投入力度、加大商品降价幅度等对策；或消极抵抗；或听之任之。

（3）替代产品威胁的分析。替代产品规定某个行业内的企业可能获利的最高限价，以此限制该行业的潜在收益。一般来讲，替代产品的价格越低，替代产品的质量越好，替代产品的性能越强，购买者的转换成本越小，替代产品所带来的竞争压力就越大。来自替代产品的竞争压力强度取决于三个方面的内容：①替代产品的售价高低。如果替代产品的价格比企业产品的价格低，那么产业中的竞争厂商就会面临降价的竞争压力，现有企业产品售价及其获利潜力的提高就会因此而受到限制。②替代产品的进入难易。替代产品的易获得性必然刺激客户趋利避害，比较彼此的价格、质量、性能、服务等，这种压力使得现有企业一方面加大产品宣传，加强营销攻势；另一方面强化管理，控制成本，降低售价，提高质量，完善性能，改进服务，并使产品更具有特色和吸引力。③替代产品的竞争强度大小。源自替代产品生产者的竞争强度，受产品生产者转换成本高低的影响。常见的转换成本有转换时获得技术帮助的成本、员工培训成本、建立新供应关系的成本等。如果转换成本比较高，那么，替代产品的生产就必须提供某种重要的成本利益或性能利益，以此来吸引原来产业的客户脱离旧关系。

（4）买方讨价还价能力的分析。买方主要通过压低价格、提高质量和服务要求来影响行业中现有企业的赢利。如果买方能够在价格、质量、服务上拥有一定的谈判优势，那么，买者就会成为一股强大的竞争力量。一般来讲，买方在具有下列优势时，其讨价还价的能力将会增强。①买方拥有更全面的市场信息。在此情况下，买方可以货比三家不吃亏，选择价廉物美的商品。②买方进货渠道的选择。卖方处于的行业分散性越大，买方进货渠道的选择性就越强，买方讨价还价的能力就越强。③差异性产品。买方购买产品的差异性越大，买方进货的选择性就越强，买方讨价还价的能力就越强。④买方进货的数量。相对卖方的销售量而言，买方的市场集中程度更高，或者进货批量较大，如果行业的固定成本较大，那么，大批量进货的买方就会成为较强大的竞争压力。⑤后向一体化。买方从相对固定的卖方进货，买方形成了可信的后向一体化威胁；而卖方难以形成前向一体化。

（5）供应方讨价还价能力的分析。供应方是向一定企业及其竞争对手提供产品或者服务的企业。其讨价还价能力，是指通过提高价格或者降低服务质量等手段，对行业内的企业所产生的威胁大小。供应方的竞争力量强弱，取决于其所在产业的市场条件和所提供产品的重要性。这里分两种情形：①供应方提供的产品是一种标准产品，可以通过开放市场提供，那么，与供应方相关的竞争压力就会很小，从供应方获得的供应就会很容易。在这种情况下，只有供应紧缺而购买者又急于保证供应时，供应方才会拥有某种市场优势。如果有较好的替代品，而购买者的供应转换既无多大难度又无多大代价，那么，供应方就无多大谈判优势。②供应方提供的产品占其下游产业产品的成本比例很大，从而对该产业的产品生产过程影响力很大，或对该产业产品的质量有明显影响，那么，供应方就会拥有很大的市场优势。同样，购买者的供应转换难度越大或者代价越高，那么，供应方的谈判优势就越明显。由此可见，供应方一旦拥有较大的谈判权，在价格、质量、性能、服务等方面拥有较大的优势，供应方就会成为一股强大的竞争力量。

3. 企业竞争环境分析

所谓企业竞争环境分析，是企业外部环境分析中的微观分析，主要是对竞争对手进行分析。正所谓"知己知彼，百战不殆"。从波特对竞争对手的分析模型来看，对竞争对手的分析有四种诊断要素：

（1）竞争对手的未来目标，即长远目标；

（2）竞争对手的现行战略；

（3）竞争对手的自我假设；

（4）竞争对手的潜在能力。

用来判断竞争对手行为的常见使用工具是市场信号。所谓市场信号是指竞争对手任何直接或间接地表明其战略意图、动机、目标、内部资源配置、组织及人事变动、技术及产品开发、销售措施及市场领域变化的活动信息，如事前预告、事后宣传、竞争对手对产业的公开讨论、竞争对手对自己行动的讨论和解释、竞争对手采用的竞争方式、交叉回避等多种比较重要的市场信号。

通常情况下，市场信号可能反映了竞争对手的真实意图、动机和目标，也有可能是虚张声势、声东击西，因此，辨别信号的真伪是非常重要的。从考查信号与行为是否一致、利用竞争对手的历史资料来辨别市场信号的真伪。为此，研究竞争者不仅需要长期艰苦细致的工作和适当的资料来源渠道，而且需要建立保障信息效率的组织机构，即竞争者信息系统。大多数公司都依赖外部组织提供环境数据，一些公司采用商业间谍或其他情报收集手段，直接获得竞争对手的信息。

3.2 企业内部环境分析

企业内部环境是相对于外部环境而言的，其存在于企业内部。企业内部环境是由企业内部的物质环境和文化环境构成。具体包括企业管理者、企业结构、企业文化、企业资源等四个部分，涉及整个企业管理、营销、生产、理财、研发等职能领域的各个因素。这些因素制约着企业战略的形成与实施。因此，企业在制定战略之前，必须了解企业内部环境以及由此而形成的企业的优势和劣势，以便有效地控制企业战略发展方向和战略经营活动。

3.2.1 企业内部环境要素

企业内部环境要素包括下列内容：

（1）企业结构的内容：①企业创办；②管理幅度与管理层次；③集权与分权；④授权；⑤组织机构。

（2）企业内部资源条件的内容：①营销要素；②人力资源要素；③理财要素；④产品研发要素；⑤生产要素。

（3）企业管理者的内容：①企业管理者的技能，包括理性技能、交际技能、技术技能；②企业管理者的功能，包括组织功能、激励功能、沟通功能；③企业管理者的素质，包括思想政治素质、业务素质、心理素质、身体素质。

（4）企业文化的内容：①企业文化特征；②企业文化功能；③企业文化理论；④企业文化建设；⑤企业文化创新。

3.2.2 企业内部资源条件分析

企业内部环境分析的主要任务和内容就是对影响企业生存和发展的上述要素进行分析，其目的在于利用和强化优势，克服和改变劣势。下面仅就企业内部环境之内部资源条件的五个方面的内容进行分析，其他方面的内容见有关章节的说明。

1. 营销要素

企业想要在市场中生存和发展，必须以其优势产品吸引一定量的顾客，必须占有一定的市场份额。在企业与市场之间，营销具有重大功能。企业的营销功能，对于确定企业的经营理念、经营战略、经营目标、经营手段、经营范围等发挥重要作用。制定企业经营战略的前提条件是满足客户的不断个性化、多样化的需求。其具体内容有：①营销活动内容。企业通过营销的市场研究，确定生产或提供适销对路的产品或服务；企业通过营销的市场细分及定位研究，确定市场开拓和服务目标市场；企业通过营销的售后服务研究，确定客户关系维持和管理，更好地满足市场需求。②营销要素。制定企业经营战略，必须全面而深入地研究市场细分、市场定位、营销组合运用、产品的适销性、促销费用、分销渠道、产品价格等营销要素，识别营销优势与劣势，以便做出正确决策。

2. 人力资源要素

现代企业的竞争是产品的竞争，产品的竞争是技术与管理的竞争，而技术与管理的竞争归根到底是人的竞争。人是生产力各要素中最活跃的因素，以人为中心的管理是现代企业管理发展的必然趋势。人是企业一切活动的主体，企业的一切任务都要依靠企业员工去完成。因此，在企业生产经营活动中，人力资源素质、培训、任用、组织、激励状况直接决定了劳动工具、劳动对象、资金、技术、信息等要素的利用效果。其具体内容有：①人力资源活动内容。一是通过编制职务说明书进行职务分析；二是通过劳动力市场进行人才招聘；三是使企业员工整合认同企业文化；四是激励企业员工；五是控制调整企业员工；六是开发培训企业员工。②人力资源要素。人力资源是包含在人的生命机体内的一种劳动能力。它包括两个方面的劳动生产力：一是已得到发挥的现实劳动生产力；二是尚未发挥的潜在劳动生产力。人力资源具有三个方面的特点：一是人力资源是兼有生物性和社会性两种属性的资源；二是人力资源是具有能动性的资源；三是人力资源是具有时效性的资源。通过对企业人力资源要素的分析，认识其优势与劣势，把握其特点与规律，做到人尽其才、才尽其用。

3. 理财要素

企业财务状况指标是用来衡量企业竞争地位和优势的最佳指标。理财策略是企业战略的具体体现和实际运用。其具体内容有：①理财活动内容。企业理财主要包括三个方面的内容：一是筹资策略，即企业运用一定的方法手段，分析比较各种筹资方案，选择比较满意的方案，为企业寻找最佳的筹资组合与资本结构服务；二是投资策略，即对企业的资金和其他资源按项目、产品投资类别、部门等优化配置；三是分配策略，即对企业留存利润比例、支付股东利润比例所做的选择。②理财要素。企业生产经营活动及其成果最终体现在财务会计报告上。企业理财要素主要涉及这样八个方面：一是财务预算与企业战略和部门计划的联系性；二是各部门预算与企业整体预算的一致性；三是预算制定的过程涉及企业各专业职能的协同性；四是对于赢利或亏损、资产与负债、现金流量等状况的预测性；五是财务信息对管理工作，尤其对决策提供信息的支持性；六是对比分析财务成果与预算之间的差异性；七是对企业战略及其计划的评价性；八是对企业资金优化配置的控制性。

4. 产品研发要素

产品研发关系到企业现实生存基础和未来发展基础，具有重要的战略意义。其具体内容有：①产品研发活动的内容。它包括有关产品的实验室的基础研究，产品及其包装改进方面的开发研究，产品质量控制、生产规范、制造工艺等方面的工程应用研究。②产品研发要素。对于产品研发工作，企业可以将其作为高额投资，或从外界寻求支持，或直接购买科研成果；企业可以将企业产品研发费用与整个行业水平比较，分析企业产品研发收益，分析企业产品研发方面的资源条件，分析企业产品研发的状况，分析企业与外部研发机构的联系等。

5. 生产要素

企业的生产运行活动可以分为两大类：一是生产活动，也就是制造企业的产品生产活动；二是为服务企业的服务提供活动。①生产活动的内容。企业的生产管理活动主要涉及人力、财力、存货、工艺、质量等五个方面的活动内容。其功能在于将投入转化为产出，包括原材料和外购件的获得、产品的生产、在制品的存储管理、质量管理、生产率的提高、生产能力的管理等。②生产要素。企业要获得生产能力上的优势，必须对生产要素这些方面予以关注：以市场销量确定生产产量；以全面质量管理提高产品质量；与潜在市场需求相比，目前生产能力状况、规模经济水平；与同行业相比，企业的设备价值、生产能力、使用维修情况；生产工艺设备与技术发展水平的适应性，以及与竞争者工艺设备相比的优势；生产成本的结构以及企业经验曲线效果的记录情况。

3.2.3 企业内部各要素结合的经营力分析

企业的上述要素有机结合，形成企业的七种经营力：①生存力。生存力是维持企业正常生产和经营的能力。它是指企业不断将投入的生产要素转化成为市场所需要的商品，并且加速资金运动。②竞争力。竞争力指的是企业在不断变化的内外环境中，在面临日益激烈的市场竞争下，向市场和客户提供高质量、低价格、多品种、好性能的产品或劳务，赢得顾客信赖，巩固市场地位，扩大产品优势。③反馈力。它是指企业信息系统的灵敏性、及时性、准确性、有效性、完善性，以此来反映市场变化情况、消费者需求、竞争对手动向、生产能力等信息。④应变力。这是指企业接受外界的信息、适时调整企业生产经营活动的能力。⑤赢利力。赢利力是企业在实现自身经营目标的同时，能够使企业与客户、企业与企业、企业与社会共赢的能力。⑥发展力。发展力是企业拥有一定的资源，按照市场需求扩大再生产，并且改善员工的生活，提高员工的素质，培养企业增长后劲的能力。⑦创新力。创新力是企业不断采取新技术、新工艺、新材料、新设备、新管理、新观念，生产经营市场或客户需求的新产品的能力。企业必须从战略谋划、能力联系上来分析自身的优势和劣势，以扬长避短，克敌制胜。

3.3 企业环境分析方法

企业环境分析，需要运用一定的科学方法才能进行。在此，我们分别从多个方面对其说明。

3.3.1 企业外部环境分析方法

1. 企业竞争矩阵模型方法

企业竞争矩阵提供了识别企业主要竞争对手及其优势、劣势的有效手段。其步骤如图3-2所示。

关键战略要素确认：对特定行业环境进行研究，在决策者之间就与企业成功相关的要素进行确认，该矩阵一般包括 10 个左右的关键战略要素

确定权值：对行业中成功竞争者与失败者进行考察，确定每个关键战略要素的权重，其值限定在 0～1 之间，各个要素的权值之和为 1

战略要素评价：对行业中各竞争者在每一个战略要素的强弱进行评价，评分值从强到弱分别为 1、2、3、4

综合加权评价值：将每一个战略要素的评分值与其权重值相乘，计算加权评价值，再对每一个竞争者在每一要素上所得的加权评价值进行加总

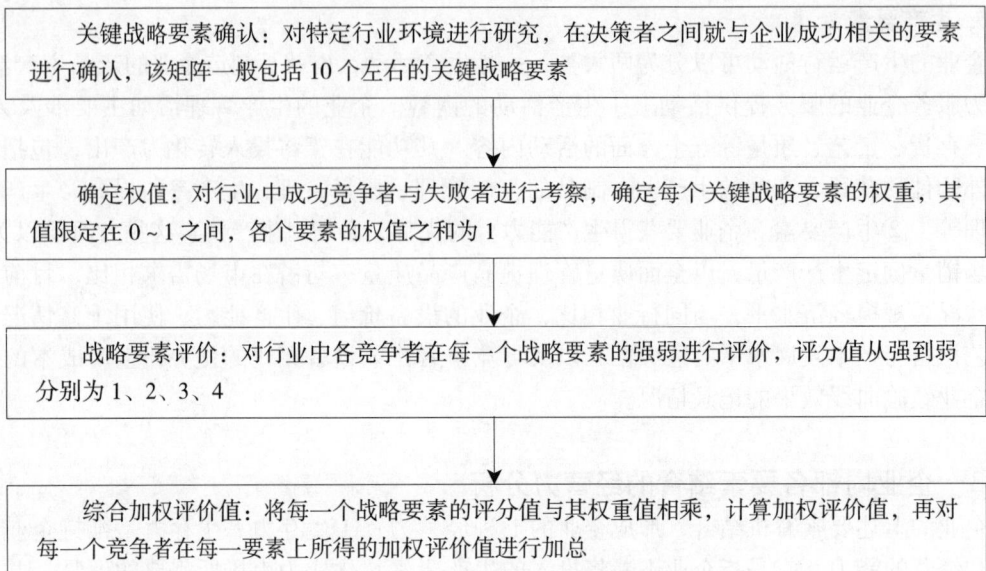

图 3 - 2　企业竞争矩阵模型方法

企业竞争矩阵模型方法只是大致上反映企业竞争者之间相对竞争力的强弱大小，而不是精确定位其竞争力。

2. 外部要素矩阵模型方法

外部要素矩阵模型方法可以帮助企业全面掌握环境信息。其主要步骤如图 3 - 3 所示。

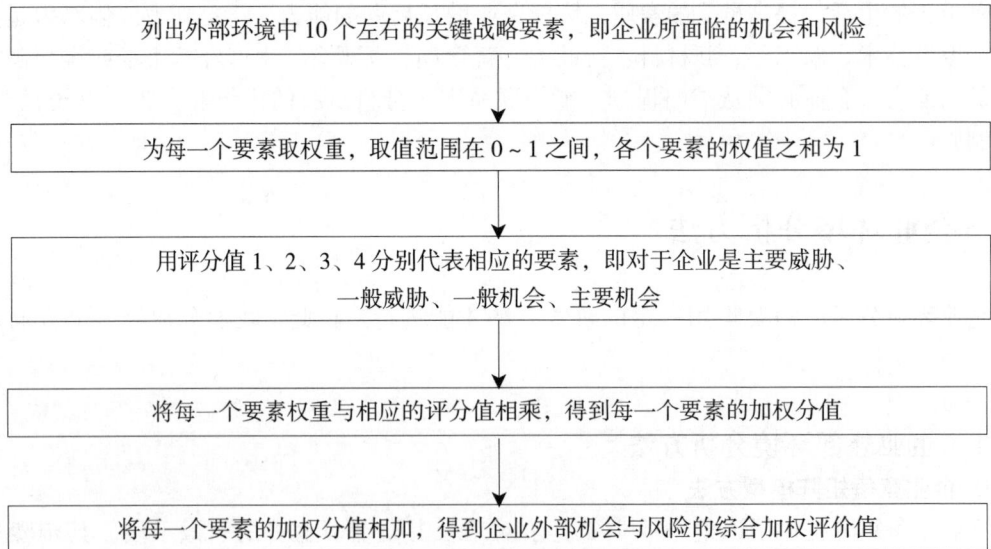

列出外部环境中 10 个左右的关键战略要素，即企业所面临的机会和风险

为每一个要素取权重，取值范围在 0～1 之间，各个要素的权值之和为 1

用评分值 1、2、3、4 分别代表相应的要素，即对于企业是主要威胁、一般威胁、一般机会、主要机会

将每一个要素权重与相应的评分值相乘，得到每一个要素的加权分值

将每一个要素的加权分值相加，得到企业外部机会与风险的综合加权评价值

图 3 - 3　外部要素矩阵模型方法

对于任何企业，综合加权评价值的取值范围在 1～4 之间。①综合加权评价值为 4，表明企业处于非常有吸引力的行业，面临较多的市场机会；②综合加权评价值为 1，表明企业处于没有吸引力的夕阳行业，面临十分不妙的前景。

3. 企业外部环境调查方法

企业外部环境调查，主要是市场调查。它对于企业战略决策而言，十分必要。从企业战略管理的整个过程来看，仅仅分析关键战略要素是不充分的，必须借助于市场调查的方法对其未来状况做出适当的判断。唯有如此，才能为制订企业战略方案提供科学依据。

（1）市场调查的意义。市场调查就是运用科学的方法，收集、记录、整理、分析和报告市场对产品需求的状况以及相关的资料。通过市场调查，了解市场环境、消费者状况、竞争情况，有利于企业及时而科学地做出决策，有利于企业生产适销对路的产品，以有利于企业在市场竞争中保持竞争优势。

（2）市场调查的内容。市场调查涉及范围广、内容多，企业从战略决策到产品生产，再到产品销售的整个生产经营过程，都需要通过市场调查来取得大量的信息资料。企业通常进行的市场调查主要有市场需求调查和市场竞争调查。市场需求调查，涉及产品需求对象、需求原因、市场特征、企业产品满足市场需求的状况、企业经营手段等问题。主要内容有市场对产品需求情况的调查、购买力调查、消费者调查和潜在需求调查等。市场竞争调查，包括生产同类产品的企业在生产、科研、技术、经营以及产品质量、成本、价格等全面情况的调查。主要内容有竞争对象调查、竞争产品调查等。

（3）市场调查的步骤。一般来讲，市场调查分为三个阶段十一个步骤，如图 3-4 所示。

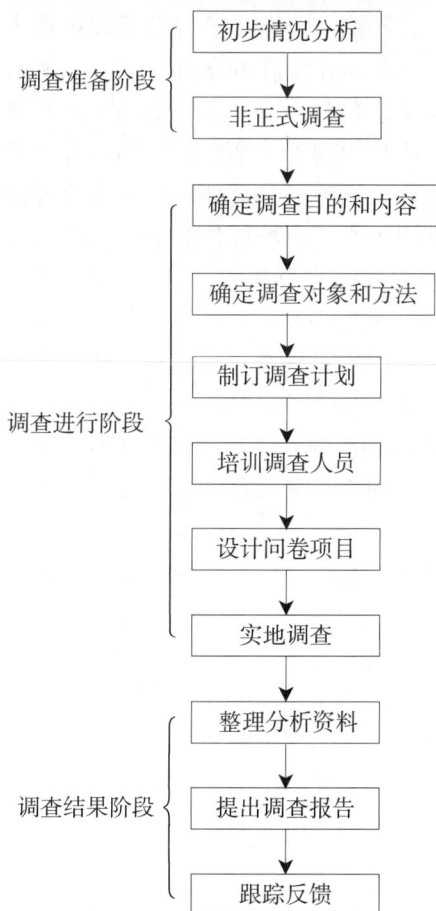

图 3-4　市场调查的步骤

（4）市场调查的方法。市场调查的方法多种多样。通常地，按接触调查对象的方式，可分为直接调查方法和间接调查方法；按调查范围，可分为普查方法和抽查方法。下面就直接调查方法和间接调查方法分别进行说明。①直接调查方法。直接调查方法就是直接面向消费者，以获取第一手资料所进行的调查方法。它具体包括询问法、观察法和实验法等。A. 询问法。这是最常见的一种方法。它是通过向被询问者询问的方式收集资料的方法。按询问方式可分为电话调查、书面调查和口头访问调查三种形式。B. 观察法。它是用观察记录的方式在调查现场了解消费者的行为、动机、需求等。这种方法最明显的优点是资料准确，缺点是仅通过观察难以推论，适用于难以用询问法调查的情况。C. 实验法。它是将产品在特定市场环境中进行小规模的试验，以测定产品将在市场的接受程度、发展前途、推销手段。最典型的方式是试销。这种方法取得的资料比较准确，但耗资多、速度慢、时间长。②间接调查方法。间接调查方法是对已有的资料进行整理、分析研究、推论市场动态的方法。其优点是速度快、耗费少、限制小，但其获得数据资料的准确性难以确认。

4. 企业外部环境预测方法

企业外部环境预测，主要是市场预测，它是在市场调查的基础上，应用预测技术、手段和方法对未来一定时期的市场竞争、商品供求、因素变化所作的预计和推测。

（1）市场预测的内容。市场预测的主要内容有市场需求预测，产品市场占有率预测，生产技术发展预测等。①市场需求预测。企业生产经营是以市场为导向、以客户为上帝。市场需求是企业生产的前提条件，也是企业生存的条件。只有了解未来市场的需求，企业才能做出战略决策和资源计划。市场需求预测活动主要有市场需求发展变化趋势预测、市场潜力预测、销售预测、购买力预测、人口预测等。②产品市场占有率预测。产品市场占有率是企业某种产品销售量或销售额与市场上该种产品全部销售量或销售额之间的比率。它反映了企业之间的力量对比关系、竞争能力大小、市场地位高低、实质上是竞争能力的预测。其包括的内容有市场供给能力预测、企业发展能力预测、市场占有率预测等。③生产技术发展预测。预测科技发展对企业产品影响，为企业投资、开发新产品、改进老产品、生产技术手段革新等方面决策提供可靠依据。主要内容有科学转化为技术的可能性，新技术、新工艺、新材料应用的可能性，科技发展对企业产品的影响力等。

（2）市场预测的方法。市场预测的方法，大体上分为两类：定量预测法和定性预测法。

定量预测法包括：①时间序列法。它就是利用预测对象的历史资料，按时间顺序排列成数字序列，根据其演变特征和趋势来预测未来的方法。它主要有简单平均法、移动平均法、加权移动平均法。②回归分析法。它是一种数理统计方法，是根据自变量与因变量之间的关系进行预测的，常见的有一元回归分析法。

定性预测法主要指经验判断法。它是依靠预测人员对过去和现在的事件进行综合分析，对市场发展趋势估计判断的方法，原理是以主观概率为基础。例如，德尔菲法或专家意见法、顾客意见法及专业人员分析法等。下面介绍德尔菲法，它是美国兰德公司在 20 世纪 40 年代末首创的一种定性预测方法。该方法的基本原理是，按照规定程序，背靠背征询专家意见，对研究的问题进行判断预测。其基本程序如图 3－5 所示。

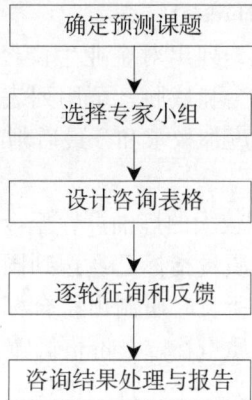

图 3 - 5 德尔菲法基本程序

3.3.2 企业内部环境分析方法

在对企业内部环境各个影响因素进行分析之后，要全面而客观地评价企业各要素之间的关系，综合考虑多因素的作用。下面介绍内部要素评价矩阵方法，如图 3 - 6 所示。

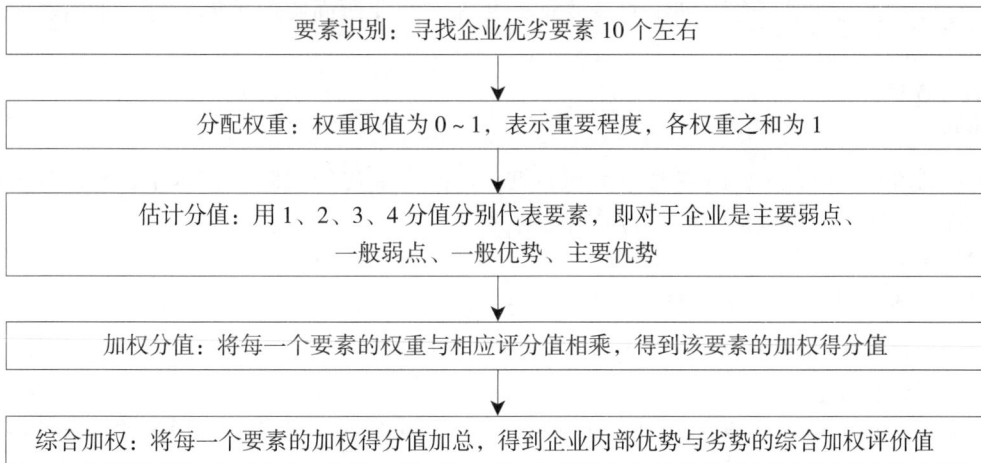

图 3 - 6 内部要素评价矩阵方法

3.3.3 企业内外环境综合分析方法

前面我们分析了企业外部环境的主要机会和威胁，又分析了企业内部环境的主要优势和劣势。但是，环境机会能否成为企业机会，环境威胁能否被企业所规避，还要看企业有无利用机会、规避威胁的条件和能力。因此，我们必须将企业内外环境结合起来分析。企业内外环境综合分析方法，就是在企业内外环境分析的基础上，将两者有机结合起来以确定企业机会和威胁的分析方法。这里，仅介绍 SWOT 分析方法。

1. 基本原理

SWOT 分析方法，又称为机会优势分析方法，它是综合考虑企业内部条件和外部环境的各种因素，进行系统评价，以选择最佳竞争战略的分析方法。其中，"S"是指企业内部的优势 Strength；"W"是指企业内部的劣势 Weakness；"O"是指企业外部环境的机会 Opportunities；"T"是指企业外部环境的威胁 Threats。

SWOT 分析方法根据企业的目标，列出对企业生产经营活动有着重大影响的内外因素，评价并且判断企业的优势与劣势、机会和威胁。可用列表方法，首先列出主要因素，其次对其评分，再次按照因素的相对重要程度加权求和，最后判断企业的优势与劣势、机会和威胁。

2. 原理应用

（1）资料介绍。某炼油厂是我国较大的炼油厂，至今已走过半个世纪。该厂在我国炼油行业中多次获得荣誉。其系列产品的质量指标已经达到国际同类产品的先进水平。例如，某牌发电机油的进口价格昂贵，厂研究所及时研制出符合标准的产品，使润滑油质量又达到了一个新水平，满足了市场需求。由于质量稳定，价格低廉，深受客户欢迎。

但是，随着市场经济的发展，作为一个生产型的国有大企业，在传统体制下，产品的生产、销售都是由国家统一计划，并不能真正面向市场，在转机建制的过程中，主要产品在一定程度上依然受到政府的宏观调控。随着我国加入 WTO 和市场进一步开放，直接面向市场的产品多了，生产型老企业在产品营销方面难以适应日益激烈的竞争市场。

（2）问题思考。①该炼油厂战略环境的有关因素有哪些？试用 SWOT 分析方法分析。②该炼油厂今后发展所面临的关键问题是什么？③你提出哪些对策？

（3）案例评析。这是一个运用 SWOT 方法来分析企业环境的案例。在环境分析中，SWOT 分析方法的主要任务是列出有关要素，并确定企业所面临的关键问题。下面对案例加以评析。

①环境要素。

优势 S：

S_1：国内较大厂；S_2：国内有一定知名度；S_3：质量达到国际先进水平；S_4：具有较强的研发能力；S_5：价格较低；S_6：熟悉国内情况。

劣势 W：

W_1：内部管理受传统体制机制影响；W_2：营销观念薄弱；W_3：产品包装单一；W_4：销售网点过少；W_5：促销力度不够；W_6：竞争意识淡薄。

机遇 O：

O_1：中国加入 WTO；O_2：企业转机建制；O_3：国内交通运输工具发展带动润滑油市场增长；O_4：消费潜力增大。

威胁 T：

T_1：进口产品冲击；T_2：顾客消费偏好；T_3：替代产品出现；T_4：能源危机加重。

②面临关键问题。一是如何转变经营理念，强化市场意识、竞争意识、风险意识、危机意识；二是如何转换经营机制，建立现代企业制度，适应社会主义市场经济的发展要求；三是如何转化企业资源，增强自身的核心竞争力；四是如何转移战略方向，瞄准国际市场，科学进行市场定位。

③发展关键环节。A. 如何发挥企业优势，不断开拓产品市场；B. 如何进行市场定位，增强吸引顾客的能力，取得市场竞争的主动权；C. 如何转变经营理念，适应市场需求；D. 如何增强企业自身的核心竞争力。

兴华有限公司大陆投资

　　1986 年，一位美籍华人在美国洛杉矶创建了兴华有限公司。该公司成立的最初几年主要是依靠在中国台湾的关系，从事贸易活动。兴华有限公司在短短的几年中得到了很大的发展，累积了创业所需的资金。

　　随着各大公司在亚洲采购量的增加，他们加大了在亚洲采购网络的建设力度与投入。同时，亚洲的制造厂在这几年得到了飞速发展，许多厂商有了自己的销售网络，有了直接与终端客户打交道的能力，这时，兴华有限公司陷入了危机。公司的许多客户已了解了亚洲的制造成本，掌握了一些供应商信息。因此，该公司的利润被挤到了最低。有时为了保住一个客户，甚至以购买价格报价给客户，自己承担运输费用和运作费用，这样的情况已持续了两年左右。

　　对此，公司高层进行了多次讨论。一致的意见是建立自己的工厂，虽然对于工厂建在何处公司内部有多种分歧意见。

　　一方主张在中国大陆设厂，原因显而易见：环境适宜、成本较低、文化相同、沟通容易；另一方主张在墨西哥设厂。理由是距离美国较近，距离客户也近。

　　经过激烈的讨论，公司最后决定在墨西哥设厂。但是，以华人为主的兴华有限公司高层对墨西哥的投资环境、文化背景了解不够。经过两年的苦苦经营之后，工厂不得不关门。其最主要的原因是工人纪律散漫，管理松弛，准时出货率低于 50%，为此失去了许多客户。

　　鉴于此种情况，该公司决定立即前往中国大陆投资建厂。1995 年，该公司在广东东莞高新科技园区成立了兴华（东莞）有限公司。经过近五年的努力奋斗，东莞公司取得了长足发展。公司员工从最初的 60 多人发展到 1 800 多人。

　　但是，从 2001 年 10 月起，公司从事的线材加工业内外环境发生了巨大变化。订单量下降很快，公司又一次站在了十字路口。究竟是继续坚守线材行业，还是涉足其他行业，比如印制线路板等？是将重点放在全新的行业，还是两方面都要兼顾？对此，公司必须做出选择。

【案例分析】

　　下面，将运用 PEST 模型、波特的五动力模型、SWOT 模型对兴华有限公司的内外环境进行全面分析，为今后的战略决策提供可靠的信息支持。

　　1. PEST 模型因素分析

　　（1）政治法律因素。从改革开放至今，中国经济取得了快速发展，社会稳定进步，人民生活得到了巨大改善，法律环境也有了一些改善；但是，存在有法不依、执法不严、贪污腐败、官僚主义等现象。总体来讲，政治法律环境居中等偏上，值得继续投资。

　　（2）经济因素。"9·11"事件的影响及网络经济泡沫的破灭，美国市场需求减弱，兴华有限公司 80% 的业务来自美国，对它的业务影响之大可想而知。网络及信息经济投资巨幅减小，通信及网络用线的需求也随着大幅减少。但是，信息经济及网络经济作为两大朝阳产业，它的低迷是暂时的。经过一段时间的调整，它必将有一个更大的发展。作为新经济的基本一环，线材行业必将有恢复繁荣的一天，而且中国经济持续稳定地发展，使兴华有限公司进一步开拓中国市场成为可能而且大有可为。综合经济因素可以说有喜有忧，只要把握得当，兴华有限公司就可以从中得到良好的发展机遇。

（3）社会因素。中国社会稳定，社会治安秩序良好，社会文化相通。因此，对于像兴华有限公司这样的华人企业投资于中国大陆，可以说是一个很大的优势。中国大陆人力资源丰富，并且勤劳守纪，对于兴华有限公司这样一个劳动密集型企业是一个至关重要的因素。

（4）技术因素。兴华有限公司所从事的线材行业是一个技术发展非常快的行业，需要从业者始终如一地关注新产品和新技术的出现，做到及时反馈，与客户一起研究开发，满足客户对线材的各种各样全新的需求；否则，就会被同行抛在后面。对于兴华有限公司而言，因为总公司设在美国，并且在美国有一支不错的客户服务及产品开发团队，能够在第一时间接触最新技术，与中国大陆一些本土企业及中国台湾企业相比，这是兴华有限公司一个很大的优势。

2. 波特的五动力模型竞争分析

产业竞争性质由以下五种力量所决定。

（1）企业间竞争。兴华有限公司所从事的线材加工行业，是一个劳动密集型的行业，进出的门槛较低。但是，这个行业又是一个市场非常大、前景非常广阔的行业。根据市场容量统计，它在机械电子行业中的排名仅次于汽车行业，但是，从事这一行业的企业非常多。据统计，仅东莞地区就超过200家，有的是中国台湾人开办的企业，产品以外销为主；有的是本地区人开办的企业，产品以内销为主。无论是国内市场还是国外市场，竞争都是非常激烈，完全处于买方市场。

（2）潜在竞争者的进入。兴华有限公司所从事的线材组装加工，也就是买别人的原线及连接器，然后自己加工，把线与连接器连接起来就成为一条成品线。它的进出门槛非常低，而这一部分市场容量又非常大，因此，新的竞争者在不断地加入。据统计，在东莞每年增加的线材加工企业不少于20家，大部分企业采用的竞争策略都是降低价格，行业利润处于一个非常低的水平。

（3）潜在替代品的开发。线材加工行业产品更新换代的速度非常快。在10年以前，大部分产品寿命在2年以上。如今，大部分产品寿命降到1年以下，很少看到一种产品可以连续存活2年以上。对这一行业而言新产品的出现有时是一场灾难。如打印机市场通过低成本策略，市场容量增加了50%，但是，对于线材行业而言，价格降低了1/3，市场容量几乎降低了3/4，这个产品曾经是该公司的主力产品，对该公司的打击之大可想而知。

（4）供应商的讨价还价能力。线材加工行业的主要原材料分为两大类：原线与连接器。连接器行业是一个资金密集型的行业，连接器行业是一个竞争非常激烈的行业，处于买方市场。原料—原线制造业情况有所不同，这一行业没有大的垄断型厂家，但是它是一个设备、资金密集型的行业，在东莞有200家以上的线材组装厂，但原材料制造厂家不超过10家，基本上处于一种卖方市场。

（5）购买者的讨价还价能力。从上可知，这几乎是一个完全的买方市场。客户可以有100%的讨价还价能力。他们可以把制造成本计算得清清楚楚，只留给公司1%~3%的利润。甚至客户利用新进入者的竞争，买价低于成本。这对于兴华有限公司来讲，是一个非常艰难的处境。该公司只有不断降低成本，同时不断提高产品质量，才能留住最基本的客户。

3. SWOT模型矩阵分析

表3-1是SWOT模型矩阵分析表。

表 3 - 1　SWOT 模型矩阵分析表

优势	劣势
1. 从事线材行业时间长，与客户关系密切 2. 高层来自于营销行业，具有很强的营销能力 3. 有条件将成本降低 4. 在美国有开发机构，第一时间收到最新科技 5. 拥有经验丰富的线材开发人员 6. 公司资金比较雄厚，寻找新投资机会	1. 家族企业，高层人际关系比较复杂 2. 总部与中国大陆制造厂沟通协调问题 3. 企业组织结构比较复杂，中国台湾分公司与大陆厂之间关系不明确
机会	威胁
1. 关键原材料行业处于卖方市场 2. 公司所处行业在中国起步，有利可图 3. 中国大陆经济快速发展 4. 美国经济有望很快走出低谷 5. 信息产业网络经济快速恢复	1. 美国经济处于低谷 2. 新竞争者不断加入

【本章小结】

　　企业是独立的经济实体和市场竞争的主体，企业又是社会组织的细胞和社会经济的单元。因此，企业不可能离开整个社会而存在。企业生存和发展离不开外部环境和内部条件。本章从内外两个方面对企业环境进行了分析。首先论述了企业环境分析的重大意义，其次分析了企业内外环境内容和主要因素，然后介绍了企业内外环境分析的主要方法，并且结合企业情况进行了案例分析。

【关键术语和概念】

　　环境　企业　市场　竞争　危机管理　SWOT 分析方法　市场调查　市场预测　机遇　威胁

【练习题】

　　1. 环境与企业两者之间有何关系？
　　2. 构成企业内外环境的主要因素有哪些？
　　3. 你认为现代企业的发展需要怎样的环境？
　　4. 企业家如何面对外部环境的挑战？
　　5. 企业内外环境分析的主要方法有哪些？
　　6. 你如何看待企业发展的机遇与挑战？

【补充阅读】

　　1. 徐盛华，陈子慧. 现代企业管理学. 北京：清华大学出版社，2004.
　　2. 陈秋元. 现代企业管理. 北京：经济科学出版社，2003.
　　3. 张平华. 中国企业管理创新. 北京：中国发展出版社，2004.
　　4. 张存禄. 企业管理经典案例评析. 北京：中国人民大学出版社，2004.

4　现代企业战略管理

◉ **本章学习要点**

    1. 认识企业战略与决策对于企业生存和发展的重要性。

    2. 理解企业战略的概念、特点、类型、层次及其构成因素。

    3. 掌握企业战略的制定、选择、实施与控制的基本原理和方法，并能分析和解决企业实际问题。

◉ **本章学习内容**

    1. 企业战略的概念、特点、类型、层次及其构成因素。

    2. 企业决策的概念、意义、特点、类型。

    3. 企业战略管理的意义、过程、程序。

    4. 企业决策的步骤与方法。

    5. 企业战略的制定、选择、实施与控制的原则、程序及方法手段。

◉ **案 例 分 析**

◉ **本 章 小 结**

◉ **关 键 术 语 和 概 念**

◉ **练 习 题**

◉ **补 充 阅 读**

    2001 年，海尔被美国的《家电》杂志评为"全球十大家电制造商中增长最快的家电企业"；张瑞敏先生被英国的《金融时报》评选为全球 30 位最受尊重的企业家之一。到目前为止，张瑞敏先生成为在世界上享有最高荣誉的中国企业家。与海尔等优秀企业及张瑞敏先生等优秀成功企业家相比，我们可以看到一批企业及其企业家上演了一幕幕速胜速衰的悲壮剧目。吴晓波先生在 2001 年初出版的《大败局》一书中，介绍了十家曾经在中国市场上创造了辉煌业绩之后，又如流星般消逝在中国大地的企业，如秦池、爱多、飞龙、巨人、三株、太阳神、郑州亚细亚等。这其中的原因何在？实践证明，企业的成长需要科学的管理理论作指导，成功的企业家需要用企业战略管理理论来武装。

4.1 现代企业战略概述

4.1.1 战略的含义

战略，古称韬略，原为军事用语。顾名思义，战，是战争、战斗；略，是方略、策略。战略就是对战争全局的筹划，就是对作战的谋略。战略最初多应用于军事领域。《孙子兵法》、《三国演义》等就是世界著名的军事战略杰作。战略的本义是指基于对战争全局的分析而做出的谋划。军事实践已经证明了战争的胜负首先取决于战略的正确与否。战略对于战争的意义在于它可以帮助决策者掌握战争全局的动态，运筹帷幄之中，决胜千里之外。它能够使自己掌握战争的主动权，在战争中处于优势地位，充分利用天时、地利、人和的条件，赢得战争的总胜利。总之，战略是组织对有关全局性、长远性重大问题的纲领性谋划和决策。

4.1.2 企业战略的概念

企业战略是指一个企业为了实现其长远目标和重要使命而做出的长期谋划和策略。这个概念包括以下几点含义。

1. 企业战略是一种计划

战略是一种有意识的有预计的行动，是一种处理某种局势的方针。战略具有两个本质属性：①战略是在企业发生经营活动之前制定的；②战略是有意识、有目的地制定的。

2. 企业战略是一种计策

这是指在特定的环境下，企业把战略作为威慑和战胜竞争对手的一种"手段"。例如，一个企业得知竞争对手想要扩大生产能力时，便提出自己的战略是扩大厂房面积和生产能力。由于该企业资金雄厚，竞争对手无力竞争下去，便放弃扩大生产能力的设想。然而，实际情况却是，一旦竞争对手采取了放弃扩大生产能力设想的态度时，该企业并没有将扩大能力的战略付诸实施。这时，战略便成为一种威慑因素。

3. 企业战略是一种模式

它反映企业的一系列行动，只要有具体的经营行为，企业就有战略。战略实际上是一种从计划向实现企业战略目标流动的结果，是一种"行为流"的运动过程。

4. 企业战略是一种定位

战略的范围十分广泛。它可以是产品及生产过程、顾客及市场、企业的社会责任与自我利益等任何经营活动及行为。不过，最为重要的是，战略应该是一个组织在自身环境中所处的位置。对于企业来讲，战略就是确定自己在市场中的位置，从而使得企业的内部条件与外部环境更加协调，把企业的重要资源集中到相应的地方，形成一个产品和市场的"生长圈"，形成企业有力的竞争优势。

5. 企业战略是一种观念

它是眼光向内，把注意力放在战略家的思维上。也就是说，它把战略看成一种观念。它体现组织中人们对客观世界固有的认识方式。例如，有些企业是进取型的企业，创造出新技术，开拓了新市场；而有的企业则一成不变，固守在早已建成的市场上。凡此种种，企业的经营者对客观世界的不同认识会产生不同的经营效果。

这些不同含义之间的关系是互补的，使战略趋于完善。例如，日本本田公司曾以观念型战略进入了美国的摩托车市场，打破了美国产品的垄断，开拓了小型家庭用车市场。

4.1.3 企业战略的构成要素

企业战略一般由四种要素构成，即产品与市场范围、增长向量、竞争优势和协同作用。这四种要素可以产生活力，成为企业的共同经营主线。有了这条经营主线，企业人员都可以充分了解企业经营的方向和产生作用的力量，从而扬长避短，发挥优势。

1. 产品与市场范围

它说明企业属于什么特定行业和领域。它要解决的问题主要有两个方面：一是企业目前所处的经营领域是否有充足的机会，在所处行业中产品与市场的地位是否占有优势，能否保证企业的生存和发展，因而对是否仍然处于这一经营领域做出决策；二是企业应进入哪种经营领域，以获得充分发展的空间。为了清楚地表达企业的共同经营主线，产品与市场的范围常常需要分行业来描述。因为大行业的定义往往过宽，其产品、使命和技术涉及很多方面，经营的内容过于广泛，用它来说明企业的产品与市场范围，企业的共同经营主线仍不明确。分行业是指大行业内具有相同特征的产品、市场、使命和技术的小行业，如饮料行业中的果汁饮料分行业等。

2. 增长向量

增长向量又可称为成长方向，它规定了企业在产品和市场结合方面的移动方向，即企业的经营运行方向，而不涉及企业目前产品与市场的态势。这种移动是由现有产品和新产品、现有市场和新市场两个方面，四种可供选择的组合所显示的，如表4-1所示。

表4-1　企业增长向量矩阵

使命＼产品	现有产品	新产品
现有使命	市场渗透	产品开发
新使命	市场开发	多种经营

（1）市场渗透。它是通过目前的产品与市场份额的增长达到企业成长的目的。其要点在于扩大现有产品的销售量。其主要方法有：①扩大产品使用者的数量；②扩大产品使用者的使用频率；③改进现有产品的特性，以吸引新用户。

（2）市场开发。它是为企业产品寻找新的消费群，使产品承担新的使命，以此作为企业成长的方向。其主要包括两个方面：①扩大市场，即企业在巩固原有市场基础上想方设法使产品从某一地区走向全国，甚至打入国际市场；②挖潜原有市场，即主要根据消费者的需求，对产品结构、性能等方面的因素进行改进或提高。

（3）产品开发。它是创造新产品，以逐步替代现有产品，从而保持企业成长的态势。其重点虽然是原有的目标市场，但是由于企业产品的性能有了显著提高，使其市场开拓能力迅速得以提高。

（4）多种经营。它是用新开发的产品去占领新开拓的市场。对于企业来讲，它的产品与使命都是新的，即企业进入了一个新的经营领域。为此，企业要处理好两个关系：首先，要处理好长期利益与短期利益的关系，要有战略眼光，深入研究应采用哪种类型的多种经营或多样化战略；其次，要处理好多样化经营与专业化生产的关系。

3. 竞争优势

企业在市场竞争中与竞争对手激烈对抗的胜负关键在于谁拥有较大的竞争优势。竞争优势说明了企业所寻求的、表明企业某一产品与市场组合的特殊属性，凭借这种属性可以为企业带来强有力的竞争优势。一个企业要获得竞争优势，或寻求兼并，谋求在新行业或原行业中的重要地位；或者企业设置并保持防止竞争对手进入的障碍与壁垒；或者进行产品技术开发，产生具有突破性的产品，以替代旧产品。图 4-1 列示了美国战略学家迈克尔·波特（Michael Porter）的竞争优势实证研究成果。

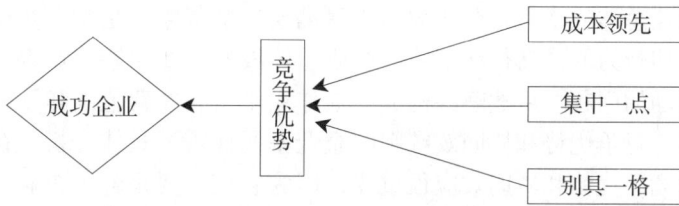

图 4-1　迈克尔·波特的竞争优势模型

上述三种要素描述了企业在外部环境里的产品与市场道路，而第四种要素则是从企业内部的协调方面考虑。

4. 协同作用

协同作用，是指企业在战略的制定和实施过程中，必须努力寻求各种类型的共同努力。它指明了一种联合作用的效果。安索夫指出，协同作用涉及企业与其新产品和市场项目相配合所需要的特征。在管理文献中，协同作用常常被描述为"1+1>2"的效果，这意味着企业内各经营单位联合起来所产生的效益大于各个经营单位各自努力所创造的效益总和。协同作用划分为以下四种类型：

（1）销售协同作用。这种作用产生于企业产品所有共同的销售资源，即企业各种产品使用共同的销售渠道、仓库等。

（2）作业协同作用。这种作用产生于企业充分利用已有的人员和设备，共享由经验曲线产生的优势等，即企业内分摊间接费用、分享共同的经验曲线。

（3）投资协同作用。这种作用产生于企业内各个经营单位联合利用企业的设备、共同的原材料储备、共同研究开发的新产品，以及分享企业专用的工具和专有技术。

（4）管理协同作用。即在一个经营单位里运用另一个单位的管理经验与专门技能。这种协同作用是贯穿于上面三种协同作用之中的、涉及企业素质和能力的核心协同作用。

4.1.4　企业战略的层次

一般来讲，现代企业战略可以分为三个层次：企业总体战略或公司战略、经营单位战略或事业部战略、职能战略。图 4-2 列示了现代企业战略层次的关系。

战略层次　　　　　　　　　　　　　　　　　　　　　　　　　战略内容

公司战略　　　　　　　　　　　公司　　　　　　　　　　　　应该做什么业务

事业部战略　　　事业部 1　　　事业部 2　　　事业部 3　　　怎样实现竞争优势

职能战略　　人事　　财务　　营销　　研发　　生产　　怎样具体实施操作

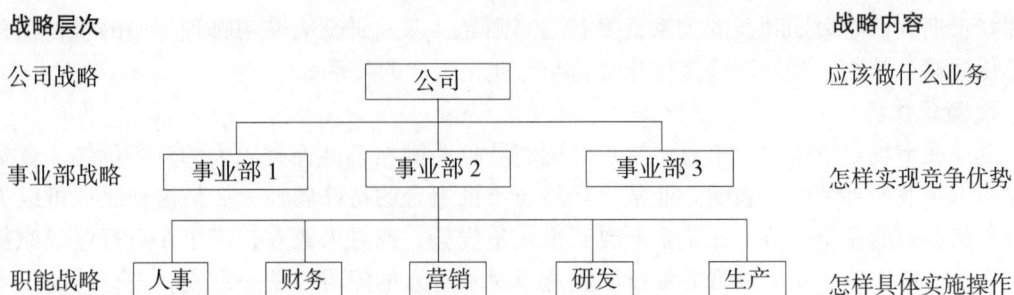

图 4-2　现代企业战略层次

1. 公司战略

公司战略或企业总体战略，是企业战略中最高层次的战略，是整个企业的战略总纲，是指导和控制企业一切行为的最高行动纲领。企业总体战略主要回答企业应该在哪些经营领域里进行生产经营活动的问题。从战略的构成要素作用来看，经营范围和资源配置是企业总体战略中的主要因素。竞争优势和协同效应则因企业不同而需要具体分析。在生产相关产品的多种经营企业里，竞争优势和协同效应很重要，因为它们主要是解决企业内部各产品的相关性和在市场上进行竞争的问题；在多种行业联合的大企业中，竞争优势和协同效应相对来讲则不很重要，因为企业中各经营业务之间存在一定的协调性，可以形成整体优势。企业总体战略具有这样几个特点：

（1）全局性。从战略活动对于企业作用的空间范围来看，企业总体战略具有全局性和整体性。它是关系到企业全局发展的整体的战略行为。

（2）长期性。从战略活动对于企业作用的时间范围来看，企业总体战略具有长期性。它是关系到企业长期发展的战略行为。

（3）高端性。从参与战略活动的人员来看，企业总体战略具有高端性。企业总体战略制定与推行的人员主要是企业的高层管理人员。

（4）相关性。从对企业发展的影响程度来看，企业总体战略与企业的组织形态有着密切的关系。在企业的组织形态简单、经营业务和目标单一的条件下，企业总体战略就是该项经营业务的战略，即经营战略；在企业组织形态复杂、经营业务和目标多元化的条件下，企业总体战略就应该相应复杂，如形成多种经营战略等。当然，战略对于企业的组织形态也有反作用，要求企业的组织形态在一定时期和条件下做出相应的调整，以适应企业环境变化的需要。

2. 事业部战略

事业部战略或经营单位战略，就是战略经营单位、事业部或子公司的战略。它是在企业总体战略的统筹和制约下，指导和管理具体经营单位的计划和行动，为企业的整体目标服务。其主要是针对不断变化的外部环境，在各自的经营领域里有效地开展竞争。为了保持企业的竞争优势，各个经营单位要有效地控制资源的配置和使用，各个经营单位战略要协调各职能层次的战略，使之成为一个统一的整体。经营单位战略具有如下特点：

（1）局部性。经营单位战略着眼于企业中的有关事业部或子公司的局部性战略问题，影响着某一具体事业部或子公司的具体产品或市场，只能在一定程度上影响总体战略的实现。

（2）中层性。经营单位战略形成的参与者主要是各个事业部或子公司的经理。

（3）中期性。经营单位战略是企业战略经营单位、事业部或子公司的中期战略计划。

（4）中介性。经营单位战略承上启下，即承接上层次的企业总体战略，启开下层次的企业职能战略。

3. 职能战略

职能战略又称职能层次战略。它是企业总体战略和经营单位战略在各个专业职能方面的具体化，以指导各项具体业务决策，为实施以上两个层次的战略服务。也就是说，职能战略是企业内部主要职能部门的短期战略计划，使职能部门的管理人员可以更加清楚地认识到本职部门在实施企业总体战略中的责任和要求，有效地运用营销、研究开发、人力资源、财务、生产等方面的经营职能，保证实现企业目标。企业职能战略一般可以分为营销战略、研究开发战略、人力资源战略、财务战略、生产战略等。企业职能战略的重点是提高企业资源的利用率，使企业资源的利用率达到最大化。

企业战略三层次之间存在着相互联系、相互影响、相互制约、相互协调、相互促进的关系。三者一起构成了企业战略体系，而每一个战略层次又都构成了其他战略层次的环境。任何一个战略层次的失误，都会导致企业战略无法达到预期目的。只有企业战略的各个层次相互协调一致，才能最有效地贯彻与实施企业战略。下面用图4－3来揭示企业战略三层次联系互动的内在机制。

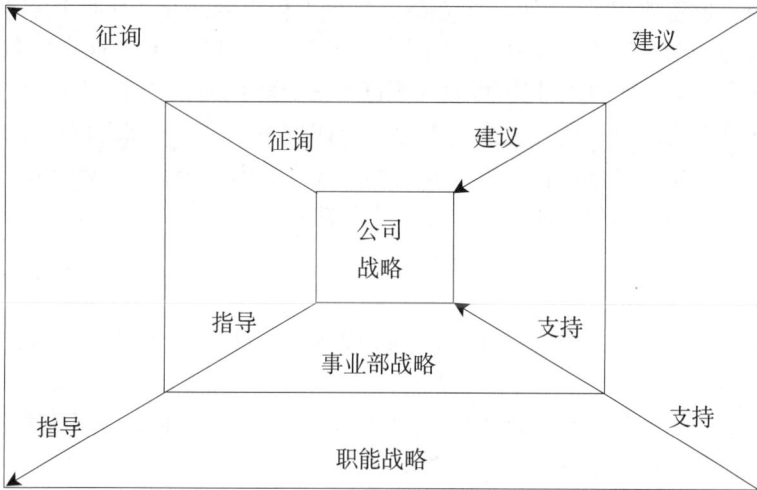

图4－3　企业战略三层次联系互动

4.2　企业战略管理的含义、意义与原则

4.2.1　企业战略管理的含义

企业战略管理，有广义与狭义之分。广义的企业战略管理是指对整个企业进行管理，它是将企业日常业务决策同长期计划决策相结合而形成的一系列经营管理业务；狭义的企业战略管理是指对企业战略的制定、实施、控制与调整所进行的管理，它是确立企业使命，根据

企业外部环境和内部经营要素设定企业组织目标，保证目标正确落实并使企业使命最终得以实现的一个动态过程。

本书所指的企业战略管理是指企业对全局性的发展方向做出决策，并通过组织、领导和控制等职能，保证发展方向得到有力贯彻的一系列管理工作。例如，企业的经营范围、产品和市场的开发、新技术的研究、企业规模的扩大或缩小、企业兼并与联合等问题，都需要有一个总体设计和谋划，并对战略方案进行选择和决策，以至达成企业预期的总体战略目标的全过程管理。我们把这种性质的管理工作称之为企业战略管理。

企业战略管理，其重要职能是构建一种机制，识辨企业的战略问题。所谓企业的战略问题，是指那些对企业实现战略、达到战略目标的能力有重大影响的企业内部和外部即将出现的问题，或企业环境中新出现的机会，或企业内部可以开发的优势，或外部的潜在威胁，或企业内部足以危害企业生存和发展的劣势。通过对企业战略问题的分析研究，企业可以获得长期的生存和发展。

4.2.2　企业战略管理的意义

实践证明，优秀企业成功的主要原因，就是企业的决策者能够为企业制定和实施科学的、正确的发展战略；一些企业失败的主要原因，就是这些企业决策者的战略决策有失误。美国兰德公司的专家一针见血地指出："世界上每破产 1 000 家大企业，其中 850 家都是因为企业管理者战略决策不慎造成的。"可见，企业战略管理不仅十分必要，而且非常重要。

海尔的前身是一个员工不足 100 人的小厂，当时亏损 147 万元。现在海尔集团的总资产早已突破 100 亿元大关。2001 年其销售收入则已突破 600 亿元，2000 年 1～11 月份，集团出口创汇已达 2.6 亿美元。海尔还在美国、菲律宾、印度尼西亚、马来西亚、阿尔及利亚等国家建立了生产厂。海尔的品牌价值已达 330 亿元，成为国内外公认的知名品牌。海尔 CEO 张瑞敏认为，这主要是由于海尔分阶段实施了三大战略：

第一阶段实施了名牌化战略。从 1984 年到 1991 年，用了 7 年时间把冰箱做好，创造了海尔名牌。

第二阶段实施了多元化战略。从 1992 年到 1998 年，用了 6 年时间，由白色家电进入米色家电。

第三阶段实施了国际化战略。从 1998 年开始至今，目标是将海尔集团建设成为一个超大型跨国公司，把海尔名牌建设成为一个世界名牌。

由此可见，"好产品、好机制、好管理、好班子"对于企业固然重要，但是，首先必须有个"好战略"。企业战略管理具有的重大意义，可以具体归纳为如下几个方面。

1. 企业战略管理是企业参与国际经济竞争的迫切需要

目前，世界经济全球化，市场一体化，企业竞争激烈化。企业要在激烈的市场竞争中站稳脚跟，求得生存，求得发展，就必须具有战略眼光，立足高远，眼光长远，积极做好企业战略管理。运筹帷幄之中，决胜千里之外。例如，海尔集团制定和实施的"海尔文化兼并休克鱼"的兼并扩张战略，就是一个成功的典范。

2. 企业战略管理是企业前进的指南

在市场经济条件下，市场如同"大海"，企业似"轮船"，企业家好比"舵手"，战略就像"指针"，企业家要使企业这艘"轮船"顺利驶向成功的彼岸，就离不开战略"指针"的指导。

3. 企业战略管理是企业家的第一要务

美国战略管理专家迈克尔·波特明确指出："领导者的作用要广泛、重要得多，总经理远不是做单个职能的管理工作，其核心是战略。"美国90%以上的企业家认为："最占时间、最为重要、最为困难的事就是制订战略规划。"美国通用电气公司前董事长韦尔奇说得好："我整天没有做几件事，但有一件做不完的工作，那就是规划未来。"对于企业家而言，战略决策正确了就是企业的最大功臣；否则，就是企业的最大罪人。

4. 企业战略管理是企业员工工作动力的源泉

日本著名管理专家、东芝电气公司总经理士光敏曾经说："一个富于创造性的企业，必定有它的理想。正是这个理想，向未来显示出这个企业存在的社会意义。职工们将从这个理想中看到自己作为其中一员的意义。正是从这里，人们感受到生活的意义。"

4.2.3 企业战略管理的原则

企业进行战略管理，必须遵循一定的科学原则，成功的企业战略管理通常遵循以下几条原则。

1. 因应环境原则

企业战略管理涉及企业的里里外外，任何企业都存在于一定的环境之中，都离不开一定的环境。成功的企业战略管理重视的是企业与其所处的外部环境的互动关系，其目的是使企业能够适应、利用，甚至影响环境的变化。企业是与社会不可分割的一个开放的组成部分，它的存在和发展在很大程度上受其内外部环境因素的影响。这些因素或影响力有些是间接起作用的，如政治、法律、经济、技术和社会文化因素；还有一些直接影响企业活动的因素，如政府、顾客、供应者、借贷人、股东、职工、竞争者以及其他与企业利益相关的团体。企业战略管理要求企业必须随时监视和扫描内外部环境的振荡变化，分析机会与威胁的存在方式和影响程度。企业战略管理就是要使企业高层管理者在制定和实施企业战略的过程中清楚地了解，有哪些内外部因素会影响企业，这些影响发生的方式、性质和程度是什么，以便制定新的战略或及时对企业现行战略进行调整，从而使企业能够在其存在的一定环境中不断地发展。

2. 反馈调整原则

环境的不断变化以及条件的持续改变，一切要求企业战略管理必须不断反馈调整，使得企业战略能够适应环境的变化和条件的改变，发挥其应有的作用。虽然企业战略管理的时间跨度一般为3~10年，但是，企业战略的实施要受到企业内外环境和条件的影响。目前，世界上大多数企业在制定了5年或10年发展战略之后，实行滚动式管理，逐年对企业战略进行严格的审查评估，然后进行必要的调整，并且在此基础上制定新的发展战略。

3. 全员参与原则

虽然企业战略管理是企业家的第一要务，但是，这并不是说其与企业员工无关或仅仅只是企业家一个人的事情。企业战略管理涉及企业的上上下下和方方面面，它不仅要求企业家英明而果敢地决策，而且要求企业各层管理者及其员工积极地参与和有力地支持。企业战略的制定、实施、控制和调整的任何一个环节，都离不开企业全体员工的了解、理解、出谋划策、同舟共济。

4. 整体最优原则

系统整体最优，早已为管理系统学派的研究成果所证实。在企业战略管理过程中：①整体效果优于部分效果；②各个部分如何有机结合产生出整体优化效果一直是战略管理的主要目的；③任何部分的调整都可能给整体带来影响；④实现整体目标，各个部分都要有其独特的功能；⑤部分的功能是由其在整体中的结构所决定的。企业战略管理不是强调企业某一战略经营单位或某一职能部门的重要性，而是通过制定企业的宗旨、目标、战略和决策来整合各部门、各单位的活动，使之形成合力、凝聚力、战斗力、生产力和竞争力。

5. 全过程管理原则

企业战略管理要取得成功，必须将企业战略的制定、实施、控制和调整等看成一个完整的过程来加以管理，以充分提高这一过程的有效性和效率。忽视其中任何一个阶段都不能获得有效的战略管理。在企业实践过程中，主要存在以下几方面的问题：①企业战略制定以后就被放在一边；②企业战略在实施过程中一遇到麻烦或问题就搁置；③实施企业战略的时间过长或投资超过预算；④在实施企业战略过程中忽视内外部环境因素的变化，原来的目的虽然实现了，但是更大的失误已经造成了。因此，不仅要将企业战略管理作为一个系统来思考策划，而且要视为一个完整的过程来实施。

4.3　企业战略管理的过程

明确了战略、企业战略和企业战略管理之后，本节将从动态的角度，运用系统的原理来描述企业战略管理的全过程。其基本思路是：企业高层管理人员根据企业的使命和目标，分析企业外部环境；确定企业存在的机会和威胁；评估自身的内部条件，识别企业的优势和劣势。在此基础上，制定企业战略。根据战略要求，配置企业资源，通过计划、预算和程序，实施既定战略。在执行战略的过程中，对战略的实施成果和效益进行评价，及时进行信息反馈，确保有效控制企业生产经营活动，并且根据变化的情况调整企业战略，或修正原有企业战略，或制定新的企业战略，开始新的战略管理过程。

企业战略管理的全过程是一种循环往复、不断发展、逐步完善的动态过程。动态的企业战略管理全过程，一般划分为四个阶段：战略制定、战略实施、战略控制、战略调整。图4-4列示了动态的企业战略管理全过程模式。

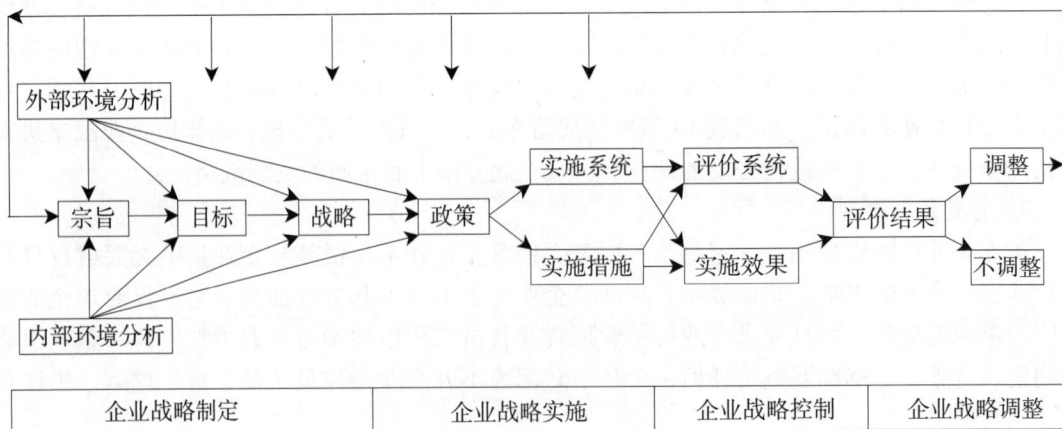

图4-4　企业战略管理全过程模式

4.3.1 企业战略制定

企业战略制定，首先就是要解决"企业是什么样的企业"的问题。

1. 大体过程

通过对企业战略环境分析，确定企业宗旨、目标、经营范围和资源配置等战略要素，进而制订企业战略规划。

2. 基本原则

发挥企业优势，克服企业劣势，利用企业机会，避免企业风险。

3. 核心思想

始终保持企业未来环境、未来条件和战略目标的平衡。

4. 主要步骤

企业战略制定的步骤如下：

（1）研究企业战略环境。企业战略环境的研究，是在分析企业内外环境和条件的基础之上，对企业战略形势的预测。这既是企业制定战略的前提，又是实施战略的假设。企业战略环境研究的结果是预测和明确企业在战略期的机会与威胁、优势与劣势。

（2）确定企业战略要素。企业战略要素一般包括五个方面的内容：①宗旨。确定企业的宗旨，就是确定企业的使命和任务，特别是企业的价值观。其表明了企业谋求与社会全面和谐、共同发展的生存观。宗旨对企业经营哲学和社会责任的陈述，是企业行为的准则；宗旨对企业经营范围的陈述，是企业从事的领域；宗旨对企业未来方向的陈述，是企业的战略宗旨。②目标。宗旨阐明了企业存在的目的和意义，指明了企业发展的方向。目标则是明确实现宗旨的程度和将要达到的具体成果。企业的目标是一个体系，是由总目标或战略目标、子目标、细目标所构成的一个系统。③经营领域，又称经营范围。它是企业为实现目标所涉足的产品生产领域和市场领域。确定企业战略领域就是确定企业未来想要生产经营什么，为谁生产经营，以及在两个以上的产品或市场领域中进行经营时的协同效应关系。④竞争优势。竞争优势是企业战略的支柱。因为企业战略的意义在于利用与竞争对手的差别优势，使得企业能够在激烈的市场竞争中成为受顾客认可的、受欢迎的企业。⑤经营结构。确定经营结构——战略体制是企业管理者的基本任务，企业要在所从事的经营领域中确定竞争优势，就必须从战略的角度来合理配置资源，建立与经营领域及其差别优势相适应的经营结构——战略体制。

（3）企业战略规划的制订。它是体现企业战略要素具体内容要求的战略指导思想、战略重点、战略阶段、战略资源、战略措施的组合。战略规划也是在多方案论证基础上的企业经营决策。其工作的内容主要是：①确定经营战略目标。这是企业经营战略的起点。目标要有根据，即企业必须解决的已经发生和将要发生的生产技术等方面的问题。为此，首先要对企业经营环境进行深入的调查研究和详尽的分析，找差距、找问题、找原因；其次要进行定性、定量分析，纵向、横向比较论证，在此基础上，初步确定决策目标；再次组织专家进一步论证；最后再谨慎地确定决策目标。目标要定量化。尽可能使决策目标定量化，作为实施决策的检验标准，如质量指标、数量指标、技术指标、时间指标等。②搜集有关信息资料。这是企业经营战略的前提。围绕企业经营战略目标，搜集有关信息情况，经过加工整理使之成为战略分析所必需的资料。③拟定备选方案。这是企业经营战略的基础。备选方案要具有指向性，所拟订的方案应该紧紧围绕所确定的目标和所要解决的问题；备选方案要具有完整性，所拟订的全部方案尽可能包括解决问题的所有方案；备选方案要具有排他性，所拟订的各个方案之间要相互排斥，体现差异，便于比较；备选方案要具有灵活性，所拟订的各个方案应该根据当时的实际情况来灵活设计；备选方案要具有创新性，所拟订的各个方案需要决策者充分发挥知识、智慧、经验、艺术、精神，大胆设想、大胆创新。④评选最佳方案。在拟订备选方案的基础上，需要对各个方案进行全面分析、认真比较和总体评价，以选择最优方案。评价选择方案，是决策的关键，是决策最重要的环节。评价选择方案，包括两个过程：一是评价阶段，即对备选方案进行充分分析、论证、评价；二是选择阶段，即对评价比较的结果进行总体权衡和最终抉择，选择最优方案，也就是人们俗称的"拍板"。评价选择方案，首先要根据决策目标确定一个合理的选择标准；其次要确定一个合理而科学的选择方法。

4.3.2 企业战略实施

企业战略实施，是借助于中间计划、行动方案、预算、程序，实现企业战略的行动过程。

（1）中间计划。它是介于长期战略与行动方案之间的计划。在时间上，它一般为 1 ~ 3 年；在内容上，它包括比行动方案更全面的内容。

（2）行动方案。它是企业完成某一次性计划的活动和步骤的说明。

（3）预算。它是企业在一定时期内的财务收支预计，是数字化的计划，是实现企业战略目标的财务保证。

（4）程序。它是完成某一特殊任务的步骤和方法的有机整体。它可以借助于计算机，运用目标规划法、计划评审法、关键线路法、线性规划法、动态规划法等一系列科学管理方法来制定最佳的工作程序。

4.3.3 企业战略控制

企业战略控制，就是将实际的战略实施成效与预定的战略目标相比较，找出差距，采取措施，达到目的。它包括三种要素：

1. 确定评价标准

这是用以衡量战略执行效果的指标体系。它包括两大类：

（1）定性指标。国外提出六种标准：①战略与环境保持平衡性；②战略与资源保持匹配性；③战略内部各部分保持统一性；④战略保持相对稳定性；⑤战略保持可行性和可操作性；⑥战略注重评估风险性。

（2）定量指标。①经济效益；②劳动生产率；③产品质量；④产量；⑤产值；⑥成本费用；⑦利润；⑧销售利润率；⑨市场占有率；⑩新产品研发等。

2. 衡量实际成果

它是战略在执行过程中实际达到目标程度的综合反映。它通过建立 MIS（管理信息系统），运用科学的控制方法和控制系统，掌握准确的成果信息。

3. 评价工作成效

将实际成果与预定的战略目标相比较，我们可以了解如下情况：①正偏差，即实际成果超过预定的战略目标。若是稳定协调的发展结果，则是良好的结果。②负偏差，即实际成果落后预定的战略目标。这是不好的结果，要查找原因，及时采取措施，进行调整。③基本达到目标，介于①与②情形之间。存在偏差，但是基本上属于好的结果。

4.3.4　企业战略调整

企业战略调整，它是在战略执行过程中产生的实际结果与预定目标之间存在明显的差距时所采取的对战略方案的修订、改变、补充和完善的过程。

1. 企业战略调整的原因

（1）客观原因。它是指由于客观环境变化和条件改变，使得企业战略的长期稳定性与改变性之间产生了不协调，由此造成了战略与实际情况不符合。

（2）主观原因。一是战略制定者的意识、思想、动机、能力、知识、价值观等因素；二是战略执行者的理解能力、认知能力和执行能力等因素；三是战略评价者的知识、经验、能力等因素。

2. 企业战略调整的类型与程序

（1）局部性调整。它是指对战略所进行的较小范围的改变，而不涉及战略方向或全局的改变。这种调整可以由执行单位进行，并报综合部门备案。

（2）职能战略调整。它属于对子战略的调整，涉及的范围比局部性调整要大些，但是又比总体战略调整范围小些。这种调整可以由职能部门提出调整方案，并报综合部门审定后，经过主管领导批准后执行。

（3）总体战略调整。它涉及企业全局的、长期的、基本方向的调整。这种调整可以由综合部门提出调整方案，由领导集团讨论后，报主管部门批准后执行。

3. 企业战略调整的方法

企业战略调整，不是权宜之计，而是每期都要进行的。一般采取战略滚动方法。战略滚动一般都是时间跨度很大的，大约三年以上。由于滚动中总有四年是在重复调整与不断准备中，因而能够使战略更接近客观实际。

【案例分析】

兴华公司面对新变化的决策

根据上一章的 PEST 分析、波特模型、SWOT 模型分析，兴华公司有以下几种选择：

（1）继续实施纵向一体化战略，更进一步介入线材行业，投资原线制造业，掌握线材业的核心技术，提高自己的核心竞争能力。

（2）采取多元化经营战略，进入印制线路板。印制线路板在中国大陆刚刚起步，如果现在投资，则可以抢得先机，况且兴华的主力产品有这方面的需求。

（3）市场不明朗，以静制动，暂且不做出任何重大的投资决策。

1. 决策建议

重用第一种选择，继续在线材行业发展。

（1）兴华公司现在面临的困难很大，订单急剧减少。这一切主要是由于美国市场陷入低迷，网络经济泡沫破灭，信息产业投资萎缩。但是，美国经济基础牢固，正常情况下信息经济不出所料，会快速得到恢复。同时信息经济、网络经济只是短暂处于低迷状况，作为朝阳产业有巨大的发展潜力。因此，作为信息经济、网络经济的重要组成部分，线材业必将随着网络经济的复苏而得到新的巨大的发展机会。

（2）兴华公司从事线材业多年，有强大的营销网络，已经积累了丰富的经验，如果轻易放弃，将是一个非常巨大的损失。

（3）作为线材行业的核心部分原线制造业，为什么介入的厂家比较少？因为它是资金、设备密集型产业，且进出的门槛较高，许多小公司无力介入。兴华公司经过十多年的苦心经营，积累了大量的资金，现在正在为这些资金寻找出路，正好可以趁此机会进入此行业的核心领域，加强自己的竞争能力，成为行业的"领头羊"。

（4）中国经济的快速发展，为兴华公司拓展国内市场提供了良好的机遇。而高端线材制造业正是国内的弱势产业，发展潜力巨大，市场潜力无限，前景美好。

2. 改进之处

正确的决策并不代表公司一定会有一个光明的未来或必然会取得成功。兴华公司要走出目前的困境，有大量的工作要做，有许多问题需要解决；否则，再好的战略规划也只是空中楼阁。下面是几项亟待改进之处：

（1）全员参与。战略管理中最重要的环节是通过企业战略的制定，能够让全员参与到公司经营策略的制定之中，集思广益；使每一个员工认同企业的使命，把企业的目标作为自己的目标；使员工与企业不仅形成利益的共同体，而且成为生命的共同体；使每一个员工得到激励，充分调动大家的积极性、主动性和创造性；使企业具有活力、凝聚力、生存力、竞争力和发展力。

（2）优化结构。由于历史的原因，兴华台湾分公司对兴华早期的发展做出了贡献，因此，美国总公司授权台湾分公司对大陆公司有监管权。这样，兴华东莞分公司既要向美国总公司报告，又要对台湾分公司报告。目前台湾分公司已经完成了它的历史使命，现在远离主要的大客户，应该把它缩减为一个销售办事处，同时提升兴华东莞分公司的地位，使它只需向总公司汇报，提高沟通的效率。

（3）原线制造业是一个技术密集型产业，要做好它绝非易事，并不是单一投入资金就可以做好的。最核心的是要大力加强产品工程开发人员的力量，建立一支实力强大的工程研发队伍。

（4）以前兴华公司的营销重点放在美国，对于国内市场没有积极地投入资金和时间去开拓。如果兴华公司能够同时面向国内国外两个市场，一个市场出现问题，另一个市场补充，就不会出现一落千丈的局面。因此，企业要"用两条腿走路"。

【本章小结】

企业战略管理是企业最为重要的任务。企业战略管理是企业高层次管理人员为了企业长期的生存和发展，在充分分析企业外部环境和内部条件的基础上，确定和选择达到目标的有效战略，并且将战略付诸实施和对战略实施过程进行控制与评价及调整的一个动态管理过程。在当今企业环境因素越来越多、越来越复杂多变，竞争越来越激烈的时代，战略管理作为高层次管理人员的活动内容，越来越显示出其在企业管理中的重要性。

本章从战略、企业战略的概念出发，主要介绍了战略的内涵、特征、意义、类型，企业战略的重大作用、类型、构成因素、层次，以及企业战略管理的动态过程和决策，包括原则、程序、内容、步骤和方法，并且结合企业战略管理的实际案例进行了分析，提出了建议和意见。

【关键术语和概念】

战略　战略管理　市场竞争　优势　战略要素　目标　风险　决策

【练习题】

1. 战略与企业两者之间有何关系?
2. 构成企业战略的主要因素有哪些?
3. 你认为现代企业的发展需要怎样的战略与之对应?
4. 企业家如何面对外部环境的挑战做出最优决策?
5. 企业战略决策的主要方法有哪些?
6. 企业战略管理的动态过程有哪几个阶段?

【补充阅读】

1. 王效昭, 赵良庆, 吴泉信. 企业管理学. 北京: 中国商业出版社, 2001.
2. 谭力文, 徐珊, 李燕萍. 管理学. 武汉: 武汉大学出版社, 2004.
3. 李令德. 企业战略管理新编. 上海: 华东理工大学出版社, 2003.
4. 冯文权. 经济预测与决策技术. 武汉: 武汉大学出版社, 2002.

5　现代企业经营管理

◉ **本章学习要点**

    1. 掌握经营管理的基本概念和内容。

    2. 明确经营管理的策略和方法。

    3. 培养经营管理的能力。

◉ **本章学习内容**

    1. 现代企业经营管理的概述。

    2. 现代企业的经营策略。

    3. 现代企业经营的机制与经营能力。

◉ **个 案**

◉ **案 例 分 析**

◉ **本 章 小 结**

◉ **关 键 术 语 和 概 念**

◉ **练 习 题**

◉ **补 充 阅 读**

    现代企业经营管理是企业管理中最重要的管理。"企业的安危在于经营"，只有善于经营，严于管理，企业才大有希望。本章介绍经营管理有关的理论知识，重点讲述经营的策略，转换经营机制，增强经营能力，不断创新经营的方式和内容，企业就能大展宏图。

5.1 现代企业经营管理概述

5.1.1 现代企业经营管理的概念

"经营"一词，在古代，原意为"筹划、营谋、开拓、发展"；近代则是指"买卖、销售"之意；而在现代，把经营定义为：商品生产者以市场为对象，以商品生产和商品交换为手段，为了实现企业的目标，使企业的生产活动与企业的外部环境达成动态均衡的一系列有组织的活动。在我国，已经建立起社会主义市场经济体制，现代企业在商品生产日益发展、科学技术快速进步、市场范围不断扩大的情况下，必须加强经营管理工作，重视对市场需求的研究，制定企业的发展战略，研制开发新产品，不断提高企业的经济效益和社会效益，以保证企业在市场竞争中能谋求长远的发展。对此，现代企业经营管理的含义主要包括以下三方面：

（1）现代企业应高度重视外部的环境及其变化，所谓"适者生存"的自然法则，在某种程度上同样适用于社会。因此，现代企业必须研究市场的需求动态，从中找到企业与市场的结合点或切入点，即确立企业在市场的经营范围，以求生存。

（2）现代企业不能只图一时之利，而应谋求长远的发展。因此，现代企业必须制定企业的经营发展战略，以引导企业员工瞄准战略目标，全力以赴，力求持续、稳定、健康地发展。

（3）现代企业为取得良好的经济效益以求发展，必须树立正确的经营思想和经营目标，讲究经营策略和方法，具备经济管理的才干，只有善于经营，经营有方，企业才能占领市场，取得市场回报。

5.1.2 现代企业经营思想

现代企业经营思想是指正确认识企业外部环境和内部条件，指导企业经营决策，贯彻企业经营方针，实现企业经营目标，解决经营中的各种问题，求得企业生存和发展并贯穿企业经营活动全过程的指导思想。现代企业如同一个人一样，需要有正确的思想作指导，才能健康地成长起来。因此，现代企业经营思想正确与否，关系到企业的兴衰成败。

在现代企业经营思想中，必须具有正确的企业经营哲学思想。即对现代企业经营过程中各种内外环境和条件及关系发生规律性变化的认识和理念，以此指导企业经营管理者和企业家用正确的思维方法认识和对待现代企业经营过程中所发生的一切变化和关系。诸如长期利益与眼前利益，整体利益与局部利益，风险与机会，成功与失败，强者与弱者，兴旺与衰退，快与慢，盈与亏，大与小，质量与数量，稳定与变化等，都是一种对立统一及矛盾转化的关系。风险中潜藏着机会，机会中埋伏着风险；欠盛防衰、弱生于强、居安思危、退一步进两步等辩证思想及意识，可以使现代企业经营管理者保持清醒的头脑，处于顺境而不迷，处于逆境而不惑。

现代企业经营哲学也常常以某些信念的形式支配着人们的观念和行为。如日本许多企业经营者的观念是：用户是上帝，时间是金钱，质量是生命，安全是法律，人多是祸害。美国IBM公司的经营哲学是：提供世界上最好的服务。美国许多成功企业的信念是：采取行动，接近顾客，独立自主和企业精神；靠人来提高生产率、建立正确的价值观，做内行的事；组织单纯，人事精简，宽严并济等。我国企业在经营机制转化和制度创新的过程中，也逐步形成了自己的经营哲学思想，诸如以质量求生存，以品种求发展；用户至上，信誉至上等。

在现代企业经营思想中，随着客观环境的变化及企业经营管理者对客观情况认识的加深，逐步形成了一系列较成熟的思想观念，主要体现在以下七个方面。

1. 市场观念

市场观念是企业经营思想的中心。树立市场观念，应当把用户的需要和利益放在第一位，为顾客提供满意的产品和优质的服务，并不断创造顾客新的需求，以此求得企业的生存和发展。

2. 竞争观念

在市场经济条件下，必然存在激烈的竞争。通过竞争，由市场进行选择，优胜劣汰，促进产业的发展和市场的繁荣兴旺。树立竞争的观念，推进企业勇敢地参与市场竞争，充分发挥企业的优势和实力，创造企业的品牌和经营特色，遵守国家制定的政策法令和市场竞争规则，建设企业良好的职业道德，承担企业应尽的社会责任。

3. 人本与人才观念

人是企业经营活动的主体，人才是企业最宝贵的资源。当今企业的竞争既是经济实力的竞争，又是科学技术的竞争，归根到底是人才的竞争。树立人本与人才的观念，就是要求企业充分相信和依靠员工，发挥他们的聪明才智。同时要尊重人才，培养人才，珍惜人才，发挥人才的作用。企业不仅生产优质的产品，还要培育出大批的人才，建设一支优秀的职工队伍，才能使企业长远地发展壮大。

4. 创新观念

企业的生命力在于它的创造力，不断创新的精神是企业走向成功的动力。树立创新观念，要求企业不能因循守旧，故步自封，要善于破旧立新，不满足于已经取得的业绩，要与时俱进，树立远大的目标，开拓新的市场，开发新的产品，开创新的管理方式，企业才能走在时代的前列。

5. 效益观念

提高经济效益和社会效益是企业经营管理的中心任务，也是发展市场经济、促进企业做强做优的基本要求。树立效益观念，要求企业用尽可能少的劳动消耗与资源占用，提供尽可能多的符合社会需要的产品和劳务。提高经济效益不仅是为了赢利，而且更重要的是为了处理好企业的经济效益和社会效益的关系，处理好当前的经济利益与长远的经济利益的关系，处理好价值与使用价值的关系，企业才能真正立足于社会，根深叶茂，获得长远的发展。

6. 战略观念

战略观念是指导企业为实现经营目标，通过对企业外部环境和内部条件的全面综合分析，从全局出发而做出的较长时期的总体性谋划和活动纲领。树立战略观念，要求企业高瞻远瞩，胸怀全局，面向未来，深谋远虑，规划企业发展阶段和战略目标，确立企业的战略重点、战略方针、战略资源及战略措施等，促进企业员工团结一心、群策群力，为实现企业的战略目标而共同奋斗。

7. 价值观念

价值观念是指明确为什么要创办现代企业，现代企业怎样去求生存和发展。在市场经济的条件下，现代企业究竟如何发挥作用，为社会做出什么样的贡献及在行业（产业）中取得什么样的地位等，这些都有待现代企业经营管理者做出思考和回答。树立价值观念，要求现代企业家不断提高政策水平，掌握现代科学技术文化知识，丰富企业管理的实践经验和工作方法，创造出不平凡的业绩，为企业发展和社会进步做出积极的贡献。

5.1.3　现代企业的经营目标、方针和经营计划

1. 现代企业的经营目标

现代企业的经营目标是现代企业的生产经营活动在一定时期内预定要达到的经营成果与水平。它为企业的全部生产经营活动指明了重点，为评价企业的生产经营活动的成效确定了一个标准，也使企业全体员工明确了努力奋斗的方向及实现程度。每一个现代企业都必须强化经营目标管理，制定出企业的经营目标。其目标主要包括：

（1）利益目标。利益目标是指现代企业在一定时期内，为本企业和职工创造的物质利益。它表现为企业实现的利润、职工的工资与奖金、职工福利等。利益目标是现代企业经营活动的内在动力，也是企业寻求生存和发展的基础。

（2）市场目标。市场目标是指企业在一定时期内占领市场的广度和深度。它表现为企业的产品在市场的占有率和销售的增长率，企业在市场的形象及企业在市场的知名度和美誉度。市场是企业生存和展现实力的空间，不断提高企业在市场中的核心竞争力，积极开拓国内、国际市场，是现代企业追求的一项重要的经营目标。

（3）发展目标。发展目标是指现代企业在一定时期内，其生产规模、品种的增加，产品质量的提高，科学技术的进步等项达到一定的水准，它不仅反映为生产能力的提高，更注重把企业做强做优，提高员工的素质和科研人员的能力，加强产学研一体化的进程，增强企业的发展后劲，促进企业持续、稳健地向前发展。

（4）贡献目标。贡献目标是指现代企业在加快自身发展的同时，还要努力为社会的繁荣和各项事业的进步做出应有的贡献。它表现在企业既为市场提供价廉物美、适销对路的商品和服务，不断满足消费者的物质文化生活的需要，又为社会输送优秀人才，提供健康的精神产品，创造出丰富的精神财富；既为国家依法纳税，增加国家的财力，又热心社会的公益事业，扶危济困，为维护社会的稳定、市场的良好秩序做出贡献。

现代企业的总体经营目标通过层层分解，落实到各个部门、各个生产经营的基本环节以至每个员工，建立总体目标实现的保证体系，使企业的每个部门和全体员工都有奋斗的目标，促进企业上下一心，同心同德，紧密配合，共同努力，确保企业总体经营目标的最终实现。

2. 现代企业的经营方针

现代企业的经营方针是指在一定的经营思想指导下，从事各种经营活动必须遵循的基本行为规范与行动准则。如果把经营目标比作过河要到达的彼岸，经营方针则是企业要解决桥和船的问题，是实现经营目标的行动指南。因此，现代企业根据其经营的特点和条件，确定其经营的指导方针。具体的经营方针包括：

（1）服务方向方针。现代企业研制产品和提供服务应事先确定其服务的方向和经营对象。只有确定具体的服务对象，现代企业才能有的放矢，并为做好经营管理工作制定出指导方针，要求企业的服务人员服务到家，让服务对象满意，体现现代企业真诚为用户服务的品质与精神。企业可根据自身的实力，选择和确定企业服务的方向，可以服务国内市场或者国际市场；也可以服务城市消费者或者农村消费者或者两者兼有；还可以为工业生产提供原材料服务或者为消费者提供生活用品服务等。服务方向确定后，企业只有制定出切实有效的方针，才能引导全体员工做好服务工作，达到服务的最佳水准。

（2）生产经营方针。现代企业开展多种形式的生产经营活动，为确保企业在产品或劳务

的品种、数量、质量、价格、交货期及服务等方面能贴近市场，满足市场的需求，企业必须依据自己的条件，扬长避短，发挥优势，制定生产经营工作的指导方针。这种方针可以是扩大产量、薄利多销的方针，可以是优质优价、以质取胜的方针，可以是开发品种实施多样化经营的方针，还可以是提高服务质量迅速占领市场的方针等等。

（3）技术发展方针。科学技术是第一生产力。现代企业必须高度重视科学技术的发展，制定切合企业实际的指导方针，或是提高科技人员研发的能力和水平，或是加快企业技术设备的更新改造，或是开发技术附加值高的产品去占领市场，或是引进国外的先进技术，或是通过消化、吸收创造新技术等。现代企业通过技术发展方针的正确指导，确保企业在市场激烈的竞争中立于不败之地。

现代企业制定其经营方针，要通过详细的调查研究、周密思考，联系市场实际扬长避短，确定行动的准则和原则要求，使全体员工在正确方针的指引下，群策群力、团结一心，完成预期的经营目标和各项任务。

3. 现代企业经营计划

经营计划是为实现企业的经营目标，对企业生产经营全过程所做的具体安排。它是现代企业的经营思想、经营目标和经营方针的进一步具体化，是企业全体员工生产经营行为的纲领性文件。现代企业经营计划的表现形式有：①长期计划，即规划。它按照企业战略目标的要求，确定企业的发展方向、基本政策、策略，以及今后获取、使用资源的准则，包括企业重大的经营活动内容。②中期计划，即营运发展计划。它是规划的继续和具体化，其确定企业在未来2至5年内，各职能部门应达到的目标，具有综合性以及协调平衡的作用。③年度计划，即执行计划。它是将中长期计划的目标分解成年度的经营目标，具体表现为各职能部门的计划，其内容有工作目标、工作进度、负责人、经费开支、工作方法等，以使企业全体员工能依"计"而行，切实可行，确保实现经营计划规定的各项指标。为此，制订经营计划需要做好以下工作：

（1）明确经营计划的任务。现代企业的经营计划必须按照国家的经济政策和法规，不断满足社会和市场消费者的需要，通过对经营计划的编制、实施和控制，把企业内部的各项生产经营要素和各种经营活动科学、合理、有效地组织起来，全面完成经营计划。具体的计划工作体现在：①以提高经营经济效益为目标。现代企业的一切经营活动的目的都是为了提高经济效益，满足社会的需要。为此，经营计划工作要求加强市场调查和预测，充分了解市场供求信息，掌握用户需求的变化，及时创造条件，调动企业员工的积极性和创造性，生产销售价廉物美、适销对路的产品。以获取企业最佳的经济效益和社会效益。②合理配置资源。现代企业从事生产经营活动，需要从社会获得各种资源，包括人力、物力、财力、信息和时间等，因各种资源十分有限，并且是有价的，所以，现代企业在安排经营计划时，须精心考虑，科学合理地配置各类资源，保证企业生产经营的需要，尽最大努力降低各种资源的消耗，减少不必要的资源浪费，尽力做到物尽其用、人尽其才，使各种资源发挥出最大的效率。③指挥协调生产经营活动。经营计划承担着指挥、协调现代企业生产经营活动的重任，一方面要保证产销衔接，产品生产要按市场的需要而安排，即以销定产，消除产品积压或脱销的现象，保证市场的供应，满足消费者的需求；另一方面要保证企业内部的原材料、零配件和产成品的衔接，确保生产连续、平衡、均衡地进行，防止停工待料或生产人员不足而影响生产的现象发生。经营计划中对可能发生障碍的关键环节，要加强预防措施，消除隐患，确保生产经营的顺利开展。

（2）编制经营计划的步骤。现代企业编制经营计划一般要经过以下几个步骤和运用切实可行的方法，使经营计划制订得更加周密，操作性更强：①认真调查研究，收集信息是编制经营计划的前提条件。现代企业在编制经营计划时，首先要对企业的外部环境和内部条件进行全面调查和分析，一是摸清市场存在的机会与威胁，以使企业能抓住机遇，避开威胁；二是分清企业内部的长处和薄弱环节，以使企业在制订经营计划时，能扬长避短，发挥优势，保证计划指标落到实处。②统筹安排，全面制订经营计划的各项指标和任务。现代企业要总揽全局，全盘考虑企业的各个职能部门、各生产经营环节相互联系和相互制约的关系，做好各类资源的调配，以确定各项具体的生产经营指标和任务，使全体员工、企业各部门都明确各自的目标、指标和任务，做到齐心协力，挖掘潜力，克服各种困难，按期完成规定的指标和任务。③草拟各种不同的经营计划方案，从中择优。实现现代企业经营计划的指标和任务，可以采取多种不同的方法而形成几种计划方案。一般来说，每一个经营计划的方案都有其优点和不足，企业管理者的工作就是要通过比较，权衡利弊得失，对多个方案进行反复比较筛选，将最适合限制条件、利多弊少的方案选择出来，作为最优方案加以实施。其他方案可作为后备方案，若生产经营条件有变，便可随时启用，机动灵活地适应新的环境条件。④综合平衡，制订正式的经营计划书。现代企业在经过综合运筹之后，通盘谋划，做到产销平衡、收支平衡、生产能力平衡、投入与产出平衡。各部门在综合平衡之中，必然会出现各种矛盾和问题，影响计划的顺利执行。现代企业管理者的重要工作任务就是善于解决问题、处理矛盾，使整个计划的执行井然有序。

（3）经营计划书的编制方法。在编制现代企业经营计划书中常采用的方法主要有：①滚动计划法。它是指每次编制和修订计划时，都要依据前期计划执行的情况和客观条件的变化，将计划向前延伸一段时间，使计划不断向前滚动、延伸。如某企业在2008年底制订了2009—2013年的五年计划，采用滚动计划法，根据2009年底实际完成的指标情况与客观条件的变化，对原定的五年计划进行必要的调整和修订，在此基础上编制出2010—2014年的五年计划，其后依次类推。这种经营计划的制订方法，能很好地反映客观生产经营的实际状况，极大地提高计划的准确性，使计划真正起到指导企业生产经营活动的作用。如图5-1所示。②应急计划法。它是指当客观情况发生重大变化时，如停电停水、原材料供应中断等特殊情况发生，原有的计划无法继续执行，企业即刻启动应急计划，以保证计划的有效实施。对此，现代企业一般在编制年度经营计划时，都通过预测，对可能发生的特别情况制订应急计划，以防不测，从而避免措手不及，减少慌乱，降低损失，使计划能有条不紊地进行。③PDCA循环法。这种方法是美国质量管理专家戴明提出的，它是按照计划（plan）、执行（do）、检查（cheek）和处理（action）四个阶段的顺序，周而复始地进行计划管理的一种工作方法（见图5-2）。现代企业运用这种方法编制经营计划，并在执行计划中，善于发现和解决出现的各种问题，讲求实效，总结经验，制定管理标准，对遗留的问题找出原因，在编制新的经营计划时作为借鉴，不断提高经营计划的管理水平。

企业（2009—2013 年）五年经营计划				
详细具体	较细		较粗	
2009 年	2010 年	2011 年	2012 年	2013 年

本年实绩

计划与实绩差距

计划修正		
差距分析	内外条件变化	经营目标调整

企业（2010—2014 年）五年经营计划				
详细具体	较细		较粗	
2010 年	2011 年	2012 年	2013 年	2014 年

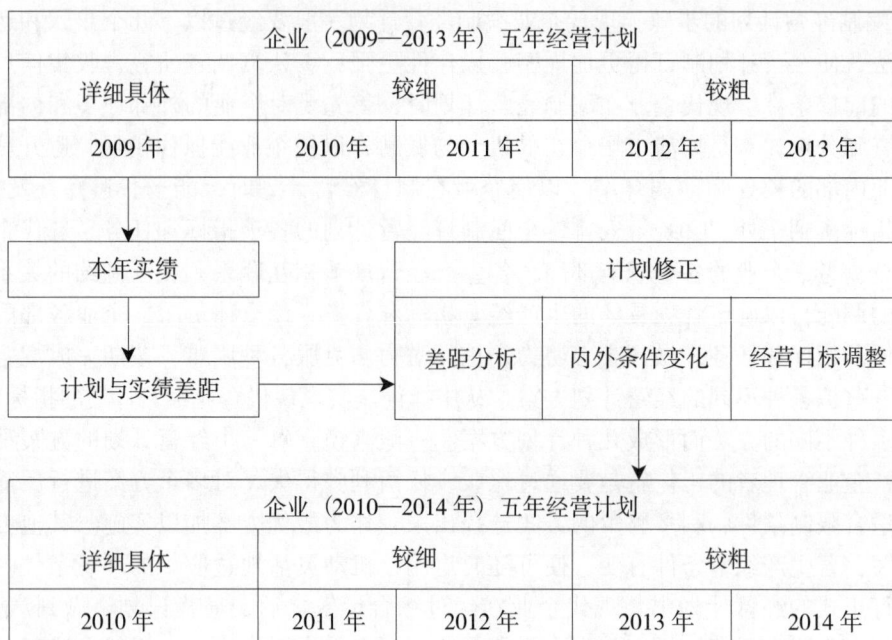

图 5 - 1 滚动计划法示意图

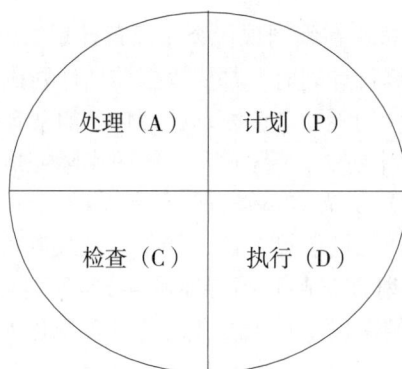

处理（A）	计划（P）
检查（C）	执行（D）

图 5 - 2 PDCA 循环法

5.2 现代企业经营策略

现代企业在进入市场之后，面临着如何参与市场竞争、开拓市场、占领市场等一系列问题，必须善于运用多种策略和技巧，方可战胜经营中的各种风险或挑战，创造出良好的市场经营业绩。现代企业的经营策略是针对市场的变化因时制宜，因用户需求变化及因竞争对手而异，创新不同的经营方案和对策，最大限度地满足目标市场的需求。因此，企业的经营策略是战胜竞争对手的法宝，是争取消费者、扩大市场份额的锦囊妙计。企业经营管理者们极用心计地思索克"敌"制胜的策略，以取得市场经营的成功。本文主要介绍以下企业经营的三大策略。

5.2.1 名牌策略

1. 名牌的概念及特征

现代企业为努力开拓市场、占领市场，正大力实施名牌策略。名牌是指著名商标与驰名品牌。名牌产品是指在一定时期和一定范围内被市场及消费者公认的具有较高知名度和信誉度的产品。同时，只有经过国家商标局认定的驰名商标，才是名牌。名牌所具有的特征主要是：①外在特征：产品质量好，制作工艺精，包装很精美；②市场特征：符合市场消费的趋势，或能引导消费新潮流，或在市场上有较高的占有率；③性能特征：技术先进，产品科技含量高，产品性能优；④社会特征：商业信誉好，受到消费者的好评，社会声誉高，有良好的企业形象；⑤效益特征：有较高的经济效益和社会效益，企业品牌具有较大的无形资产。

2. 名牌的作用

名牌是现代企业参与市场竞争并争取成功的法宝，是现代企业增强实力、加速发展的利器，也是现代企业所有优秀品质的集中体现。现代企业集中全部力量，创造名牌，能推进企业由生产需求型向质量效益型发展；能提高现代企业在市场及消费者中的影响力；能吸引更多的投资者参与到企业的发展中。有位银行家曾经说过：如果可口可乐公司一夜之间变成废墟，我们愿给它投资，使之重新建立起来。这正是因为可口可乐是世界知名的品牌，有巨大的市场和众多的消费者，它们将给可口可乐公司带来无尽的财富。

3. 名牌的策略

现代企业为谋求在市场获得长远的利益和发展，正大显身手，施展名牌策略。其主要做法是根据品牌建设的不同阶段而采取不同的策略，即通过不同的方式和方法，使品牌发展成名牌，又使名牌成为国际国内最著名的品牌。这些策略的运用主要体现在：①在创立名牌时期可采取的策略有：其一，教育企业员工树立名牌意识，只有优秀的员工，才能制造出名牌的产品；其二，要通过技术创新，不断提高产品的质量，生产让消费者"信得过"的产品；其三，大力加强、长期坚持广告宣传，使企业品牌家喻户晓，人见人爱，扎根于市场。②在保护名牌的过程中，可采用的策略有：其一，利用法律的手段，打击假冒名牌的伪劣产品，保护好企业的品牌；其二，深入做好产品售后服务工作，实行"三包"服务，免除消费者的后顾之忧，"真诚服务到永远"；其三，企业在对外合作、合资，加快发展的过程中，要保护好自己的品牌价值，不要轻易"让渡"或"出卖"自己来之不易的品牌。③在发展名牌的过程中，可采用的策略有：其一，依靠名牌的声誉和影响，加强与社会各界的横向联系与合作，不断扩大企业生产经营的规模，使企业做大、做强、做优；其二，加强与同行业企业的合作、合并或投资入股等方式，让本企业的名牌延伸到非名牌产品，并通过技术改造及输入理念、文化等形式，将企业品牌打造成行业的强势品牌。

5.2.2 服务策略

现代企业愈来愈重视产品的服务工作，尤其是在同行业产品的性能、功效越来越类似的情况下，企业为用户提供多形式、多方面的服务，将增强产品在市场上的竞争力。因此，提高服务质量已成为现代企业经营管理的重要策略。

1. 产品服务的作用

产品服务的作用主要体现在：①企业通过多种服务，可以直接了解用户的需求，拉近两者的距离，增加双方的认识和沟通，使用户信任企业的真诚服务，以满足其受到尊敬的感觉；②企业服务人员的优质服务，使用户的商品能保持良好的运行状态及达到正常的使用寿命；③企业开展技术服务，就能增强市场的竞争力，打开国内外市场的销路，增加企业的经济收益。因此产品服务已成为现代企业争夺市场的主要手段之一。如德国的"奔驰"、日本的"丰田"、法国的"雪铁龙"等轿车，就是通过提供完善、周到、方便的服务抢占中国市场的。

2. 企业服务的内容

企业向市场及用户提供多种形式的服务，主要分为三种类型：①售前服务。这是指在产品销售之前，现代企业向用户介绍新产品的知识和特点，提供试用的机会，解答用户的技术咨询，协助用户正确选择商品；有的还根据用户的特殊要求，提供产品相应的技术资料和图纸等。②售中服务。这是指商品在销售之中，企业服务人员根据用户的要求，采取送货上门、到现场为用户安装调试设备、提供信贷服务等多项服务，使用户省心省事，极为方便。③售后服务。这是指产品在售出后，企业按照购销合同的有关规定，为用户培训人员，更好地掌握设备的使用技术，或为用户维修设备，实行"三包"服务，或为用户提供零配件等。现代企业采取何种服务方式，一方面考虑市场竞争；另一方面也考虑企业能承受的经济压力，最大限度地提高企业为用户服务的水平。

3. 企业服务的策略

现代企业在激烈的市场竞争中，恰到好处地运用服务的策略，以确保为用户提供优质的服务，企业的收益是为用户真诚服务的补偿和回报。对此，可供企业选用的服务策略主要有：①广设固定服务网点的策略。现代企业的多种服务已成为促进产品销售的重要手段和用户选择商品的必要条件。对此，企业在产品销售量相对集中的地区或城市，广设固定的服务网点，开展各种形式的良好服务。服务网点可以是企业自建，也可以委托专业修理店为特约服务点，还可以是采取把服务工作交给经销商负责承担等方式。②巡回流动技术服务的策略。现代企业根据产品销售的档案记载，定期或不定期地派出服务人员进行跟踪服务，到用户之地走访、检查、修理本企业的产品，"自己的孩子自己爱"；同时听取用户的使用意见，及时反馈信息，改进产品质量和服务工作，赢得用户的充分信任。③开展一条龙服务的策略。现代企业为最有效地争夺市场，采取"换位思考"的方式，从消费者的角度，规范服务流程，开展一条龙式的服务。从预约、接待、咨询、派工、诊断、追加服务、维修、质检、交付产品和跟踪服务等10个环节，制定出服务的标准和服务措施，具有很强的针对性和可操作性，满足消费者最迫切的需要。④服务价格的策略。现代企业在为用户服务中，根据实际情况和条件，采取不同服务价格的策略。有的在规定期限提供免费修理服务，有的对本企业产品实行优惠价格服务，有的由用户决定是否对企业的服务付费，有的按市场价收取服务费等方式。通过有偿或无偿服务，使企业和用户双方满意和受益。

5.2.3 公共关系策略

现代企业以独立的经济实体进入市场经济从事生产经营活动，为求得在市场的生存，其十分重视开展公共关系工作，借此创造一个和谐的社会环境，谋求更大的发展。

1. 企业公共关系的含义

公共关系是企业为了适应环境，以树立良好形象、讲求关系效益为目标而实施一系列的决策和行动。它是一种内求团结、外求发展的经营管理的谋略和艺术。企业开展公共关系活动的根本目的是塑造企业形象，营造一个融洽的社会环境，为企业进入市场创造一个良好的外部条件。企业开展公共关系活动的对象是特定的社会公众，主要包括消费者和潜在的消费者、原材料供应商、代理商、经销商、社区居民、新闻媒体、政府机关等；其企业内部公众是股东和全体员工。企业开展公共关系就是要团结广大的社会公众，争取他们的大力支持和爱护，帮助企业取得更大、更快的发展。

2. 企业开展公共关系的工作内容

现代企业为了进入市场，能受到消费者的欢迎，必须通过各种形式和方式，大力开展公共关系活动。其工作的内容主要有：①通过各种传播手段，树立良好的企业形象。现代企业要在社会公众的心目中树立起美好的印象，必须借助于新闻媒体，大力宣传企业的经营理念、服务宗旨、产品质量、实行"三包"等优质信息，并力所能及地开展社会公益、爱心、奉献活动，使社会公众对企业有全面深刻的了解，增加与社会各个方面、关系户的广泛交流，使企业美名远扬、家喻户晓，促成众多的投资者、银行家、经销商都愿意与之合作，帮助企业取得更大的发展。②采取有效的措施，化解企业面临的危机。"机会与危机并存，希望与困难同在"，现代企业在市场竞争中既要抓住机遇，又要防范风险。一旦危机出现，若不及时化解和处理，将会给企业造成无法挽回的损失。对此，现代企业通过公共关系工作，分析产生危机的深层次原因，千方百计地解决危机，使企业平稳地渡过难关；对公众由于误解而产生的危机，可通过公关对公众进行解释和说明事件的真相及缘由，求得公众的理解，化干戈为玉帛；若竞争对手恶意中伤、诬陷而形成危机，一方面通过广告披露事情的原貌，予以澄清事实，另一方面可以通过法律的手段，维护自己的声誉和权益。③加强与员工的信息沟通，增强企业内部的凝聚力与向心力。现代企业开展公共关系，要外求发展、内求团结两者并重，双管齐下。对此，企业公关人员要将领导的决策及行动方案等有关信息传送给企业员工，使员工上下同心协力，共同实现企业的经营目标；同时，还要将员工对企业发展的建议和改进意见反映给决策者，避免决策失误，使企业成为一个充满活力的整体，干群一心，群策群力，经受各种风险的考验，共渡难关，走向胜利。

3. 企业公共关系的策略运用

现代企业通过运用各种策略和手段开展公共关系活动。其主要策略有：①尽力而为，赞助和支持各项公益事业。将企业的收益回报于社会，奉献企业的爱心，赢得社会的赞誉和支持。②用心建立同消费者、社会团体、政府机构、新闻媒体、社区及商界等的广泛联系，主动向社会各界通报企业的经营状况，听取各界朋友的咨询意见，争取他们的鼎力相助。③发展与科研机构、大专院校的合作与友谊，利用科教文化界的技术、管理知识和文化传播，提高企业的科技水平和文化知识的底蕴，使企业走上学习型、科研型的发展之路。④加强对外宣传，扩大社会影响，搞好与金融界、投资者的关系，使之成为企业所需资金的重要来源，保障企业扩大规模，加快发展之需。⑤积极配合企业的党群组织，修好企业内部的各种关系，形成"干群命运共同体"，同舟共济，休戚与共，互相关心提携，共同开创企业及全体员工的美好未来。

5.3 现代企业的经营机制与经营能力

5.3.1 现代企业的经营机制

现代企业的经营机制是一种能规范和推动企业行为，使其能趋向实现企业目标的内在机理。它具有引导、激励和约束企业行为，实现现代企业生产经营活动良性循环的基本功能。我国企业在建立现代企业制度的进程中，按照"政企分开，产权明晰，权责明确，管理科学"的指导原则，克服企业转制过程中某些运行机制的紊乱、利益结构的失衡、经营行为短期化倾向等种种毛病，逐步适应市场经济的要求，真心成为依法自主经营、自负盈亏、自我约束、加快发展的商品生产和经营组织，成为独立享有民事权利和承担民事义务的企业法人。现代企业在政府转变职能的前提下，真正理顺了产权关系，充分行使法律所赋予的自主经营的各种权利，独立地登上市场经济的大舞台，并对企业自主经营的结果真正独立地享有应有的权益并承担相应的法律责任和经济责任。企业在市场中必须遵守经营规则，维护市场秩序，讲求诚信，优质服务，不生产销售假冒伪劣产品，不干坑人骗人的行径，做遵纪守法的模范。现代企业应勇于承担社会责任，为国家多做贡献，须加快自身的发展，不断采用科学技术，更新换代产品，增加在市场上的竞争力，创造企业最佳的经济效益。企业为实现上述目标，确保企业市场经营行为的规范和正常运转，并能持续、健康、稳定地发展，必须加强经营管理，采取切实有效的经营机制，方能成功。现代企业的经营机制主要体现在以下四个方面。

1. 运行机制

现代企业在生产经营的过程中，存在输入—加工转换—输出的运营流程，即从企业外部输入各种资源，经过合理配置及有效组织或精细加工制成品，然后将产品或各类服务投放市场，满足市场的需求，其过程表现为资金流、物资流、信息流及人才流，以及各生产要素在加工过程中的各种联系方式，如原材料、能源的供应方式，科研开发、产品研制的方式，生产组织加工方式，产品市场营销方式，售后服务方式等。现代企业组织管理机构是运行机制的载体，对运行机制产生重要的作用；机构的精干、高效、系统，将成为提高现代企业的经营活力，促进企业与外部环境的良性循环的有效保证。

2. 动力机制

现代企业的正常运转需要强大的动力，即所谓的凝聚力、向心力、战斗力及企业实力等，它对企业运行提供源源不断的巨大能量支持，使企业充满生机、活力及旺盛的生命力，即使有困难、风险与危机，企业也能战而胜之，乘风破浪前进。因此，它是企业法人最核心的"心脏"，其包括企业的人事制度、劳动用工制度、民主决策制度、学习培训制度、思想工作制度、企业奖惩与福利待遇制度等，充分发挥其作用，激励企业的经营者和劳动者，激发出每个人的聪明才智和无穷的潜能，为实现企业发展目标而努力奋斗。若各项制度执行不力、失去人心、丧失斗志或动力不足，势必将影响企业的安危。

3. 约束机制

现代企业在开展对外经营时，要依照市场经济法约束销售的行为，不从事不正当的竞争，不制假贩假，不做坑蒙拐骗的事情，不损害消费者的权益及不危害社会生态环境，要诚实经商，按政策办事，体现企业良好的职业道德和社会信誉；现代企业对内部要加强财经纪律的约束，严格财务管理制度，依法纳税，不损公肥私，不搞利益小集团；要明晰产权责任，不侵吞国家财产，要创造良好的经营业绩和效益，给投资者、劳动者以合理的回报；要使企业的资产不断保值和增值，确保企业做大、做强、做优，不断发展壮大；要健全完善财会制度，做好预算，量入为出，节约开支，约束化公为私的不法行为，加强成本核算，切实保证企业自负盈亏，增加企业利润，增强发展的实力。

4. 调控机制

现代企业在实现经营目标和自我发展的进程中，要加强与外部环境和内部条件的协调，控制一些违规过头的企业行为，保证企业与内外环境条件的和谐一致，要爱惜资源，物尽其用，人尽其才，做到低投入、高产出，实现企业行为的合理化、合法化、科学化。企业调控机制主要包括决策方式、分配方式、责任制方式、管理方式及信息处理方式等内容。决策草率失误、信息反应迟缓失真、管理不严、分配不公等是调控机制突出的缺陷，必须恪尽职守，科学民主决策，分配公正合理，信息处理及时到位，才能保证企业及时修正偏差，沿着正确的航向全速前进。

5.3.2 现代企业的经营能力

1. 现代企业经营能力的概念

现代企业的经营能力是指企业通过市场调研、预测和细分市场，发现市场营销的机会及发展变化的趋势，从中找到目标市场即营销消费者群体，结合企业的生产科技条件和营销实力，确定企业在市场的准确定位，并运用产品、价格、销售渠道、促销方式等多种策略，开拓市场，提高企业产品在市场的竞争力和占有率，使企业取得良好的经营业绩。而现代企业的生产能力是指在一定生产要素的条件下，能生产产品的最大数量。企业的生产能力首先是由企业设备所设计的生产能力决定的。同时还须具有原材料、资金和劳动力等资源的配置，保证生产能力得以充分发挥，满足市场日益增长的需要。因此，企业生产能力是对经营能力的充实与加强，企业经营能力是企业发展实力的外在体现，企业经营能力和生产能力的结合，将为企业建立稳固的生产基地、不断开拓海内外市场提供强有力的支持。

2. 决定企业经营能力的主要因素

现代企业具有的经营能力受到多种因素的影响，其决定因素主要如下：

（1）企业的组织管理水平要求比较高，有比较健全的管理机构。其控制系统、信息系统比较健全有效，企业管理制度比较完善，对员工具有较强的约束力，企业的管理者掌握和运用先进的管理技术和方法，取得最佳的经济效益，并树立起良好的形象和社会声誉。

（2）企业的生产技术要求比较先进。其原材料的供应比较安全、可靠、及时、价廉；厂区与供应商、经销商的交通联系比较方便；整个仓储系统、库存控制比较严密；企业的生产过程管理、质量监督检查、产品开发设计、设备更新改造等各项工作井然有序；企业拥有自己的知识产权，掌握核心技术和技术诀窍，具有较强的技术创新能力。

（3）现代企业的劳动人事工作要求健全高效，能加强对员工的技术培训和文化知识的学习，提高其素质，制定切实可行的奖励制度，激发员工的创业精神和劳动热情；多方听取员工的意见和要求，帮助他们解决各种问题和困难，免除后顾之忧，增强企业的凝聚力和向心力；随企业效益的增长，不断提高员工的工资和福利待遇，并提供学习深造、技术创新、职务晋升的机会。

（4）现代企业的财务管理要求守法、严谨。企业要善于从金融市场筹措资金，满足扩大生产经营规模和效益的需求，要加强对企业生产经营成本的有效控制，千方百计地降低成本，加快流动资金的周转，保证销售货款的回收，加强和完善成本预算和分析、利润核算工作，严守国家的会计法规，按时照章纳税，严格财经纪律，严控财务开支，加强对现金的管理，为企业的发展和急需准备充足的资金。

3. 现代企业经营能力的提升

现代企业经营能力的提升非一日之功，须在长期的市场经济活动中经受锤炼，日渐成长起来。企业经营能力的提升主要体现在：

（1）环境应变能力。当市场环境发生变化时，企业能及时做出反应，调整经营的策略和方法，改变生产所需原材料、资金供应的渠道和方式，实施柔性化的生产、调节产品结构，满足变化市场的多种需求，确保企业经营目标的实现及经营任务的顺利完成。

（2）信息反馈能力。指企业对外界信息传递和反馈的能力，具有完善、灵敏、有效的信息系统，能及时、准确地捕捉和传输市场供求变化的情况，消费者的需求时尚与发展趋势、竞争对手的强弱、政府的法规及产业导向等信息，企业能迅速做出科学的决策，争取时间，把握机遇，避开风险，战胜困难，获取成功。

（3）市场竞争能力。在市场激烈的竞争之中，企业能以自己的高质量、多品种、低价格的产品和优质服务及核心技术参与竞争，在竞争中不断提升企业的实力，并加强与社会各方面的合作，取众家之长，补自己之不足，不断寻求商机，力争新的突破和成功，提高企业产品在市场的占有率和竞争力。

（4）发展创新能力。现代企业要科学合理地组织各种资源，广泛采用国内外的新技术、新工艺、新材料、新设备，生产价廉物美、适销对路的新产品，积极开拓新市场；并不断提高企业员工的素质，培养企业的后备人才，增强企业的发展后劲，开创企业产学研一体化的发展道路。

（5）增加赢利能力。现代企业要不断开拓生产经营的新途径，积极发展国内外市场，扩大企业的财源，减少消耗，降低成本，提高赢利水平，以最少的投入实现更高的收入；不断增加企业的资本积累，壮大企业的实力，增强抵御风险的能力。企业管理者应知道"欲将取之，必先予之"，对此，企业应不断改善企业生产经营环境条件及企业员工的工作劳动条件和生活水平，不断创造条件尽力给社会公益事业和生态环境建设做出贡献，才能增加企业获利的机会。

5.3.3 现代企业的经营创新

1. 经营创新的概念及特点

现代企业的经营创新就是对企业经营管理的各个方面和各个环节进行改革，通过创造性的思维，研发新产品，采用新技术，开拓新市场，创造新需求，制定新的管理体制和管理方法的过程。随着企业经营环境的变化，其经营目标、经营方式、经营策略与手段必须随之变化，不能一成不变，因循守旧。只有主动变革，锐意创新，才能在复杂多变的环境中求得生存和发展。根据经营创新的内涵，其基本特点有：①经营创新是一个艰苦创造、不断弃旧图新的过程。如新产品的研制、新制度的诞生，都是以不畏艰难、勇于探索、大胆实践、开拓创新的精神，发现培育新生事物，并促成其发展壮大的历程。②企业经营创新必须有赖于具有创造性思维和勇于实践精神的人才。只有创新的人才，才能突破传统的思维模式，以科学的发展史观，认识、掌握和遵循经济规律，大胆创新、破旧立新；有的通过严谨的科学论证，有的仅采纳智囊提出的"金点子"，使新生事物的幼芽能破土而出，不断成长，成熟起来，形成创新的成果。③经营创新是现代企业经营管理能力的综合体现。企业管理者要以身作则，模范带头，开创经营创新的良好环境氛围，制定能调动企业员工积极性和创造性的激励政策、制度和机制，以引导创新的活动深入持久地开展，促使创新成果不断涌现出来，推动现代企业加快发展。

2. 经营创新的必要条件

现代企业要能在经营活动中不断创新并能取得良好的经营业绩，必须具有相应的必要条件，以给经营创新活动带来积极深刻的影响和作用。这些必要的条件有：①有一支勇于创新的经营者团队，这是开展创新活动、开创成功之路的最重要的条件。这个团队的经营者首先要树立敢于创新的理念和具备实干、巧干的精神，他们除具备一般性的经营管理的领导能力之外，还须具有带领整个企业员工进行创新活动的组织管理能力，能深谋远虑企业发展战略和经营目标；善于树立勇于创新的榜样人物，作为员工学习效仿的楷模，培养出一大批思想活跃、不怕风险和挫折、充满献身精神和创造激情与科学态度的人才；能建立一整套长效的激励机制，使企业员工坚持不懈地追求目标和成就，激发员工大胆革新创业的潜能和热情，不安于现状，敢于突破一些陈规陋习，让员工通过创新能走上致富之路。②要营造有利于创新发展的良好环境氛围，这是创新活动蓬勃开展、持续不断的关键条件。在这个环境中，企业员工通过参股制、分权制、自我约束等多种方式，增强企业主人翁的责任和荣誉感，由此激发员工的发明、革新、创造的热情和自觉性。他们十分关心企业经营情况，与企业休戚与共，命运相连，愿为企业的发展做出贡献。在这个环境中，企业高级管理者能为创新者提供必需的资金、设施、时间等资源，为创新者的技术革新活动大开绿灯，不用设防；能建立创新奖励制度和专项资金，用以支持和保护创新者所从事的正当活动，晋升和嘉奖脱颖而出的创新人才，让创新工作成为人人羡慕并为之奋斗的事业；能为创新者架设信息网络，使其能获取大量的科技发明创造的信息资料，并能经常得到决策者和专家们的指导和大力帮助。在这个环境中，企业高层领导者要允许创新者的失败与损失，鼓励他们从失败中吸取教训，分析原因，从中探索走向成功之路的机会和时机。高层领导者要有宽阔的胸怀，绝对不能听取谗言或非议，并要承担责任，力排众议，百折不挠地把创新项目进行到底，直至成功。③建立和完善企业创新的管理体制。现代企业要能充满生机活力，不断推动创新事前进，就必须建立起能激发员工创造力的管理体制。这是企业创新人才不断涌现、形成"长江后浪推前浪"、一代超过一代的大好局面的核心条件。企业创新管理体制主要是：首先成立创新管理机构，专门负责企业创新的全面领导和指导工作，制订企业创新的规划和具体的创新计划项目，建立企业创新的各项管理制度，如新项目的申报制度、评价制度、奖励制度等，培养创新人才，按政策给予多方面的关心和支持，并大力组织企业创新成果的推广，以取得可观的经济效益和社会效益。其次，配备专职、专业的企业创新管理人员。这些创新管理者首先具有创新精神，通过竞争走上管理岗位，在管理中能率先垂范，不断创新进取，不墨守成规，勇于挑战权威，用事实证明创新的实际成效；这些创新管理者能善于识别那些"革新迷"和"先驱者"，热情帮助他们战胜困难、取得成功，使创新者的队伍不断成熟壮大起来，成为企业发展的排头兵和冲锋队员。再次，采取先进合理的管理方法。创新管理机构和管理人员要走向市场，零距离接近消费者，倾听他们的要求和期望，这是创新项目的源泉；要多方位地分析市场存在的困难与风险，尤其是从风险与威胁中也能发现创新的机会；要集中优势力量，专心致志地做好一件创新项目，不要把摊子搞得太大、战线拉得太长、事情做得太复杂，尽力使创新管理的工作方式简单化、明确化；要善于学习，"他山之石，可以攻玉"，学习别人的长处和经验，避免走不必要的弯路，减少创新工作中不必要的损耗，用知识、智慧和才干，解决经营创新中遇到的难题。

3. 经营创新的方式与创新项目的选择

现代企业可以通过多种方式对经营管理进行创新活动，企业经营创新者必须结合不同类型的创新项目，联系当时当地的实际情况，采用适宜的创新方式，这些方式主要有：

（1）突破式的创新方式。它以高新技术和社会科学新理论为指导，运用多种形式进行原创性的研究开发，创造出替代现有经营管理和技术体系的新方式、新战略、新产品和新方法等。如电子商务已作为新的经营方式风靡全球，但对其管理工作还在逐步完善之中，尤其是当今科学技术的发展，深刻地改变着社会、经济结构、市场需求及公众的思想意识，如生命科学的基因技术所带来的巨大变化，将为经营管理的多个领域产生一场革命性的变革，成为企业创新的主流。

（2）移植式的创新方式。它是企业学习、借鉴和吸收国内外企业先进的经营方式、组织形式、管理方式等，结合本企业实际情况进行嫁接式改造，创造出具有本企业特点、别具一格的新产品或新的经营管理方式。这种方式对于那些经营管理思想、组织制度和经营管理方式等方面还很不完善、基础比较薄弱又想创新图治的企业是一种可取的方式，这种方式不是简单的仿制和照搬照套，而是对其他企业的经营成果进行扬弃，吸取众家之长，融合在企业原有的载体上更新改造，加快企业变革的速度，实现跨越式发展，从根本上改变企业的经营面貌。

（3）综合式的创新方式。这是一种对经营结构和管理方式存在的问题或缺陷，进行分析、研究，进行综合治理、克服不足、解决问题、发挥优势的创新方式。综合创新现已广泛应用于技术、管理创新领域，如采用航天技术、生物技术等研究开发出水稻、水果等新品种；在经营管理领域，采用"以人为本"、"忠诚管理"、"自主管理"等管理方法，创造出企业人性化管理的新方式。现代企业无论规模大小、历史长短、人数多少，皆可采用综合式、归纳式的创新方式，实现多功能、多元化、多层次的发展模式，不断优势互补综合，即产业所谓的"1＋1＞2"的综合效应，产生出多功能的产品，开发出多元化的管理方式，满足经济社会和企业管理多方面发展的要求。

现代企业经营创新供选择的项目较多，企业可结合工作的轻重缓急，抓住重点，优先解决瓶颈问题，取得一个项目的创新突破，以此为样板，带动其他事业的全面发展。这些可供选择的项目有：

（1）企业组织管理与制度的创新。企业的组织结构、组织机构、管理思想、管理方法、管理制度和管理人员等不应是一成不变的，而是随环境的变化而改变，通过主动变革和创新来提高企业的应变能力和工作效率。

（2）经营目标与战略的创新。现代企业随着社会政治、经济、科技文化的发展及市场供求关系的变化，而做出相应的调整和变革。企业的经营战略从"引进来"到"走出去"的转变，企业的经营目标从单一的利润目标向社会生态环境目标的转化，企业从商品的经营方式向资本的经营方式转向等，这些项目将成为企业经营创新的重要内容。

（3）产品与技术创新。现代企业为适应市场需求的变化和科学技术的快速发展，研发产品的进程加快，创新的时间缩短，科研人员研发能力增强，不断有新科技、新工艺、新材料、新产品、新管理技术方法、新的市场机会被发现与开发出来，企业的研发能力强，其核心竞争力就强，这是企业经营成败的关键。对此，企业十分重视对研发人员的培养和引进。

（4）营销方式、策略与手段的创新。现代企业为积极开拓和扩大国内外市场并取得竞争的优势，提高市场的占有率，必须机智灵活地改变营销策略、手段和经营销售方式，分析营销及服务的工作，从中找出存在的缺点，采取行之有效的科学方法，革除弊端，使之改进，符合消费者多方位的需求。企业要善于从用户、经销商、竞争对手那里听取意见，借鉴对手的长处，从现在开始，从营销细微之处着手，哪怕是营销方式的点滴改进提高，都是企业的进步，由此积小胜为大胜，使企业员工从中看到希望，增强信心，向更高的目标不断创新。

企业的经营创新活动在新的技术革命和信息化浪潮的推动下，其内容和方式正发生全新的变化，只有掌握最新的科学技术知识，敏锐地观察环境的变化，采取科学的方法，抓住机遇，不断创新，才能在激烈竞争的市场中立于不败之地。

【个案】

邦德物流的成功经营

邦德物流创立于 2008 年，刚开始时加上老板仅有 4 名员工，在仅有 8 平方米的小小办公室里办起了货运业务。2012 年 8 月，邦德仅有 3 000 多名员工，120 个营业网点而已。但到 2014 年 1 月初，这不到两年的时间里，它已发展成了一个万人企业，全国营业网点超过 700 家，而且凭借年均 60% 的发展速度，现已成为中国零担物流运输商前三甲的公司。

邦德是靠空运起家的，但是老板崔维星意识到航空货运的量是有限的，且飞机的航班次数也是有限的，这些都远远满足不了邦德日益壮大的需要，所以崔维星逐渐把邦德转型为以公路零担运输为主，航空运输为辅的物流企业。

邦德最引起物流业界关注的一项业务是它首创的"卡车航班"。所谓的"卡车航班"，是一种用全封闭式的集装箱全进口卡车运输货物的业务，它的卖点是"空运的速度，汽运的价格"，且实现"全程货物跟踪"。"卡车航班"的时效性也非常高，比一般货车的运行时间要短许多，这就为客户节省了大量的货物在途时间。这种在中国物流行业的创新式业务一经推出，马上受到客户的欢迎与信赖，也使邦德的货运业务腾飞到一个新台阶，也成为德邦业务收入的最明显也最重要的一个增长点。

除此以外，邦德还有许多增值业务，如货运保险、代收货款、货运包装等等。

【案例分析】

邦德物流公司从一个办公室货运业务发展成为中国零担物流运输商前三甲的公司，主要得力于正确的经营理念，制定了正确的经营方针和经营策略，采取了先进的运营管理方法，提升了企业的经营能力。主要体现在以下几个方面：

1. 加强内部标准化建设。从 2013 年开始，邦德物流公司大力开展内部标准化建设，成立了标准化推广小组，提升工作效率和服务质量。

2. QTC 改善。QCT 代表的含义是：Q—Quality 质量，C—Cost 成本，T—Time 时间。所以，其实 QCT 是对此三大考核指标的改善。具体体现，就是邦德把每个部门的一些核心数据都进行了看板管理。不论是在总部行政办公楼还是在任何一家营业部，不论是在仓库还是在停车场，邦德公司都会充分利用好任何地方的任何一堵墙，把相应部门的关键数据用 A4 纸打印出来，贴到墙上，实行看板管理。看板实行每日数据及分析更新，以便全体员工对其有更直观及深刻的了解，全面提升管理水平。

3. 提倡"强化人才培养，合理流动，动态管理"的人才理念。邦德实行轮岗，在一定程度上把轮岗作为员工晋升的一项加分值。所以轮岗在邦德是一种"流行文化"，几乎所有员工，都经历过不同的岗位，尤其是经理级以上的管理者，绝大多数都从事过两个以上不同的岗位工作或两个以上不同的工作地点。

4. 提倡创新。邦德公司鼓励员工提出新的想法，经过公司审核，认为该想法或该方案具有可行性，员工就可获得600元的"创新奖"。

5. 加强"以人为本"的企业文化建设。邦德公司推出了"亲情1+1"服务、设立了委屈奖和雷锋奖等项目，每年中秋节赠送员工父母月饼及纪念品，每年举行一届集体婚礼等等。这些都体现了它的"以人为本"。

【本章小结】

现代企业的经营管理是企业最重要的管理工作，经营成效的好坏关系到企业的安危。因此，经营管理者必须下功夫，善于经营，创新经营，才能给企业带来一片光明的前景。本章对企业经营管理的思想、经营观念、经营哲学、经营目标、方针和计划等都作了论述。一个现代企业要善于经营，就必须研究经营策略，转变经营机制，并不断创新经营，才能使企业取得良好的经营成果，在市场竞争之中，不断做优做强，实现快速发展。

【关键术语和概念】

经营管理　经营哲学　经营机制　经营计划　经营思想　经营目标　经营创新　经营能力

【练习题】

1. 什么是经营计划？请试着编制一份经营计划书。
2. 用经营哲学思想，解释经营中发生的成与败的现象。
3. 调研企业开展经营创新的活动情况。

【补充阅读】

1. 王霖．特许经营．北京：中国工人出版社，2000.
2. 杭中茂．现代企业经营管理．大连：东北财经大学出版社，2002.
3. 李继延．现代工商管理实务．北京：经济科学出版社，2000.

6 现代企业品牌管理

⦿**本章学习要点**

　　1. 认识企业品牌的基本知识。

　　2. 了解名牌的创造与保护方式。

　　3. 掌握和运用品牌的策略和技巧。

⦿**本章学习内容**

　　1. 企业品牌的概念、作用和设计原则。

　　2. 企业品牌的经营策略和扬名策略。

　　3. 企业名牌的概念、创造和保护。

⦿**个 案**

⦿**案 例 分 析**

⦿**本 章 小 结**

⦿**关 键 术 语 和 概 念**

⦿**练 习 题**

⦿**补 充 阅 读**

　　现代企业进入市场竞争的行列之中，首先表现出产品的竞争，价格的竞争，质量、技术的竞争；其次是服务的竞争；现在已进入到品牌竞争的时代。品牌集合了企业及产品质量、成本的优势和企业的文化内涵与市场的信誉等无形资产，在市场及消费者的心目中占有重要的位置，成为广大公众购买商品的首选目标。现代企业要充分深刻地认识市场，亮出自己的品牌，推进品牌战略，走上名牌的发展之路，这是当代企业家的正确抉择。

6.1 品牌概述

6.1.1 品牌的概念

绝大多数生产企业都为自己的产品赋予品牌与商标，它们已成为产品的一个不可缺少的组成部分。认识品牌与商标之间的关系，首先必须弄清下列几个概念的定义：

（1）品牌，是一个名称、词语、标记、符号或图案，或是它们的互相组合，用于识别产品的经营者和区别竞争者的同类产品。

（2）牌名，即品牌的名称，是品牌中可用口语称呼的一部分，用于经营者及其产品的商业宣传活动。

（3）品牌标记，是品牌中可记认但无法用口语称呼的一部分，它包括符号、图案、独特的色彩或字体。某一产品的牌名与品牌标记的总和就是该产品的品牌。

（4）商标，是经有关政府机关注册登记，受法律保护的整个品牌或该品牌的某一部分。商标具有区域性、时间性和专用性的特点。

综合上述几个定义可知：品牌是一个商业名称，其主要作用是宣传商品；商标也可以宣传商品，但更重要的是，商标是一个法律名称，可受到法律的保护。品牌与商标是密切联系在一起的：品牌的全部或其中某一部分作为商标注册后，这一品牌便具有了法律效力；一般而言，品牌与商标是总体与部分的关系，商标是品牌的一部分，所有商标都是品牌，但品牌不一定都是商标。

6.1.2 品牌的作用

品牌是形式产品中的一个重要组成部分，在市场营销中具有特殊的作用。

1. 便于识别商品

市场上有众多的同类产品，这些产品又是由不同企业生产的，顾客在购买商品时，往往是依据不同的品牌加以区别的。同时，消费者需要对商品进行维修、保养、更换配件等，也就是能认牌"对号入座"。对经营者来说，则便于本企业产品的信息反馈，加强产品管理和及时调整产品策略。

2. 宣传推广商品

商品进入市场有赖于各种媒体进行宣传推广，依附于商品实体的品牌是其中一种宣传推广的重要媒体，而且它是不用花钱的广告媒体。商品流通到哪里，品牌就在哪里发挥宣传作用。品牌是企业形象与信誉的表现形式。人们一见到某种商品的商标，便会迅速联想到商品的生产者、质量与特色，刺激消费者产生购买欲望。因此，独特的商标便能自然地成为一种有效的广告宣传手段。

3. 承诺产品质量

品牌标记送交管理机关注册成为商标，需要呈报产品质量说明，作为监督执法的依据。这样，品牌也就成了产品质量的象征，可以促使生产企业坚持按标准生产产品，保证产品质量的稳定，兑现注册商标时的承诺。如生产者降低产品质量，管理机关便可加以监督和制止，维护消费者的利益。

4. 维护专用权利

品牌标记经注册成为商标后，企业既有上述保证产品质量的义务，也有得到法律保护的权利。商标注册人对其品牌、商标享有独占的权利。对擅自制造、使用、销售本企业商标，以及在同类、类似商品中模仿本企业注册商标等侵权行为可依法提起诉讼，通过保护商标的专用权来维护企业的利益。

5. 充当竞争工具

在市场竞争中，品牌标记成为商标后，不但具有维护专用权利的防御性作用，而且还具有充当竞争工具、攻击竞争对手的进攻性作用。这一作用已逐步被现代企业认识和重视。①名牌产品借助品牌优势，或以较高的价格获取超额利润；或以相同价格压倒普通品牌的产品，扩大市场占有率。②拥有国际驰名品牌的企业会通过许可证贸易、合营等形式用其品牌取代目标国家的知名品牌。③在产品的差异所表现出来的任何优势都有可能被打破和超越的情况下，借助永远属于本企业优势的品牌进行市场定位，以"第一品牌"的良好形象超越竞争对手。④在商品进入目标市场之前，先行宣传品牌和注册商标既可防止"抢注"，又可以攻为守、先声夺人，为商品即将进入目标市场奠定基础。⑤拥有资本优势的企业会通过购买他人的驰名品牌或同时购进企业及其驰名品牌的做法，变他人的驰名品牌为自己的品牌，进入和占领一个特定的市场。

6.1.3 品牌设计的原则

通过对世界诸多名牌名称的分析，可以看出品牌名称复杂多变、花样翻新，很难找出一个固定的模式供人们使用，但我们从中可以归纳出若干原则，供企业在选择品牌名称时作为参考。

1. 易读、易记

易读、易记是对名牌名称最基本的要求。品牌名称的首要功能是它的识别功能和传播功能，要让顾客很容易地通过其名字来识别该产品，而且能通过各种途径使该新产品的名字在消费者当中广为流传。因此给产品起的名字应当易辨认、易拼写、易阅读、易口传、易记忆。①语感好。选择的品牌名称必须容易发音，读音响亮，避免拗口的字词。从世界名牌来看，品牌的语感、音感是非常重要的。从语言学来说，"K"音、"P"音等能给人留下深刻的印象。一些世界名牌常用这两个音为开头命名产品，例如"COCACOLA"可乐，"KODAK"胶卷，"PLAYBOY"服装，"KAIM"奶粉等。②短而精。人们读不下来或记不住的品牌名称，难以成为世界性名牌。绝大多数世界名牌的名称都是短而精的，以两三个音节最多。诸如"万宝路"、"柯达"、"索尼"、"百事"、"三洋"等。③特色化。与众不同、特色鲜明，会使顾客一目了然，过目不忘。像"汰渍"洗衣粉、"奥妙"洗衣粉、"乖乖"食品、"飘柔"洗发液等都是不落俗套的品牌名称。

反观中国的一些产品，相同或相似的名称众多，像牡丹、熊猫、长城、西湖等都是重复使用的品牌名称。仅就茶叶而言，几乎被猴子"统治"，有猴牌、猴王牌、金猴牌、猕猴牌等。品牌名称无特色，是创造世界名牌的障碍之一。

2. 启发联想

名牌产品的命名要赋予其一定的寓意，让消费者能从中得到愉快的联想。如德国大众汽车公司生产的世界名牌"桑塔纳"高级小轿车，其实"桑塔纳"原是美国加利福尼亚州一个山谷的名称，该地因出产名贵的葡萄酒而闻名于世。此山谷中，还经常刮起一股强劲的旋风，当地人称这种旋风为"桑塔纳"。该公司以"桑塔纳"为新轿车命名，使消费者联想到此轿车会像桑塔纳旋风一样风靡全球。

相反，有些产品名称起得不好，会引起消费者的反感。例如，在我国的传统文化中，大象是吉祥、和平的象征。然而，一家企业生产的女鞋命名为"大象"牌，则适得其反。因为大象代表着笨拙、粗壮，自古就有"象腿如柱"之说，女士们都希望自己看上去苗条、清秀，谁愿意去购买一双"大象"牌皮鞋，使自己的腿看上去如象脚呢？因此，这种牌子很难成为世界名牌。启发联想，不仅要考虑中国人的需要，还要适应各国人民的思维特征。

3. 适应性强

世界名牌的创立与繁衍是从时间和空间两个方面扩展的。从时间方面，应考虑适合将来新增产品的发展；从空间方面，应考虑全世界地域范围的需求。名牌是全球产业，名牌的命名在时间和空间上的适应性要强。

名牌产品的目标是走向世界，把国际市场作为目标市场，因此名牌产品的命名就必须符合目标市场的文化特征，包括宗教信仰、风土人情、价值观念、传统习惯等。不同的国家和地区具有不同的文化特征，因此，名牌产品要销往世界各地，就要入乡随俗，第一步就是有个适宜的品牌名字。

不同的国家和地区，在文化上具有很大的差异。如同样的动植物、颜色、数字等，在某个国家可能受到喜爱，在另一国家则被厌恶。我国不少企业喜欢用动植物来为产品命名，一旦产品出口，则经常出现很被动的局面，如"菊花"牌产品，若出口到意大利会受欢迎，因为菊花是该国国花；而出口到拉美或法国，他们会视菊花为不祥之物。以"熊猫"作品牌的商品也很多，若出口到日本自然会受人喜欢；若出口到伊斯兰国家就触犯禁忌了。因此，我国一些名牌产品出口时常常不得不更改商标。如我国南京生产的"蝙蝠"牌遥控落地电扇，是获国际金奖的名牌产品，出口时为了与国外文化相适应，将商标改为"美佳乐"牌，而"更名改姓"对产品的宣传和推广很不利，企业得花费更多的宣传与推广费用，再打开销路。有鉴于此，名牌产品的命名应当本着适应性强的原则，在市场上，给名牌产品起一个走遍天下都不怕的好名字。其核心在于品牌命名也要适合发展的需要。世界名牌一般都不是单一产品，而是包括多种产品。因此，在选择品牌名称时，必须考虑将来家族品牌的运用，避免过偏和缺乏弹性。如"味全"开始用于味精，十分贴切，后来扩展到乳品、果汁、酱油、酱菜食品及罐头，也名正言顺。

6.2 品牌策略

现代企业进入市场后展开品牌之争，市场上各类品牌都以其鲜明的特色、响亮的广告、引人注目的标志吸引社会公众的关注，争夺市场。面对不拘一格的品牌竞争，现代企业要因时因地制宜地选择品牌竞争的策略，以使企业产品或服务在市场上占有一席之地。

6.2.1 品牌的经营策略

企业在从事商品经营时可根据市场的变化，灵活机动地选用不同的品牌策略，以增加在市场上成功的机会，取得良好的经营业绩。这些策略是：

1. 品牌使用策略

企业的产品是否使用品牌是首要的品牌策略。①从商品经济发展的历史来看，品牌从无到有，现代市场绝大部分商品都使用品牌，包括越来越多传统上不用品牌的商品也出现了品牌化的倾向。②为节省成本费用，有些商品仍不使用品牌，如匀质产品、鲜活商品、零碎小商品等。近年来，超级市场也出现了生活用品无品牌的"回潮"现象，如通心粉、纸巾等，这主要是为了降低价格、扩大销售。③某些出口商品也采用中性包装形式，其目的是为了适应外国市场的特殊情况，为转口销售时能避免某些外国政府限制等。

2. 品牌防御策略

品牌防御是防止他人的侵权行为以及避免企业的声誉、利润受损，可采用以下策略：①及时注册商标。品牌标记经注册成为商标后可得到法律保护，有效地防止竞争者抢注、仿制、使用、销售本企业的商标。出口商品应在目标国家及时注册商标。注册商标在有效期满后应及时申请续展注册。②在非同类商品中注册同一商标。例如，电风扇的"钻石牌"的商标已注册，该企业在未生产的门锁、轴承等商品上也注册与电风扇一样的商标，以免遭受可能的损失。③在同一商品中注册多个商标。如"两面针"牙膏同时注册"两面针"、"针两面"、"面两针"、"两针面"等多个注册商标，从而堵住可能被仿冒的漏洞。④使用防伪标志。采用不同形式的防伪标志，为保持商标专用权可起到积极作用。⑤品牌并存。我国企业与外国企业合资时，便可以采用品牌并存的办法来防止被洋牌淹没的风险，即在合资企业的不同产品上分别使用我国和外国的品牌，或在同一产品上共同使用本国与外国的品牌。

3. 品牌归属策略

商品品牌的归属有以下几种选择：

（1）生产者使用本企业的品牌，可称生产者品牌。

（2）生产者借用他人的品牌：①定牌，出口企业按外国买主的要求在自己的产品上使用买主指定的牌名、商标；②特许，通过支付费用的形式，取得他人的品牌使用权。

（3）生产者把商品卖给中间商，使用中间商的品牌，可称为销售者品牌。

（4）生产者的产品同时使用产品者品牌和销售者品牌，可称为双重品牌。

近20年来，某些西方国家出现了销售者品牌迅速发展的趋势。例如，美国零售巨子西尔斯公司于1979年开发了第一个自己的品牌——"西尔斯"轮胎，接着在电池、家电、服装等产品上也使用自己的。西尔斯的成功使许多百货店、服装店、杂货店等纷纷仿效，推动了销售者品牌的发展。采用销售者商标具有许多优势：提高了销售者的商誉，使它能宣传自己而不是生产者；可以取得价格竞争的主动权，因为销售者品牌的推销费低于生产者品牌；可在品牌争夺战中占优势，许多新开业或中小型的生产企业往往乐于使用信誉高于自己的销售者品牌来带动产品上市，销售者会首先陈列自己的品牌，迫使不愿采用销售者品牌的生产者就范。

4. 品牌关联策略

这是企业内部品牌之间关联程度的策略，可分为两种：

（1）亲族品牌策略。所谓亲族品牌策略，是指企业将自己生产的全部产品或同一产品线的产品，都选用同一个品牌；或以一定牌名为基础，把它与各种文字、标记结合起来，用于同一企业的各种产品上。例如，金利来公司的品牌涵盖该公司的所有产品；健力宝公司饮料类产品的品牌用"健力宝"，服装类产品用"李宁牌"；日本松下公司在总品牌"乐声"的基础上，开发出"画王"彩电、"飞鸟"牌音响等；可口可乐公司新开发的减肥饮料用"清爽可口可乐"牌名。企业采用亲族品牌有下列好处：①显示企业实力，提高企业威望，树立企业形象；②可带动新产品顺利上市；③可节省广告费用，宣传效果好。但亲族品牌有一定的局限性：它不适用于原声誉、形象一般或较差的企业；它一般只适用于价格、品质和目标市场大致相似的商品。

（2）单一品牌策略。所谓单一品牌策略，是指一个品牌只用于一种产品的策略。例如，宝洁公司在中国生产的洗发水分别用"飘柔"、"海飞丝"、"潘婷"等品牌。采用单一品牌的理由是：①起"隔离"作用。用品牌把不同产品的特性、档次、目标顾客的差异隔离开来。②起"保险"作用。使某一产品的失败不至于影响其他产品。③起"激励"作用。不断开发的新产品采用新的品牌，可给人以蒸蒸日上、进步发展的良好印象。但单一品牌的成本费用大，包括商标设计及品牌命名费用、注册与续展费用、宣传推广费用等。

5. 品牌变更策略

许多相关因素的变化要求企业做出变更品牌的决策，它包括以下两种策略：

（1）更换品牌策略。更换品牌策略是指企业完全废弃原有的牌名、商标。当品牌已不能反映企业现在的发展状况时，或由于产品出口的需要等，可以进行更新，目的是为了使品牌适应新的观念、新的时代、新的需求和新的环境，同时也可给人以创新的感受。

（2）推展品牌策略。推展品牌策略是指企业采用原有的牌名，但逐渐对原有的商标进行革新，使新旧商标之间造型接近、一脉相承、见新知旧。世界著名的西屋公司、百事可乐公司、雀巢公司等的商标都曾进行过多次的修改，其目的与更换品牌基本相同。

6.2.2 品牌的扬名策略

品牌并非起了个好名称，就能自然而然地誉满全球。它需要企业为它大造声势、摇旗呐喊，以便告知天下，这誉满全球就是品牌驰名的扬名方式。多少年来企业创造出了数不清的方式来扬名，其主要策略有：

1. 通过广告的方式来扬名

品牌的知名度并非与生俱来。虽然上乘的产品质量是品牌信誉与名气的基础，但在日益激烈的市场竞争中，"好酒不怕巷子深"的年代已经一去不复返了。再好的商品，若不进行广告宣传或者宣传的力度不够，将难以吸引消费者，更难以成为有口皆碑的名牌。美国著名的扬·罗必凯广告公司的前任董事长曾说过："就在不久前的20世纪70年代，许多公司还为该不该做广告争论不休，这种日子现在已经一去不复返了。"他的这个看法是因为事实已证明广告的效力。今天，广告把许多产品的品牌传遍世界，使之家喻户晓，以致对于很多竞争激烈的行业来说，不做广告，企业就无法生存。国外有一句流行妙语，把广告的作用描写得惟妙惟肖："想树名牌而又不做广告，犹如在黑暗中向情人递送秋波。"

在品牌的成名经历中，我们都可发现，其产品一经投入市场，都要以强化宣传的方式，把品牌尽早灌输给消费者，以提高品牌的知名度，激发消费者的购买欲望，促进和扩大产品的销售。这些名牌的创立，不仅依靠产品的优质，而且还需要利用各种宣传媒介，进行广告宣传，为品牌树立形象，培育信誉，从而成为名牌。

2. 通过服务来扬名

在当今的市场竞争中，服务已不再是企业的分外工作，而是品牌的第二生产，是市场竞争的焦点，是为企业赢得市场、赢得顾客、赢得利润、赢得信誉的重要武器，是品牌扬名的重要途径。

为用户提供优质、完善的服务，这是企业接近消费者最直接的途径。在企业为用户提供服务时，生产者与消费者之间进行的是一对一的、面对面的接触，这就缩短了双方之间的距离，使企业能够直接与用户沟通信息、交流感情，更细致入微地满足用户的具体需求。这不仅有利于产品的销售，而且对于提高品牌的知名度作用很大，这是任何广告都起不了的作用。因为广告虽然声势浩大，但却只能听其声不能见其人。同时，它比起通过发放市场调查问卷等方式来倾听消费者的呼声，沟通与消费者之间的感情有效得多。惠普推出"金牌服务"，IBM 把口号改为"IBM 就是服务"，海尔倡导零距离服务，联想声称"把服务写进每一个人的 DNA"。

世界知名企业在创名牌时，无不把为用户提供尽善尽美的服务作为他们共同追求的目标。美国著名的管理学家托马斯在《追求卓越》一书中总结这些企业的成功经验时，把"服务至上"作为八大特征之一，指出研究调查的最重要的结论之一就是不管这些公司是属于机械制造，或是高科技工业，或是卖汉堡的食品业，他们都以服务业自居。此话一语道破了杰出企业靠服务扬名的天机。

3. 名牌借名人来扬名

名人天生爱名牌。名人为了表明自己的与众不同，为了显示人的风采，他们在购物时，常常是非名牌不买。名人对名牌的这种偏爱，使名牌身价倍增，名牌更加出名。

"杰尼亚"位于世界服装业名牌之首，它今天之所以能这样流光溢彩，是因为能够制作货真价实、品质超群的名牌不少，但能得到英国王子偏爱的却仅此一家。

4. 公关造势来扬名

"造势"一词，近年来已经在社会和企业中广泛流行。所谓"造势"，在公共关系中，就是举办活动或制造事件，再通过大众传播媒介的报道，达到企业扬名的目的。具体地说，公关造势的目的是为了提高品牌的知名度。在公众中建立良好的企业形象，以及改变那些对企业不友善的态度或者不利于企业的看法。

公关造势的手段多种多样，一般都通过事先周密的策划，利用新闻传播、报道、演说以及诸如记者招待会、组织参观、有奖征答等特殊事件来实现。除第30届奥运会那种世界性的赞助活动外，一般的赞助活动如赞助文化、教育、慈善等事业的活动，也都属于公关造势的具体手段。而且这类活动在名牌企业里每天都会发生。他们一次又一次地慷慨解囊、一掷千金的目的，不外乎是要在社会大众心目中，树立起关心公众、造福社会的美好形象，使名牌长盛不衰、永葆声望。

品牌通过公关造势扬名，其作用远远超过了广告宣传的作用。企业做广告商业目的极强，消费者由于日益受到大量广告信息的疲劳"轰炸"，因此对广告往往采取一种审慎、怀疑甚至排斥的态度，而运用公关手段，往往能够通过比较中性的媒体来传送品牌信息。这样不仅比较自然，而且对公众来说比较容易接受，可信度高。通过这些活动，不但提高了品牌的知名度，而且能在公众的心目中留下深刻的印象和对企业的好感。一旦有不利的事件发生，企业能够得到公众的谅解和支持。许多企业都是通过公关造势手段使其产品成为名牌的，许多品牌也是把公关造势作为一种重要的策略而扬名的。

5. 全方位塑造名牌形象

企业的公关造势又同树立良好的企业形象紧密相连。公关造势的结果，一方面使品牌扬名；一方面又树立了企业很好的形象，而良好的企业形象又使驰名品牌永葆青春。现代社会已不同于以往，企业形象的好坏，直接决定着品牌的知名度。因为大量的事实使消费者认识到，那些管理好、技术先进、讲求信誉、有理想、有追求、对职员负责、对消费者负责的企业，才有可能生产出名牌；那些管理不好、没有理想、不讲信誉、一心只想赚钱的企业，不可能生产出令人满意的产品。例如，许多人选购电脑，首选目标可能就是联想电脑。因为在社会大众眼里，联想公司管理信条颇佳，在电脑行业中居于领先地位。这种企业生产的电脑与其他企业相比，自然质量好、功能强、发生故障的概率小，即使真的出了故障，该公司拥有强大的售后服务网络，随时也能为顾客排忧解难。

6.3 名牌的创建与保护

6.3.1 名牌的概念

名牌是指由长期稳定的高质量、好服务所造成的为广大消费者所喜爱和接受的商品品牌。对消费者而言，某品牌是否为其所熟知、喜爱并乐于接受而成为名牌，关键在于该品牌所代表的整体产品是否适合了消费者的需求和多大程度地满足了消费者的需求。由此可见，消费者的需求是孕育名牌的决定因素，消费者是某品牌能否成为名牌的最终评判者和决定者。

正是基于上述认识，我们才把名牌的定义界定为：由长期稳定的高质量、好服务所造成的为广大消费者所喜爱和接受的商品品牌。这一概念包含着如下几层含义：

（1）名牌是由市场决定的、消费者公认的，而不是由哪个组织、哪个领导"评选"和"指定"的。随着市场经济体制改革的深化和发展，市场经济规律必然培育消费者的自主意识，消费者在长期的消费实践中通过实际使用、反复比较，逐渐对质量好、信誉高的产品品牌产生认同心理，并在此心理的驱动下重复对该品牌的购买行为。所以说，某品牌商品是不是名牌，是消费者自己评选出来的，是消费者用自己手中的货币选票评选出来的。

（2）名牌要为消费者了解、喜爱并接受，离不开各种形式的宣传，但真正的名牌不是宣传出来的。在市场中，有我们常可看到的像可口可乐、松下电器、健力宝等名牌，其广告宣传费用动辄成千上万，甚至出手上亿。许多企业便误认为只要加强宣传力度，就可以将本企业的产品品牌"轰"、"炒"成人人皆知的名牌。其实不然，消费者对某品牌产品的认识当然需借助于该企业所宣传的各种信息，但消费者对某品牌产品的真正了解却在于产品本身及消费给消费者所带来的需求满足效应。只有物美价廉的产品和服务才能给消费者带来更大的满足，才能受到消费者的喜爱，才能由消费者在其消费实践中将其产品品牌内化为心中的名牌。否则，产品质次价高，无论通过什么方式，投入多少资金进行宣传，也只能落个"竹篮子打水一场空"的下场。正因为如此，国际上知名的企业无不把对提高其产品质量作为营造名牌的重要基础。他们甚至认为，质量是产品的生命。其实，质量又何尝不是名牌的生命呢？

（3）名牌是品牌的知名度、美誉度和市场占有率高度统一的结晶。在成千上万、琳琅满目的商品世界之中，名牌产品之所以受到了广大消费者的青睐，缘于它在市场上的超乎寻常的优异特征，如质量上乘、价格适当、服务周到、销售量大、市场占有率高等。①企业要想创造名牌，就必须采用先进的技术，创造出质量优异、功能齐全、性能卓越、外观优美而适应市场需求的产品，这是某品牌产品能否成为名牌的前提条件。②仅有这一基本条件，这一品牌产品尚不足以必然变成市场中的名牌，这种优异的质量如果能进一步外化为市场知名度和美誉度，则该品牌就向名牌迈进了一大步。③为了实现这一转化过程，企业必须制定适合消费者消费水平和消费心理的价格政策，综合运用各种有效的促销手段，以吸引消费者的注意并随之广设销售网点以方便其购买。各种营销策略整合运用最终在高知名度、高美誉度的基础上，形成高市场覆盖率。高知名度、高美誉度、高市场覆盖率是名牌的三大要素特征，它们相互联系，相互影响。一般而言，高知名度、高美誉度的名牌必然产生高市场覆盖率，而高市场覆盖率的名牌也必然有较高的知名度和美誉度。

（4）现实市场中的名牌必须落脚在消费者的消费欲望和购买力的结合点上。我们说名牌的生命在于产品的高质量，而企业要创造出高质量的名牌产品，往往要投入更多的人力、物力、财力，投入的增加带来的一个"必然"结果就是成本的提高，并最终形成高价格。而根据需求弹性规律，价格上升，则市场需求量下降。同时，又存在生产规模数量愈大，单位产品的成本越小的一般规律。

名牌必须是消费者愿意买且买得起的产品。为此，企业创名牌的目光不应放在眼前利益而忽视了创造名牌的根本条件，而应从培育大市场、占领大市场这一长远利益出发为未来的名牌产品制定合理的价格，因为实际上，随着市场的启动和消费需求的增强，企业完全可以通过规模经营、降低成本达到赢利的目的。

（5）名牌具有有效性。我们说名牌是符合消费者的需求并具有质量特色和质量优势的产品，但这一质量优势、质量特色和符合消费者需求是相对的。随着社会生产力的发展、人们收入水平的提高以及竞争形势的变化，市场需求也会不断地由低级向高级、由简单向复杂发展。因此，在特定的时空条件下形成的名牌要想获得其生命的延续和扩展，就必须根据消费者需求和社会环境的变化而不断改进和提高产品的外在设计和内在质量，以适应新的消费偏好和市场形势。名牌要么紧跟时代步伐，要么被时代淘汰。即使是传统名牌产品，现代企业也不能墨守成规，也要不断否定自己、超越自己。根据国际、国内市场的变化，不断巩固和提高产品质量，并适时开发新产品，淘汰旧的、不合时宜的老产品，只有这样，才能保持名牌的生命力和竞争力。

6.3.2 名牌的创建

大凡能称得上名牌的产品，一般都具有较高的市场覆盖面、较强的市场渗透力和巨额的经济效益。正是由于名牌的高市场占有率和强劲的市场渗透力，才使名牌成为每一个企业都追求的目标。但名牌的创造绝非朝夕之功就可达到的，这表明创建名牌是一项长远、艰苦的战略工程。所以，企业要创名牌，需要进行全面、周密的战略策划，制订出科学的名牌战略工程计划，并在名牌战略的指导下，集中资源优势及各方面的现有力量和潜在力量，经过全体员工长期不懈地努力才能成功。

1. 名牌战略是企业的行动纲领

名牌战略是企业为制造名牌，根据自身条件和市场及社会形势所制订的长远性的、带有根本性的行动纲领或方案。名牌战略的内容可以概括为三个方面：①创造具有质量优势的产品；②形成完备的企业内部管理体系；③实施高效的营销策略。

2. 高质量是名牌的基础

质量和品牌是紧密相连的，名牌产品一般来说都是以质量作保证的。没有一个消费者愿意购买质量差的品牌产品。搞名牌发展战略最基本的还是抓质量，在质量的基础上发展名牌。要创立名牌，各企业必须树立高度的质量意识。松下幸之助被公认为经营之神，他有一个著名的质量公式：$1\% = 100\%$，即是说，一个生产单位生产出了 1% 的次品，对于购买这件次品的用户来说，就是 100% 的次品，而 1% 这个神奇的圈套，却把 99% 的优质产品全圈在耻辱的次品圈内，令人望而却步。由此可见，名牌战略要求企业必须严把质量关，保证向市场提供高质量的产品。有一家合资企业，专门生产名牌旅行包，有一次，某操作工没能将一根线缝到头，中间接上了一段，外方代表得知后勃然大怒，此包被这位代表当场销毁，他说：名牌就是100%的高质量。所以企业要创优质名牌产品就必须高度注意产品质量，并实施有效的管理，以确保产品质量的稳定和提高。

3. 高效的管理体系是名牌的保证

高效严谨的企业管理体系是企业创造名牌的重要保证。产品或名牌产品是企业生产出来的，而企业管理与组织水平和效率高低，直接决定了产品质量水平的高低，并决定某一品牌能否成为名牌。企业要创造名牌，就必须建立完善的、高效的、合理的组织管理系统。

如20世纪60年代初期，日本小松制作所内部由于生产技术水平落后和管理混乱无序，使其生产的小松推土机的销售一直处于步履维艰的险恶境地。为了扭转这一局面，小松制作所的社长断然做出决策：①投资改造生产系统，采用新技术；②积极引进全面质量管理技术，推行严于日本工业质量标准的标准。经过几年的卧薪尝胆和艰苦奋斗，他从根本上扭转了企业技术水平落后和管理混乱无序的局面，终于生产出质量高、成本低的小松推土机。经过数年的努力，小松推土机成为世界市场上的工程机械名牌。名牌创造对企业管理体系的要求极高，涉及企业管理的方方面面，但大致可归纳为：①科学、高效的生产制造管理与质量保证体系；②坚实的研究与新产品开发体系；③高素质的企业干部职工队伍。

4. 开发新技术，生产更高质量的产品

名牌的质量优势并非固定。由于市场竞争的加剧、社会环境以及市场需求的变化，名牌要想巩固自身的地位，必须不断地根据市场新需求，开发新技术，生产更高质量的产品，而要达到这一目的，企业必须培育自身的科研与新产品开发系统。

我们知道，日本是世界上创造名牌最多的国家之一，日本实业界也是产品技术改造和更新换代最快的，这就使日本的名牌产品质量优势地位非常稳固。他们自己总结，这种模式的典型特征是"生产一代，储存一代，研制一代"。这种经营模式的成功运作就在于各大企业均有自己的科研开发系统，并对其进行巨额投资。相比而言，我国企业的科研开发系统则严重欠缺，有的企业没有，有的企业即使有也由于种种原因形同虚设，致使新产品开发和技术改造无法进行。这种企业难以生产出名牌产品，即使通过引进技术、设备，生产出优质名牌来，也会由于技术和产品质量停滞不前而逐渐被市场淘汰。所以说，坚实的科研与新产品开发体系是企业名牌永葆青春的有力保证。

5. 高素质的干部职工队伍举足轻重

高素质的干部职工队伍是企业科学管理系统的重要成果，又是企业实施科学管理系统工程的重要保证。尤其是高素质的企业家在企业管理中起着举足轻重的决定作用。在企业发展的道路上，在名牌创立的过程中，都留下了企业家一段又一段动人心弦的故事。企业家是企业经营的决策者和总设计师，如果一个企业家没有创名牌的明确意识和强烈愿望，没有科学的名牌战略决策，那么这个企业就根本不可能创出自己的名牌来。如果一个企业没有高素质的职工队伍，创名牌的战略任务同样不可能完成。人们常说：巧妇难为无米之炊，同样，愚妇有米也难为炊。正因为高素质的干部职工队伍在创名牌中的重要地位，世界著名的大公司无不对此倾注了很大的精力，美日欧一些大企业均有自己的资源开发系统，意在提高本企业干部职工的素质，培养适应企业需要的人才。

6. 名牌还需企业的宣传和推广

好品牌、好产品要成为名牌还需企业的宣传和推广。在现在的市场经济条件下，社会分工的加深、生产专业化的加强和交换的纵深发展，使生产和消费之间时空阻隔的矛盾越来越尖锐。为了使生产和消费协调发展以及交换的顺利进行，使设想中的名牌为广大消费者所接

受，使其成为现实市场中的真正名牌，企业就必须用一切现实手段进行名牌的形象宣传和推广。世界名牌可口可乐、雀巢、百事可乐、松下电器、奔驰汽车、丰田汽车等仅每年的广告宣传投入就达到几亿乃至几十亿美元，足见其对品牌形象推广的重视。

7. 公共关系也是名牌推广的重要形式

除广告外，公共关系也是企业名牌推广战略的重要形式，可增强企业形象和品牌形象的市场亲和力。如中国饮料名牌健力宝即是深得公共关系宣传品牌形象之妙的企业之一。从建厂以来，它先后赞助北京第十一届亚运会、数届中国奥运会代表团、中国足球甲A联赛和健力宝青年足球队留学巴西，通过一系列的公关活动，健力宝人纯真的爱国心使健力宝形象得到了加强，更加深入到千家万户，树立了健力宝在国内饮料行业中"大哥大"的名牌地位。而先期曾与健力宝不相上下的河北石家庄的维力饮料，由于没有科学的营销战略作风帆，以至于逐渐落伍，并最终被市场所淹没。

8. 用法律武器维护自己的名牌

"创业难，守业更难。"同样的道理，创造一个名牌难，而要维护一个名牌也不容易。如果一个企业创立名牌而缺乏必要的保护手段，则为创立名牌而付出的艰辛会付诸东流，甚至会被人利用，成为对本企业的竞争武器。而名牌保护最有力的武器便是商标法律和科学技术。所以各企业必须加强名牌保护意识，为杜绝和预防假冒伪劣的侵袭，一要提高科学技术含量，如专利技术、防伪技术，二要拿起法律武器维护自己的名牌。

6.3.3 名牌的保护

在变幻莫测的市场上，一些默默无闻的品牌突然走俏成为名牌；相反，一些众所周知的品牌却悄然不知去向。市场是无情的，它造就了众多品牌，然后再将他们扼杀掉。幸运者也有不少，幸运者就是那些能够运用护名方式保护品牌的企业。

造成品牌丧名或陨落的原因是多方面的，既有企业自身的问题，也有假冒等社会问题。因此，保护品牌需要各方面的共同努力。就企业来说，主要是运用护名策略来保护品牌。品牌的护名策略包括企业对品牌的自我珍惜、对品牌"驰名"的维护和运用法律保护等。

1. 名牌的自我珍惜保护

每一个名牌的陨落都有自己的原因，或是自然衰老，或是遭遇突出事件，或是名牌扶植者生老病死，但是它们都有一个共同的原因那就是没有自我珍惜名牌。没有自我珍惜的实质，就是脱离了消费者的需求，失去了消费者。失去了消费者，名牌就难以驰名了。因此，名牌的护名策略之一，就是企业的自我珍惜。既不随意改变，又不能守旧不变；要避免产销错位，还要防止他人兼并。企业可以根据自己的情况而加以选用以下方法：

（1）消费者决定品牌的变化趋势。人们似乎存在着一种误解，即名牌一旦创立，成为驰名商标，就应永久不变，维持其特色。其实，名牌的变与不变，只要与消费者的习惯、变化同向同步，就能维持名牌的驰名。

（2）保持与消费者沟通信息。一个明星，如果是人们看不到他，又听不到他的消息，久而久之，就会自然消亡，人们会彻底忘记他。名牌也是如此，要使名牌得以维持，必须将其变化的内容和形式告诉消费者，并了解反馈意见。名牌与消费者的沟通受阻，是名牌衰落的重要原因之一。所以维持名牌的驰名，就要保证与消费者的信息沟通。可口可乐改变配方，引起了消费者的强烈抗议，不得不恢复原来的配方；百事可乐也曾改变口味，但由于与消费者沟通及时、方法得当，不仅没有遭到可口可乐那样的厄运，反而提高了声誉。这是福莱公司为百事可乐公司进行成功公关活动的结果。

（3）保证产品品质优良。创造名牌需要产品的高质量，维持名牌驰名同样需要产品品质的优良。在消失的名牌中有些是被假冒伪劣品砸了牌子，而有些是企业自身存有"皇帝的女儿不愁嫁"的思想，质量下降，结果自己砸了牌子。品质优良是名牌的核心，是产品的生命；名牌则是品质优良的光环，它像影子一样追逐高品质，高品质一消失，名牌必然消失。

产品品质优良与企业严格的管理密不可分。如果企业在管理上一时松懈，就有可能出事。"青岛"啤酒是我国啤酒业的唯一驰名商标，青岛啤酒厂曾多次获得国家金奖和银奖，青岛啤酒远销世界 20 多个国家和地区。后因操作不慎，洗瓶机上的刷子掉进啤酒瓶内没有检查出来，销到香港被顾客发现，引起轩然大波，全厂停产 3 个月，一度陷入困境。

（4）巧妙处理曝光事件。名牌产品和企业大都多灾多难。可口可乐、百事可乐、松下电器等都曾受到曝光事件的困扰，新闻媒介几乎天天都在披露有关名牌产品或企业的丑闻。面对这些曝光事件，驰名商标持有者应该保持冷静，巧妙地进行处理，以维持名牌的声誉。

（5）名牌商标的使用许可要慎之又慎。出让商标的使用权，能够迅速扩大生产规模，满足市场需求，提高商标的驰名度和产品的市场占有率。但是，对驰名商标所有者来说，必须严格审查被许可人的条件，牢牢把住质量关，这是名牌商标使用许可的重要前提，切不可为眼前利益而轻易出让商标使用权。

2. 运用法律保护名牌

一般来说，运用法律捍卫名牌应从以下三方面入手：

（1）加强驰名商标的国际注册。商标权有严格的属地限制，只有在某一国家或地区注册，才能在该国家或地区受到法律保护。驰名商标是进入国际市场的商标，为开拓国际市场，维护其合法权益，就应加强商标的国际注册。一般来说，产品销售到哪里，商标就注册到哪里。但对驰名商标来说，应让商标先行一步，在时间上具有超前性，当产品销往该国时，商标已经注册。美国史克公司在 120 多个国家注册了 2.5 万件商标，日本索尼公司在国外注册了 5 000 多件商标。注册这么多商标，并非完全在使用或其产品已经全面在一些国家或地区销售，有些是超前注册的，可以说是"整装待命"。这正是驰名商标与一般商标不同的地方。

（2）依法打击侵权假冒行为。当名牌商标专用权受到损害时，企业应依照行政程序请求工商行政管理机构或依诉讼程序请求法律机构予以法律保护，制止侵权者的不法行为，并要求对这种行为实行制裁。

（3）对驰名商标的特别保护。我国在 1996 年 8 月颁布的《驰名商标认定和管理暂行规定》第八、九、十条规定：不得将与他人驰名商标相同或者近似的商标注册；已经注册的，自注册之日起 5 年之内驰名商标注册人可以请示撤销，恶意注册的不受时间限制；与驰名商标相同或者近似的商标使用在非类似商品上，能够暗示与驰名商标有某种联系的，自知道或应当知道之日起 2 年内，可以请示制止；与驰名商标相同或近似的文字作为企业名称的一部分使用，能引起误认的，自知道或应当知道之日起 2 年内可以请示撤销。这些对驰名商标的特别保护规定，有利于对驰名商标"驰名"权益的维护和驰名商标在国际上的拓展。因此，驰名商标所有人应运用这些特别保护规定，依法保护驰名商标的专用权。

3. 对品牌驰名的特殊保护

为了保护驰名商标，《保护工业产权巴黎公约》做了一些特殊规定，从而形成了驰名商标的特殊保护。《巴黎公约》第六条规定：凡是公约成员国都应规定，禁止在相同或者类似商品上使用与其他成员国中任何驰名商标相同或相近的商标。这既指已经注册的驰名商标，也包括未注册的驰名商标。但是，对于已注册的驰名商标和未注册的驰名商标，公约所给予的保护程度是不同的。对于与已注册的驰名商标相同或者近似的商标禁止使用；如果已经注册，也要予以撤销。对于与未注册驰名商标相同或者近似的商标是未注册的，禁止使用；已注册的，如果注册人不是以欺骗手段获准的，则在其注册 5 年内，他人可以提出撤销申请，超过 5 年，则他人无权提出撤销申请；如果注册人是通过不正当的手段为达到不正当的欺骗目的而注册与驰名商标相同或近似的商标的，则不受 5 年时间的限制。这种对驰名商标的特殊保护，使驰名商标有了独特的地位。

（1）一个驰名商标无论注册与否，其所有人都有权要求公约有关成员国的主管机关拒绝或取消与该驰名商标相同或近似的商标的注册。

（2）驰名商标的所有人，可以要求公约成员国的商标主管机关对驰名商标予以特殊保护。

（3）驰名商标应具备的条件，巴黎公约并没有做出具体明确的规定，由各成员国自己掌握。也就是说，各成员国依据各自确定的驰名商标的条件予以认定并给予保护。

【个案】

"美的"如何实现其品牌成名战略

"美的集团"是广东美的股份集团公司的简称。"美的"创业之初，在全国几千家电风扇厂竞争冲杀中，论设备和技术，"美的"是小弟弟；论生产电风扇历史，"美的"亦是最短的。但是，"美的"人不因此而裹足不前；相反，敢于开拓，敢为人先。

该公司在全国电风扇大战中，率先采用塑料壳代替金属外壳，大大降低成本，使其在激烈的竞争中杀出一条生路。此时，"美的"人在市场风浪的搏击中，逐渐意识到市场需求不断发生变化，电扇产品不应是公司的唯一产品。随着人们生活水平的提高，空调必将是其替代品，应当及早研究和生产出自己的空调产品。空调是高科技产品，是高层次享受的象征，自己原来的形象显然过于落后，应当树立一个全新的形象。公司创立四年后便全面实施它的品牌战略。

（1）从创立"美的"名字开始。"美的"美在其真善美，美在巧妙。它作为企业、产品、商标"三位一体"的同一名称，作为表述产品质量和企业形象的美恰如其分，定能博得市场大众的认可。

（2）"美的集团"在其广告策略上，把广告定位和促销活动提高档次，突出品位高、质量高，目标是造就名牌和名流企业形象。"美的集团"除了在全国主要报刊和中央电视台做广告外，还推出巩俐电视广告片。利用明星做广告，其核心是突出"美的"是以"创造完美"作为企业精神、经营理念和行为准则的。

（3）"美的集团"在实施其品牌战略中，更加注重科技进步的作用。多年来它对科技的投入从不吝啬，对人才引进和培养更是不遗余力。该集团除了从大专院校、科研机构物色人才外，还登广告公开以重金招聘人才。几年来，"美的"从全国各地招聘的各类人才中不乏博士和高级工程师。"美的"由于人才配套，其产品一问世便起点高。创业 30 多年来，除了开发出各种电风扇外，还开发出窗式、分体式、柜式 3 个系列的 27 种型号的空调器，并已实现批量生产和批量出口。

现在，"美的"成为国内空调出口量最大的厂家。在商务部、中国制冷工业协会等单位主办的空调调查活动中，"美的"被评为国产名牌空调，"美的"当家人何享健也被誉名为"中国首届空调大王"。"美的"产品一直按国际标准组织生产，因此先后获得了美国 UL、德国 GS、英国 BS、加拿大 CSA 等国际标准认证，为其产品走向国际市场铺平了道路。到目前为止，其产品已销向世界五大洲 36 个国家和地区。在 2013 年"中国最有价值品牌"评价中，美的品牌价值达到 653.36 亿元，名列全国最有价值品牌第五位。

【案例分析】

（1）从"美的集团公司"中我们可以认识到，随着改革开放的深入，特别是我国家电行业经过充分的市场筛选，涌现出一批优秀的民营企业，它们不仅成为国内同行业的佼佼者，而且能够在国际舞台上与老牌的发达国家企业相抗衡，更为可喜的是我们有了中国人自己的知名品牌。

（2）品牌战略的最终目的是让消费者乐于选择被宣传的产品。成功的广告策划可以把厂家的新产品推上市场，扩大已有产品的市场份额，是现代营销中最有效的促销手段之一。

（3）"美的集团"的成功与"美的人"依靠科技、依靠人才开发生产出高质量、多品种的家电产品，并获得美国、英国、加拿大等国的质量认证是分不开的，这是"美的"品牌经久不衰的有力保证。

【本章小结】

企业品牌已成为企业生存与发展的生命之牌，对此，企业必须倾注心血，加大力度，提高质量，增大科技含量，做好服务，才能深得消费者之心，争取市场良好的发展前景。本章介绍了品牌的概念、作用和设计原则等知识，论述了名牌的创建与保护方式和手段，阐明了在市场竞争中善于使用品牌的策略，以提高企业产品在市场的占有率和生命力。

【关键术语和概念】

品牌　品牌策略　名牌　名牌战略　名牌保护

【练习题】

1. 什么是品牌？它有哪些作用？
2. 请按照品牌设计的原则，为企业产品设计一个品牌（命名）。
3. 品牌有哪些策略？联系实际案例加以说明。
4. 怎样为企业创建名牌？

【补充阅读】

1. 巨天中. 品牌策划. 北京：中国经济出版社，2004.
2. 苏勇，陈小平. 品牌通鉴. 上海：上海人民出版社，2003.
3. Paul Temporal. 高级品牌管理. 北京：清华大学出版社，2004.

7 现代企业技术创新管理

◉**本章学习要点**

  1. 了解技术创新的内容和管理工作。

  2. 熟悉对技术创新人才的管理办法。

  3. 掌握技术标准和技术信息的工作程序与方法。

◉**本章学习内容**

  1. 技术引进、技术改造和技术创新的概念、内容和管理工作。

  2. 技术标准、技术信息、技术培训与教育三大基础管理工作。

  3. 技术创新人才的使用、考核和管理办法。

◉个 案

◉案 例 分 析

◉本 章 小 结

◉关 键 术 语 和 概 念

◉练 习 题

◉补 充 阅 读

  现代企业的技术创新管理是最重要的一项管理工作，它关系到企业的生存和发展前程。本章讲述企业技术引进、技术改造和技术创新三大任务，为完成此任务，必须做好技术标准、技术信息和技术培训与教育三项基础性工作，并加强对技术创新人才的管理，为企业更大发展创造良好的条件。

7.1 技术创新管理

我国企业的技术发展之路，在改革开放之后，经历了技术引进，技术消化、吸收、改造和技术创新三个阶段，通过学习和借鉴国外的先进技术装备，引进科技人才，加快培养企业科学技术的后备力量，不断增强企业的技术实力，赶超世界的先进技术水平，努力创造自有知识产权的高新技术，把我国企业技术创新管理推进到一个新的发展阶段。

7.1.1 技术引进管理

技术引进是指在国际技术贸易的转移活动中，买进技术的一方，通过各种途径和方式，有偿地从国外获得先进的技术装备和研发及制造技术，其中也包括先进的管理理论、方法和手段。改革开放以来，我国企业随着与国际交往、合作、交流的机会增多，打破闭关锁国的禁区，充分利用外资，引进最新技术，推动技术进步，提高企业技术研发的能力，成为促进企业发展的捷径。

1. 技术引进的重要作用和指导原则

技术引进的重要作用主要体现在以下几个方面：

（1）引进技术可以缩短技术创新的时间。一项重大的科技成果，从构思、研制到生产，一般要用十余年的时间；而技术引进只需 2～3 年或更短的时间便可投产。

（2）引进技术可以掌握国外先进的科学技术与管理。引进技术，可提高生产效率、减少消耗、降低成本，改善技术和产品结构，提高企业科技人员和管理人员的技术与管理水平。

（3）引进技术可加快企业的技术进步和发展。通过技术引进，改变企业的思想观念，形成"尊重知识、尊重人才"的氛围，承认企业的差距和不足，认真学习科技知识，鼓励技术人员创新发明，促进企业技术水平的提高，为企业今后的发展奠定牢固的思想基础。

技术引进的指导原则是：

（1）技术引进要求实事求是，符合国情和厂情。我们的实情是资金很有限，企业的生产水平不高，科技能力较低。因此，在技术引进中，要量力而行，要与我们的技术管理水平和资源相适应，要有计划、有重点地选择适用、先进型技术，循序渐进，统筹部署，逐步提高技术水平和能力。

（2）技术引进要求讲求经济效益，择优选用，要求做到：凡是自己能制造的设备，就不要购买；对关键的设备，自己可以配套的，就不要成套引进；引进的技术和设备，要与我国产品的系列化、标准化相结合；引进技术与引进管理同时进行，大型、复杂的技术项目，可聘请外国专家帮助指导，提高我们企业管理和自制的能力和水平。

（3）技术引进要求做到能消化、吸收新技术，并力求创新，对国外的先进技术，要采取"一学、二用、三改、四创"的方针，把学习和创新结合起来，在消化、吸收的基础上，通过加强技术信息的开发利用，充实自己的科研队伍和力量，努力创造出属于自己知识产权的新技术和新产品。

2. 技术引进的方式

引进技术可以采取的方式有：

（1）许可证贸易的方式。它是指技术输出方将技术的使用权许可证出售给输入方的一种技术交易的行为，即技术输入方通过支付报酬给输出方，以取得专利的使用权，或者产品的制造权，或者商标的使用权。技术输出方在许可的程度上又分为：①独占性的许可。只允许输入方独占享有技术的使用、制造和销售权，输出方放弃自己在输入方区域的权利，并不允许其再向任何第三方转让。②排他性许可。即输出方仍然占有技术的使用、制造和销售权，但不许向输入方所在区域的第三方转让技术。③普遍性许可。即技术输出方可向任何一家愿意购买该项技术的企业方转让，不受任何限制。

（2）合作生产的方式。引进方为了能逐步地掌握所引进的技术，又能尽快生产出新产品，采取与技术许可方通过合作生产的方式。这种方式常与许可证贸易相结合进行，按外方的技术图纸进行加工制造，聘请外国专家进行技术指导，生产出市场上受欢迎的新产品。这种合作生产方式可以学到技术、引进管理、培养人才，是技术引进中常采用的一种方式。

（3）成套设备项目引进的方式。通过技术许可方式拟定建设方案、选择厂址、工程设计、选购设备、指导施工与安装，负责设备的调试和技术人员的培养。全套工程项目完成后，交付给技术引进方掌握使用，国际上称这种方式为"交钥匙"工程。技术引进方不仅要熟悉生产技术和使用设备，还要增强消化技术和发展技术的能力，这是至关重要的。

（4）技术咨询服务的方式。技术引进方为获得某种技术，采取借"外脑"的方式，即聘请国外的技术专家到企业指导、改进技术工作，培训人员，工程设计，样品分析化验，市场研究及资源开发等多种内容，减少企业不必要的损失，少走弯路，尽快达到世界先进水平，这是技术引进方式最佳的选择。

3. 技术引进的组织管理

技术引进工作是一项比较复杂的工作，对此，须加强组织管理，周密筹划，妥善安排，方见成效。其组织管理的内容包括以下三方面：

（1）技术引进的前期准备。技术引进之前，首先要调查研究，通过多种渠道，甚至派出考察组实地了解，收集相关的技术信息和资料，经过对比分析，进行筛选，发现技术引进的目标和对象，以及确定引进的具体方式，编制技术引进的可行性研究报告，并围绕引进方案做好谈判前的实质准备。

（2）技术引进的谈判与合同的签订。为确保技术引进谈判的顺利和成功，须做好以下几项工作：首先要充分了解谈判对手的相关情况，如其技术优势、特点，其经营历史及现状，其银行、客户的关系及市场反映的各种信息，做到心中有数，确认对方技术先进、资信可靠、确有诚意、政策优惠等；其次要组织一个强有力的谈判班子，应有技术人员、财务人员、金融人员、法律人员、市场商务人员等专家，并准备谈判的策略和方法，做到真诚待人、随机应变，保护我方利益，实现双赢；再次，谈判的合同条款要仔细斟酌推敲，确保条款详细、具体、明确，消除模棱两可的字句。避免违犯国际贸易规则和国际法的情况发生，重点是保证技术引进应达到的实际效果及知识产权的保护。

（3）注意搞好软技术的引进工作。在确定引进技术方案时，除对技术的先进性、经济性、适应性进行综合比较之外，切实抓好技术资料的审查工作，分清是否属专利技术及保护期限；抓紧对本企业技术骨干和技术人员的培训工作，真正把技术学到手；还要熟知技术标准、质量检验技术方法、技术管理程序、"三废"治理及环境保护与生产工艺技术等方面的软技术都不容忽视或遗漏，通过加强组织管理工作，确保技术引进工作万无一失，马到成功。

7.1.2　技术改造管理

工业企业的技术改造，就是在坚持技术进步的前提下，把科学技术成果应用于企业生产的各个领域（产品、设备、工具、工艺、原材料、能源、厂房建筑等），用先进的技术改造落后的技术，用先进的工艺和装备代替落后的工艺和装备，以改变企业落后的生产技术面貌，实现以扩大内涵为主的生产规模。

1. 企业技术改造的重要意义

有计划地推进企业技术改造，对促进企业的技术进步，加快企业的全面发展具有深刻的意义。其主要体现在：

（1）企业实施技术改造，是扩大再生产的一个重要途径。企业通过技术改造，提高劳动生产率和生产资料的使用效率，改善生产要素的质量，合理配置生产资源，促进生产力的提高。因此，技术改造具有投资少、时间短、收效快、效益高的优点，它所形成的新的生产能力，一般比新建同等规模的企业，要少用2/3的资金，设备、材料等费用要节省60%，改造周期往往缩短一半以上，企业往往采取技术改造的方式，走以内涵为主扩大再生产的道路。

（2）通过技术改造，力争尽快改变许多企业技术落后的面貌，提高经济效益，实现企业现代化的迫切需要。企业经过技术改造，改变设备老化、技术陈旧、计量测试手段差、产品落后的状况，用先进的技术设备生产出市场需求的优质产品，降低能源消耗，为社会创造出更多的物质财富，增加国家财政收入，进而增强企业的实力和发展后劲。

（3）企业进行技术改造，是提高企业素质、提高企业生存和发展能力的关键环节。企业坚持技术改造，及时迅速地应用科技新成果，提高自己研制开发新产品的创新能力，为企业进入国际市场，参与国际贸易和国际竞争，占领和扩大国际市场，增加外汇收入创造了极为有利的条件。

2. 企业技术改造的内容

工业企业技术改造的内容非常广泛，它主要有以下几个方面：

（1）改进产品设计，促进产品升级换代。企业通过技术改造，从满足市场的需要出发，改进产品设计，提高产品的性能和质量。优化产品结构，减轻产品的重量，缩小体积，合理使用材料，降低能源消耗，使产品向多用途和高、精、尖的方向发展，而这一切依赖于工艺装备的改进和提高。没有先进的技术装备和制造技术，企业就缺乏具有竞争优势的产品。

（2）改进技术工艺流程，推广先进的操作方法。当产品设计出来之后，生产工艺的先进与落后，对于产品的质量、性能、消耗及成本等起着决定性的作用。因此，通过改进生产工艺，尽可能简化工艺流程，不断采用先进的技术操作方法，确保产品的质量和生产安全，以达到用工少、用料省、效益高、安全可靠的目的。

（3）改进和研制新的工具设备，不断提高企业生产技术装备水平。将企业手工操作的简易工具设备，改造为机械化、电气化、自动化、数控化的工具设备，以提高产品的数量和质量，提高生产效率，延长工具设备的使用寿命，改善劳动条件，减轻劳动强度。

（4）降低能源和原材料的消耗，开展综合利用。企业对那些能源消耗高的设备要迅速改造，采取各种节能措施，杜绝各种原材料浪费现象的产生，提高燃料和动力的利用率；要大力节约原材料，寻找代用品；还要综合利用废料、废气、废液，从中提取回收各种金属材料和副产品。

（5）改造厂房建筑和公用工程设施。企业通过技术改造，加固或翻修厂房建筑，并按照工艺和设备的要求，对厂房布局进行改造，使之适应生产发展的新要求。

3. 企业技术改造的组织管理工作

技术改造工作事关企业的发展，必须加强科学的组织管理，主要做到以下几个方面：

（1）广泛调查，全面规划。企业在进行技术改造之前，要调查了解国内外同行业在产品、生产工艺、设备等方面的科学技术状况，各种科研成果应用于生产的情况和效果及未来发展的趋势，深入细致地掌握本企业生产技术水平和产品研发的能力及存在的薄弱环节与差距等。企业在广泛调查的基础上，制订技术改造规划。在制订技术改造规划时，要认真进行技术经济分析，充分考虑主、客观条件，全面评价经济效益和社会生态效益，要把当前利益和长远利益结合起来，立足于长期稳定可持续地发展。

（2）突出重点，择优实施技术改造项目。企业技术改造的重点，应是影响企业生产发展水平和企业经济效益的主要问题，解决这些问题，就能促进生产快速发展和创造良好的经营业绩；在重点技术改造的同时，还要厉行节约，提高产品质量，加强生产安全，降低能源消耗，兼顾其他工作，全面提升管理水平。

（3）提高生产效率，创造全面经济效益。企业开展技术改造，要以全面提高经济效益和社会效益为目标，对技术改造项目要进行可行性研究，对多种技术改造方案通过技术经济分析与论证，做出科学的决策。只有市场需求前景看好、技术先进、资源可靠、生产可行、经济效益可观的方案，才能实施投资，避免造成经济损失及不良的社会影响。

7.1.3 技术创新管理

技术创新是指企业首次应用新出现的技术所开展的一系列活动，如新产品的开发、新工艺的应用、新市场的开拓等。企业大力推进技术创新活动，不断提升企业核心竞争力，使产品质量、技术开发能力、市场占有的份额以及经济实力都有可能大大超过竞争对手。实践证明，技术创新是企业成长、发展和壮大的强大推动力量。

1. 企业技术创新的内容

现代企业技术创新的内容十分广泛，主要包括产品创新、设备和加工工具创新、生产工艺和操作技术的创新、能源和原材料的创新和改善生产环境及劳动保护的创新。本段主要论述新产品创新，即开发新产品。首先企业必须要有战略眼光，使产品在结构、性能原理、材质、技术特征等某一方面或几个方面比旧产品有明显的改进和提高，具有独创性、经济性和先进性，经过有关技术部门鉴定确认为新产品。其次开发新产品的方向体现在开发的产品具有高性能、高效率、多功能及用途广的特点；或开发出体积小、重量轻的产品；或研发出多品种、多型号又符合标准化、系列化要求的产品；或研制出节约能源、保护环境的产品。再次，开发新产品的方式主要有独立研制、技术购买和联合研制等三种方式，选择何种方式要根据企业的技术条件和经济实力。现代企业在改革开放的大环境下一般采取中外合作研制新产品的方式，大大提高新产品研制上市的成功率，这种方式值得借鉴。

2. 新产品开发的基本程序

开发新产品一般经历四个阶段。①提出构思阶段。科技人员通过详尽的调查研究，集中专家的智慧、市场营销人员的经验、消费者的建议或改进意见等，加上自己的创意，提出符合企业经营方向及目标，能创造良好经济效益前景的新产品构想，再通过比较、判断、筛选，逐步将成型的构思用书面的形式表现出来。②设计阶段。科技人员对前一段的设想进而具体化，制订出详细的实施方案。首先编写出设计任务书，其内容主要有产品的用途，产品的使用条件和工作环境，产品的安全及可靠性要求，产品的体积、重量、外形，主要尺寸和技术性能以及完成设计任务的时间。其次是进行技术设计，编制设计说明书；确定产品的结构、尺寸和技术条件。运用新材料、新技术要进行必要的试验；绘制产品总图、零部件装配图等主要图纸；还要制定出技术检验标准和交货的技术条件。再次是采用有效的科学设计方法，可通过价值分析法、标准化法、可靠性设计法、三次设计法等方法，保证设计的质量达到较高的水平。最后是工作图设计，绘制出设计新产品的试制和生产所需要的全套图纸和全部技术文件。③试制阶段。在完成新产品的设计任务之后，就应开始新产品的试制工作。通过工艺工装的准备，工艺路线、工艺规程、工艺文件的编制，选定生产组织的形成之后，将新产品的样品制造出来，考核、验证产品设计的质量，制造工艺是否正确等，为正式投产创造必要的技术工艺条件和前期准备工作。④试销阶段。新产品小批量生产出来之后要投放到选定的市场上，按照正常的营销方式进行销售。通过试销，一方面了解市场对新产品的反应，为拟定新产品的营销策略提供依据；另一方面，发现新产品在质量、成本、性能等方面的缺陷，为改进新产品提出建议。

3. 技术创新的管理工作

技术创新是一项全新的事业，必须进行卓有成效的管理工作。其管理工作主要体现在：①建立常设的技术创新职能机构，负责技术创新的规划，制定技术创新的奖励制度和政策，开展技术创新的教育和日常管理，组织群众性的技术革新、技术改造、技术发明、技术创造等活动，培养技术创新的人才，并激励他们开展技术攻关活动。正如当年椰树公司组织技术创新活动，帮助企业解决了椰汁的油水分离及椰汁保鲜两道技术难关，使椰子汁成为国宴饮品。②建立和健全技术创新的制度与政策，营造一个良好的技术创新的氛围与环境。加强技术创新管理，须实施目标化管理，确定技术创新的项目，激励全体员工积极参与到技术创新的活动中，发挥各自的聪明才智和主动的创造精神，这就需要建立技术创新的申报制度、发布制度、鉴定制度、奖励政策，保证技术创新活动持续健康地发展；通过技术创新引入竞争机制，使全体员工树立创新意识和强烈愿望，自觉参与到技术创新工作中，比成果、比贡献，形成人人奋勇争先、不甘落后、发奋努力、改变面貌的大好环境，推动群众性的技术创新和钻研技术的热潮深入展开。③培养和建设一支优秀的技术创新队伍。通过技术创新管理工作，逐步培养出一批技术创新的优秀人才，并将他们很好地组织起来，学习和掌握国内外的先进技术，联系本企业的技术课题，积极攻克技术难关，创造出一流的先进技术，开发研制出市场最受欢迎的新产品。如山东青岛装卸港优秀工人许振超勤奋钻研吊桥技术，解决国外装卸机械存在的多个技术问题，使装卸集装箱的速度和质量达到世界一流水平，创造了装卸集装箱的世界纪录，并吸引众多员工和大学生向许振超拜师学艺。

7.2 技术创新管理的基础性工作

现代企业的技术创新是一项艰巨的工作任务，企业没有技术创新，其生存与发展将处在十分危险的境地，为推动企业技术创新活动的深入开展，必须坚持强化各项基础性管理工作。这种工作主要包括技术标准化工作、技术信息工作、技术教育及培训工作、技术操作规程和技术管理制度的制定和完善等工作。

7.2.1 技术标准化工作

技术标准化是指企业对产品及其零部件的生产加工、安装、检测及试验等重复性劳动做出统一的规定，即标准。通过制定、发布和实施这些标准达到统一企业技术创新的行为，以获得最佳的工作秩序和社会效益。

1. 企业技术标准的种类

企业的技术标准是对生产对象、生产技术条件、生产技术方法以及产品包装、储运物流等所作的规定。它一般包括以下种类及内容：

（1）技术基础性标准。它是指在一定的技术范围内普遍使用或具有指导意义的标准。如技术方面的名词术语、图形符号、数量和单位、环境条件、试验方法和型号命名等，它是整个技术标准化工作的基础，是制定各类技术标准的依据。

（2）产品技术标准。它是指规定一种或一类产品所要达到的部分或全部技术性能要求的标准，也是对产品质量制定的标准。产品技术标准是企业组织生产技术活动的基本准则，是描述产品技术水平的标志，是监督检验产品质量的技术依据，其包括产品的技术规格标准、产品的质量标准等。

（3）技术方法标准。它是指以产品的技术试验、检测、分析、统计、作业等所用的方法为对象制定的技术标准。如试验方法、检验规定、产品精度分析等方面的标准。

（4）工艺工装标准。它是指对企业生产技术具有重复性的工艺和工装设备的设计、加工、制造和使用所制定的标准，包括工艺标准和工装标准等。

（5）原材料与外购件标准。它是指对产品按技术设计要求所用的原材料、外购件和外协件所制定的标准，包括原材料、外协、外购件的选用标准、采购标准、验收标准和仓库保管标准等。

（6）技术管理标准。它是指对企业全部技术活动所制定的各项管理标准的总称，包括产品技术开发与管理制度、产品技术设计管理、产品质量控制管理等。这些标准的制定使企业员工的技术创新活动有了可靠的依据，保证其活动卓有成效。

2. 企业技术标准的制定

制定标准是一项政策性、技术性和经济性很强的工作，必须按照制定技术标准的目的、工作程序和方法进行。它一般履行下列步骤：

（1）根据计划目标，组建技术标准编制小组。一般由技术、设备、质量等职能部门和生产车间技术业务熟练的工程技术人员和有丰富经验的老师傅组建技术标准编制小组，承担标准的制定工作。

（2）调查研究，收集整理和分析资料。一般除应收集本企业的有关技术设计、制造、使用等方面的资料之外，还应收集国内外的有关技术标准，特别是企业素质较好、标准化水平较高的同行业有关资料，以及有关的国际标准和发达国家的技术标准，然后对这些资料进行分析、整理，联系企业的实际情况，编制出技术标准的草案及说明文件。

（3）征求意见，多方部门会审。技术标准草案完成后，首先由起草单位审查，然后送有关部门征求意见，还可组织有关的人员进行研讨，广泛听取意见后，对技术标准进行修改，报请有关部门会签。

（4）申请批准，发布实施。经会签后的技术标准草案报送总工程师审批，再经签字即为审查批准，以企业的正式文件发布，组织实施。

3. 企业技术标准的贯彻

企业技术标准只有通过贯彻执行，才能检验评价技术标准的质量和水平；才能发现标准存在的问题，加以修订、完善和提高；才能充分发挥标准的规范、指导作用，促进企业员工的技术创新活动有章可循、有标准可依，避免误入歧途和不必要的损失。企业技术标准的贯彻落实，可分为计划、实施、检查和总结四个步骤，即 PDCA 工作循环。

（1）计划。在技术标准实施之前，要了解企业技术方面的实情，分析存在的问题和障碍，选择实施的具体可行的方法，做好思想动员、人员安排和技术措施等准备工作，编制技术标准实施的计划或方案。

（2）实施。依照计划安排，按照标准的规定条件，进行产品的技术设计、生产和检验，保证标准在各项工作中得到真实有效的贯彻执行，一切工作和各种产品都要按标准进行，并按标准验收产品及工作的质量。

（3）检查。企业管理者对贯彻执行技术标准的全过程要实行独立的监督和检查，按照技术标准，通过多种检测的仪器和手段，对各项生产的过程及结果进行严格检查，发现技术性误差或质量问题，及时采取技术措施和管理方法加以纠正，以保证整个标准贯彻工作顺利进行。

（4）总结。在贯彻标准一段时间之后，应及时进行总结，对取得良好的业绩和丰硕的成果，要总结其宝贵经验，并形成新的技术工作标准，对存在的各种问题或错误也不轻易放过，转入到下一步工作循环，进行新一轮的技术创新活动。

7.2.2 技术信息工作

技术信息是经过技术人员加工处理的各种科技情报、资料、指令和消息的总称。产品质量、技术文件、设备状况资料等，都可以称为技术信息。现代企业的技术信息工作是对其所需的科技信息进行收集、处理、传递、储存及利用等，以利于技术人员充分利用信息资源，开发、研制新产品，提高技术设备工具的加工制造能力，增强企业的核心竞争力和自主技术创新能力。

1. 技术信息的内容

企业的技术信息根据其来源的不同可分为外部技术信息和内部技术信息。

（1）外部技术信息主要有：①相关的科学技术发展情况。它是指与本企业产品材料、制造工艺、技术装备有关的科学技术水平及发展变化趋势情况。这些信息对提高企业的技术水平和发展新产品均有决定性的意义。②国外同行业的技术状况。其具体内容有各知名企业的生产规模、技术、工艺质量水平；设备状况；成本、利润；材料、能源消耗；采用新技术、新材料情况及产品的销售对象。这些信息对本企业有较强的对比性，以判断本企业所处的技术水平及赶超的目标。③资源供应信息。它主要指机器设备、仪器仪表、原材料、能源和技术等来源与供应，以及这些资源的价格、质量和运输等信息。掌握这些信息，以利于本企业合理配置各种资源，满足技术创新和技术进步的各种资源需求。④市场需求及变化信息。它包括本企业产品销售地区、数量及占有率；同类产品的技术状况，生产单位、价格及包装设计；顾客的购买心理、购买行为及影响消费的因素；用户对产品性能、寿命、维修及服务等方面的反映。了解这些信息有助于本企业开发有竞争力的新产品，更好地满足市场的需求，取得市场竞争的优势地位。

（2）内部技术信息主要有：①原始资料记录。按照企业规定与要求，对生产、技术、装备及经营活动中各种具体事项所进行的最初原始记录。其内容包括生产记录、产品质量记录、工艺技术记录、设备运行状况记录、财务成本记录等。②档案资料及统计报表。它是对企业生产经营和科研活动，以及工程建设、技术改造中形成的并作为资料保存备查或上报有关部门的文件材料。它包括产品图纸、工艺文件、产品鉴定、工程建筑任务书、科研成果以及这些方面的照片、录像、报表、文字资料等。③计划指令信息。它是企业经过决策形成的生产、技术业务计划、产品质量等涉及技术改造规划、新产品试制计划和企业领导下达的指令和各种会议做出的决定等。④技术创新合理化建设信息。它是企业员工积极参与科技创新活动的形式，包括小改革、小创造、小发明、小建议等。企业应认真研究这些闪烁着群众智慧的信息，并创造条件给予重视和支持，使群众性的技术创新活动能积极开展起来。

2. 技术信息工作的要求

现代企业要做出正确的决策和进行有效的管理，就必须及时、准确、经济地得到所适用的有价值的技术信息。因此，对信息工作提出的要求有：①要及时。及时的技术信息能迅速反映企业的技术状况和变化，能及时地发现问题，及时地采取对策，解决技术性的难题，减少不必要的损失。②要准确。要求技术信息能真实反映实际情况，有利于技术部门做出正确的判断，采取切实可靠的技术措施，排除技术故障和险情，确保生产经营工作的顺利开展。③要经济适用。技术信息工作也要注重经济效益，要采用比较经济的手段和方法，开展技术信息分析，以取得开发利用信息的最佳效果。

3. 企业科技情报工作

企业科技情报是指企业科技人员通过科学技术活动，总结其科研工作的经验，取得科研成果，又作用于科技创新实践的一种动态信息，又称为技术核心的信息或技术秘密。企业开展科技情报工作的主要内容有：

（1）科技情报的收集与整理。企业科技信息部门通过索取及相互赠阅科研成果资料及科研论文报告；通过签订合同协议方式相互交换科技资料；有时参加经验交流会、科技展览会、学术报告会等会议现场收集资料；还可以通过参观访问、订购借阅及摘录剪辑等方式收集科技信息，获取高度机密的科技情报；有的甚至通过内线或聘请科技人员的途径，对企业来说不宜采用此法，一般可通过购买专利技术的方法，获得企业所需的技术。对收集到的科技信息和情报，首先进行鉴别；其次通过学科分类和主题索引相结合的方法进行整理，建立检索系统，以方便科技人员查找，有的还可以通过互联网等计算技术，更便于科技人员搜寻采用。

（2）科技情报的分析和利用。企业科技人员对经过整理的技术图纸、技术文件、声像科技资料等要认真分析，哪些属于设计技术方面的情报，哪些属于制造和外协方面的情报；哪些属于市场产品销售和竞争对手的情报，以归纳出符合产品设计制造功能要求的情报；促进技术更新、技术发展良好前景的情报；有利于参与市场竞争的经济情报等；便于企业充分利用科技信息情报，生产一代产品、研发一代产品、储备一代产品，使企业的技术实力不断增强而立于不败之地。

（3）科技信息情报档案的管理。科技档案是用来记述和反映企业科学研究、生产技术和基本建设等活动的，具有保存价值，并按照一定的归档制度作为真实的历史记录集中保管起来的技术文件材料，它是企业宝贵的资源，应加倍爱惜，妥善管理。即采取必要的措施，维护科技档案的安全与完整，保守技术秘密，最大限度地延长科技档案的寿命，做好科技档案的存放、保密、安全检查和库房管理等工作；要建立和健全科技档案的保密检查制度，严防丢失、泄密的情况发生；要鉴定科技情报的利用价值，确定保管期，对失去保存价值的科技档案，经领导批准后，剔除销毁。科技档案管理要直接隶属于企业总工程师或科技负责人直接领导下开展工作，由专业的科技档案工作者具体实施，制订工作计划，严格考核评价，不断总结工作经验，把科技档案的开发利用提高到一个新的水平，为推进企业的科技进步做出贡献。

7.2.3 技术教育与培训工作

现代企业的技术创新需要更多的优秀人才，而人才的涌现只能通过坚持不懈地对企业员工开展技术教育和培训，提高其素质和业务技能，建设一支技术精良、勇于创新、乐于奉献的职工队伍。

1. 教育培训的内容

企业开展员工教育培训的内容主要有：

（1）加强思想、职业道德教育。通过生动活泼的思想教育、邓小平理论教育、爱国主义和集体主义教育、职业道德和社会公德教育，提高员工对自己主人翁地位和所肩负责任的认识，培养员工的职业道德、职业纪律和敬业爱岗的精神，使员工成为爱祖国、爱人民、爱科学、爱企业的劳动者。当前尤其要加强对员工，特别是对高级管理者进行正确对待经济利益的教育，要求其忠诚于企业，不得以权谋私，不得接受贿赂，不得侵占企业财务，不得泄露企业的商业秘密、技术秘密来换取个人的好处等。通过教育造就出一批像广东韶关钢铁公司的罗东元那样的思想端正、品质优良、作风正派、技术优秀的员工，成为企业的顶梁柱和主心骨，使企业立于不败之地。

（2）加强科学文化知识学习。要胜任企业生产经营的重担，推进企业的技术进步和发展，没有一定的科学文化知识是难以承担的。企业要经常组织员工学习科学文化方面的各种知识，提高文化素养，培养科学意识和法制观念。当前尤其要重视员工特别是企业经营管理者对法律知识的学习，正确认识市场经济是法制经济，要自觉维护市场经济的良好秩序，坚持反对不正当的竞争和损害消费者权益的经营行为，使员工成为知法、懂法、守法的模范。

（3）加强专业技术的培训。对员工进行专业技能的培训是教育工作的重点。企业通过上岗前培训、岗位练兵、技术比武、专家面授、考核评比等方式，提高员工从事本职工作的专业理论、专业技能的水平，使员工成为"一专多能"、"多才多艺"的劳动者。当前对生产人员要进行"应知"、"应会"两个方面的培训，使其掌握本岗位的专门知识、实际操作技能与解决技术问题的能力；对科技人员要进行科技知识更新，提高其科研水平和创新设计的能力，积极开发适销对路的新产品；尤其要重视对企业管理者特别是高级管理者的培训，这是因为我国企业有相当一部分的管理者水平不高，难以适应现代化大生产和市场激烈竞争的要求。对此，企业管理者要努力学习邓小平理论和市场经济理论，掌握国家的方针政策；要学习现代企业经营管理的基本原理和方法，提高经营决策、科学组织和指挥、协调的能力，使企业的高级管理者成为努力创新、创造性领导企业的生产经营活动、敢于承担经营风险、不断提高经营效益的企业家。

2. 教育培训的形式和方法

企业对员工开展教育培训的形式和方法，可以灵活多样，经济适用。这些形式和方法有：①企业自己创造条件，举办不同类型的教育培训班，因材施教，学以致用，紧密联系企业生产经营的实际需求培训适用的人才。②产学研一体化联合办学的方式。这种方式由学校负责理论知识教学，科研机构负责科研创新课题的指导，企业负责生产技能训练和提供实习场所，充分发挥各自的优势，使三方受益。③开展学术交流和研究。企业应支持和鼓励科技、管理人员以其科研成果积极参与学术交流研讨会，开阔视野，吸取名家之长，跻身先进之列。④出国进修和考察。有条件的企业应为科技、管理人员提供出国进修和考察的机会。走出国门，不仅使他们了解先进国家现代企业的科技、管理发展的状况，找出存在的差距，而且能激发他们的进取心和创新精神，赶超世界先进水平。这是企业员工十分向往的一种接受教育培训的好形式。

3. 教育培训的组织与管理

"十年树木，百年树人。"为加快人才的培养，企业应加大对员工的智力投资及技术业务能力培养经费的投入，设立教育培训专项基金，组织教育培训的管理机构和学校，制订员工培养计划、培训制度，采取切实有效的培训措施，建立教育培训考核、评价标准，提高职业技能教育培训的水平，不断适应科技发展，企业技术更新对人才的需求。像海尔等一批国内著名公司那样，大力加强教育培训管理，成立培训学院，培养急需人才，为公司走进国际市场，参与世界竞争，准备了充分的人力资源条件。

7.3 企业技术创新人才的管理

企业技术创新人才是开展科学技术活动的主力军，是企业先进生产力的推动者，是企业最宝贵的人力资本。"企业发展靠技术创新，技术创新靠人才。"培养技术创新人才，加强对科技人才的管理，是推进企业的科技进步，创造最佳经济效益的重要任务。

7.3.1 科技创新人才的特点

企业科技进步的源泉来自科技人员的研发能力和智能潜力。为培养科技人员的创新能力，激发他们创新的主动精神，加强对科技创新人才的管理，须对科技队伍及人员的智力结构与能力特点进行详细的了解和分析，以充分发挥他们的聪明才智和作用。

1. 专业理论知识结构

随着科技日新月异的发展，学科和专业的不断分化，产生出各种类型的专业人才。企业研发新产品，开展对科研课题的研究，都不可能由独自一人去完成，必须有一个专业的科学技术团队才能胜任。在这个科技团队中配备不同专业类型的人才，大家协同配合，齐心协力去技术创新与技术攻关。这个团队的人才主要有信息研究员、产品设计师、技术工艺师、计量检定师、电气工程师、技术经济分析师等。他们各自具备专业的理论知识，优势互补，共同承担起企业科技发展的重任。

2. 技术能力结构

企业科技人员在具备一定专业理论知识的同时，还要培养各自的技术能力和技术专长。即技术方面的判断能力、创造能力、研究能力、开发能力、制造能力等，及在科技方面表现出特有的专长，如外语特长、掌握计算机绘图的特长等。科技人员只有具备一定的技术能力，才能在技术改革、创造发明的事业中大显身手，成就伟业。

3. 素质结构

在科技人员队伍中，各人的素质会有很大的差异性，有的善于与人相处，有的性情怪僻；有的情绪外露，有的城府较深；有的助人为乐，有的嫉贤妒能等。各种表现，不一而足。但对科研课题组而言，其成员之间能否志趣相近、志同道合是非常重要的，如果其他结构良好，唯素质结构不好，是很难出科研成果的。因此，对各种素质的科技人员要能兼容并蓄、素质互补、团结一致，才能早出科研成果。

4. 能力行为特点

科技人员在科研创新活动中表现出的能力行为特点有：

（1）善于独立思考，具有求实精神。科技人员富有独立进行创造性思维的习惯和能力，善于提出新问题、新见解、新做法，不愿随大流。依靠自己的实力参加科学试验，用科研成果证实自己的价值。

（2）具有竞争的心理。科技人员总希望自己走在同行的前面，做得比别人优秀，取得骄人的业绩，这种竞争的心理带来一定的压力，担心别人抢先一步，在学术成就上超过自己。因此，他们不愿落人之后，压力变动力，努力学习知识，吸取众家之长，力争早出成果。

（3）有自信心。科技人员十分看重自己的专业，珍惜千辛万苦学来的知识和技能，他们对自己的事业和前途充满信心。在实际工作中，他们以严谨的科学态度和方法，抓紧时间，努力学习和不知疲倦地工作，相信事在人为，天道酬勤，总有一天能干出成绩，报效国家。

7.3.2　科技人员的合理使用与考核内容

现代企业对科技人才要实施科学的管理，制定鼓励其创新的政策，遵循合理使用的原则，最大限度地发挥他们应有的作用。

1. 以人为本、任人唯贤的原则

现代企业要尊重科技人员的主人翁地位及参与民主管理的权利，要关心他们的生活和工作条件，热心解决他们面临的困难，支持和鼓励科技人员勇于创新、干出事业。企业领导应深入基层，与科技人员交朋友，加强事业与友情方面的交流与沟通。在开展技术创新的活动中，真正去发现和识别德才兼备的优秀人才，任人唯贤，使员工见贤思齐，学有榜样。

2. 广开贤路、择优录用的原则

现代企业除发掘自有的技术人才的潜能外，还应采取多种途径向社会招收适用的人才，以弥补企业科技人员力量的不足，满足企业技术创新和发展的需要。企业人力资源部门要及时制定出录用科技人员的标准、待遇和岗位，向社会公开招聘，或委托专业人才公司协助物色，并用科学测评的方法，选择优秀的人才或有专项技能的能工巧匠为企业所用。

3. 知人善任、量才使用的原则

现代企业要首先了解科技人员的品德和才能，在此基础上，根据他们的知识、能力、性格、修养等方面的专长，安排恰如其分的工作；或科技人员选择自己热爱的工作岗位，使其增强自信心和责任感，发挥其特长，为企业的发展人尽其才。

4. 按劳分配、奖惩分明的原则

现代企业对科技人员应制定出科学合理的报酬、奖励制度，鼓励科技人员施展才华、多出成果，激发他们的积极性和创造力。企业应根据其科技成果创造的实际业绩和效果，给予物质和精神等方面的奖励，做到赏罚分明，使科技人员受到鼓舞，看到希望，满怀热情地投入到创造发明的活动之中。

5. 全面发展、合理流动的原则

现代企业在选用科技人员的工作中，还要注重培养人才，促进科技人员的全面发展。对此，企业应开展职业、技术教育，全面提升科技人员和技术工人的职业道德、文化知识和技术能力水平，满足其提高社会地位和丰富生活的需要。随着工作环境的变化及科技人员知识技能的增长，应提倡合理流动。除企业组织调配外，还要鼓励科技人员通过自荐、竞聘等方式获取新的岗位，接受新的挑战。通过合理有序的流动，使科技人员心情舒畅，努力工作，争取大好前程。

6. 科技人员考核的内容

科技人员除量才录用、合理使用之外，还应建立严格的考核制度。对其考核的内容主要有：①工作成就，即科技人员的科研成果、工作成果及其在经济上产生出来的效益；②技术水平，即科技人员的理论知识水平、实验操作水平、研究设计水平是否适应科技工作发展的要求；③业务能力，即科技人员的独立设计能力、组织管理能力、协调配合能力、创新发展能力是否不断地推进企业科技事业的更大发展；④劳动态度，即科技人员在劳动积极性、事业心、责任心、劳动纪律和工作方法等方面是否勤奋、刻苦、任劳任怨、敬业爱岗、乐于奉献。通过对科技人员的考核、评定优劣、奖惩制度兑现，形成人人奋勇争先、多创奇迹的大好局面。

7.3.3 科技人员的管理机制和方法

科技人员是企业最宝贵的资源，必须采取有效的机制和方法，对其进行管理，以推进企业科技创新取得积极的成效。

1. 科技人员的管理机制

科技人员的管理机制主要有：

（1）竞争机制。企业在聘用科技人员的工作中，应破除"论资排辈"、"只看学历，不见能力"等传统偏见，大胆鼓励竞争，切实做到能者上、庸者下，既看学历，更注重能解决技术难题的实际能力，不拘一格选拔人才；通过竞争，消除"平均主义"和"吃大锅饭"的弊端，使科技人员增强竞争意识，要靠竞争与拼搏，创造出优秀的成果，才能赢得企业的承认。

（2）激励机制。企业对科技人员应实施激励机制，像海尔集团那样，把"休克鱼"激活，把懒惰的人变勤奋，使消极的人振奋起来，让上进的人更加斗志昂扬。科技人员在创新活动中，不甘落后，自强不息，百折不挠，奋力拼搏，显示出旺盛的生命力。

（3）价值机制。企业使用人才时要考虑其价值，尽可能做到"投入少，产出高"，注重用人效益；在设置机构时，尽可能采取综合职能型，实施人才优势互补，达到整体最优的效果；在安排人员岗位时，须精心测算工作量，做到精兵强将，宁可虚位待人，不可因人设位；在付给劳动报酬和奖金时，应从"德、能、勤、绩"四个方面综合考查，重点把有无业绩作为付酬的标准，即实施"一票否决权"，对那些在位无所作为、虚报浮夸、捏造成果者，一律请"下课"，对那些业绩突出、为企业做出较大贡献者予以重奖。企业只有重视科技人员的价值，才能激发他们的创新热情。

2. 科技人员的管理方法

对科技人员的管理方法要因人因时制宜，灵活多样，其目的都是有助于科技人员的聪明才智得到释放，早出成效。

（1）开办科技信息沙龙的方法。科技人员一方面要独立思考、勤奋钻研；另一方面还要广交朋友，吸取多方面的知识与信息。对此，企业创办科技信息沙龙，让科技人员周末聚会，在一个宽松的氛围内大家畅所欲言，自由探讨，集思广益，各种科技信息在此交汇、撞击，可能撞出火花，产生灵感，对技术创新项目有很大启发。

（2）建设一支科技创新团队的方法。现代企业的科技进步不能靠单枪匹马，挑战天下；而须靠团队的力量，发扬无私奉献、真诚协作的精神，正确对待同行和自己，相互尊重、相互谦让、相互鼓励，才能齐心协力解决技术问题，攀登技术高峰。

（3）营造技术创新氛围的方法。企业领导要率先垂范，尊重科技人员的创造性劳动，要求员工努力学习科学知识和技术，形成学习技术、不断创造的氛围，使科技人员和全体员工通过创新工作，感到一种成就感、自豪感和创新带来的快乐。

3. 科技人员的组织管理创新

科技人员在现代企业中是一类较特殊的知识技能型的群体，对这类群体管理的方式也要与时俱进，不断创新。其主要的管理方式有：

（1）柔性管理。科技人员有文化知识，有理想追求，有品德修养，对这类群体，不能一味地采取"管、卡、压"的方式，对待他们，必须以理服人、以德治企，多以循循善诱的方式，耐心细致地做好思想教育、启发工作，使科技人员增强自觉性，自我管理、自我约束、自我发展，促进其个性特长充分发挥。

（2）情感管理。现代企业对科技人员除以事业留人、待遇留人，还以感情留人。企业领导要关心爱护每一位科技人员，注重感情投资，不论科技人员在情绪高涨，还是在情绪低落时，企业领导都要运用巧妙的方法，善解人意，帮助科技人员排忧解难，或者促其保持并发扬其光荣作风，增强企业的凝聚力和向心力。

（3）目标管理。科技人员在努力学习、艰苦奋斗中一般都有自己的事业目标、学习目标、人生目标。现代企业要了解科技人员的目标，将他们奋斗的目标与企业发展的目标紧紧地联系在一起，并为他们进行职业生涯设计，通过实践锻炼，使他们的才能得到提高，业绩受到奖励，利益日渐增加，职位逐步提升，或者能事业有成，目标得到实现。现代企业若创新对科技人员的组织管理方式，这支团队将迸发出无穷的力量，战胜在技术创新之中出现的一切困难。

【个案】

海尔的产品创新

海尔集团总裁张瑞敏在一个有关科教兴国的研讨会上，就产品创新问题面对中外专家侃侃而谈。他用打靶来比喻创新与市场之间的关系。他说，20世纪四五十年代是美国人的天下，那时瞄准市场就如同射击中的打固定靶，市场是固定的，只需把成本降下来就行。到了60年代，日本开始崛起，他们把市场细分，让企业来选择和适应，对企业来说，新的营销就如同打游动靶，你的产品必须跟着变化着的市场转。现在即将进入知识经济时代，瞄准市场就如同打飞靶，需要有超前性，必须不断创新才可能有生命力。所以，企业的技术人员必须明白，设计的价值就是为市场服务，市场的难题就是设计的课题。关起门来搞创新，创新就失去了方向，因此，创新的第一要求就是和市场结合。

海尔集团开发大地瓜洗衣机的故事许多人都不陌生。农民们在购买了海尔洗衣机后抱怨这种机器洗地瓜洗不干净。海尔在得知此事后，没有嘲笑农民的"无知"，而是从中受到启发，研制出了新产品"大地瓜洗衣机"。虽然这种洗衣机的销售量并不大，但它验证了海尔的创新理念，即市场的需求就是创新的课题。海尔此举也给企业这样一个信息：市场的需求是至高无上的。

【案例分析】

（1）企业技术创新、研制开发新产品必须根据市场的需求，选择确定企业的科研课题，才有成功的希望。因此，企业必须走进市场，深入开展商场调查，贴近生活，了解大众的需求，切实掌握需求信息和市场，才能构思新产品，创造新市场。

（2）企业开展技术创新，首先要研究市场的变化及趋势，对其做出准确的判断或预测，引导新产品的开发。如果对变化的市场一无所知，或者停留在原来的阶段，就不能发现新的商机；不能对原来的产品进行改进提高；不能超前研发新技术、新材料、新设备，企业就将停滞不前，难以有创新作为。

（3）市场消费者可能有一些奇谈怪论，如大地瓜洗衣机。如果企业技术创新人员将此当做笑谈资料，不屑一顾，就可能错失良机或者新的创意。因此，创新人员要善于听取不同的意见，即使是十分刁难的问题，都应耐心、深思。有无合理的奇思妙想，与产品创新有无一丝一毫的联系，哪怕只有一点实用的价值，也要尽力将其变为实用的产品，以回报消费者的期待。

【本章小结】

技术创新是企业一项极其重要的工作，企业没有技术创新，就没有前途和希望。本章论述了技术创新、技术引进和技术改造等三大课题，为开展好技术创新工作，必须加强企业技术创新基础性的管理，即做好企业的技术标准化工作、技术信息情报工作、技术人才的培养与教育工作，尤其是技术创新人才的管理机制和实施办法，只有这样，才能为企业技术创新奠定坚实的基础，为企业经济起飞创造更好的条件。

【关键术语和概念】

技术引进　技术创新　技术信息　创新人才　技术改造　技术标准化　科技情报　创新机制

【练习题】

1. 企业技术创新要经历哪些阶段？各个阶段的管理对我们有哪些启示和教育？
2. 企业技术创新应做好哪些基础性工作？
3. 如何培养和造就企业技术创新人才？
4. 你参加过技术发明、技术改革、技术制造活动吗？参加活动后，你有什么收获？

【补充阅读】

1. 任剑新．企业科技管理．武汉：湖北科学技术出版社，2000．
2. 罗时凡．工业企业的新产品开发．武汉：华中理工大学出版社，2000．
3. 何春田．工业企业科学技术管理．南京：南京大学出版社，2000．

8 现代企业财务管理

◉本章学习要点

1. 认识企业财务对于企业生存和发展的重要性。
2. 了解财务管理的内容。
3. 掌握和运用企业财务管理的基本原理和方法。

◉本章学习内容

1. 财务的概念。
2. 企业财务的概念与内容。
3. 企业财务管理的概念和意义。
4. 企业财务管理的目标、原则、环节、步骤与方法。
5. 企业筹资、投资、收入、利润管理的意义、要求、方式和手段。

◉个 案

◉案 例 分 析

◉本 章 小 结

◉关 键 术 语 和 概 念

◉练 习 题

◉补 充 阅 读

8.1 企业财务管理概述

财务，是指一个相对独立单位的理财事务，是与财产有关的事务。企业财务是企业生产经营过程中的资金运动及其所体现的经济关系。任何企业要想获得经济效益，就必须开展生产经营活动，提供市场所需的产品和服务，从而必须具有或拥有一定数量、质量的资金或资源。而资金或资源又是有限的、稀缺的，再加上市场的风险性、竞争性，因此，企业必须从理财的角度去做大量的工作，即企业必须搞好财务管理。

8.1.1 企业财务管理的概念

1. 基本内涵

财务管理,顾名思义是一种对相对独立单位理财事务所进行的管理。它包括如下含义:

(1) 从实践上来讲,财务管理是企业的一项十分具体的工作,即对企业的财务现象、财务行为、财务活动、财务关系所进行的管理。

(2) 从理论上来讲,财务管理是研究财务现象、财务规律,对财务活动所进行的预测、决策、计划、组织、控制的原理和方法的知识体系。

(3) 从内容上来讲,财务管理是基于企业客观存在的财务活动、财务关系而实施的管理。财务活动就是企业的资金运动;财务关系就是企业资金运动所体现的经济关系。企业的资金运动,就是通过筹资、投资、用资和配资的财务活动来实现连续的运动。相应地,财务管理的内容包括筹资管理、投资管理、用资管理和配资管理等四项管理。

2. 财务活动的内容

企业财务活动的内容是由资金运动过程所决定的。由于资金是生产过程中的价值表现形式,随着企业再生产过程的不间断进行,企业资金也处在川流不息的运动之中。资金的运动过程是借助筹资、投资、用资和配资等活动来实现的,因此,企业财务活动包括以下四项基本内容:

(1) 筹资引起的财务活动。筹集资金是企业进行生产经营活动的前提,也是资金运动的起点。企业为了开展经营活动或者为了扩大经营规模以及对外投资等,都必须筹集一定数量的资金。因此,筹资是企业的一项重要的经常性的财务活动。企业生产经营所需要的资金,可以采用吸收直接投资,或者发行股票等方式筹集自有资本(即主权资本),也可以采用向银行申请借款或者发行公司债券等方式筹集负债资本。企业从投资者和债权人那里筹集的主要是货币资金。根据企业生产经营的实际需要也可以有选择地吸收一部分实物资产或无形资产。企业筹资活动所取得的资金形成了资金收入,而支付各项筹资费用、支付利息、偿还借款等是由此引起的资金支出。上述所发生的资金收支活动是由筹资所形成的财务活动。

(2) 投资引起的财务活动。投资是企业为了在未来获得一定收益或资金增值而投放一定量的资金,经营某项事业的行为。从时间上看,投资不仅包括短期投资,而且包括长期投资;从空间上看,投资不仅包括企业外部投资,也包括企业内部投资。也就是说,投资既包括向外购买其他企业发行的股票、债券以及与其他企业所进行的联营投资;又包括向企业内部生产经营活动所进行的投资,例如购置固定资产、无形资产、存货等。企业无论进行何种形式的投资,都不仅要支出一定数额的资金,而且要收回一定数额的资金。这类资金收支就是投资所形成的财务活动。

(3) 用资引起的财务活动。企业生产经营过程,既是物资产品的生产和形成过程,也是价值的形成和实现过程。在企业生产经营过程中,必然发生一系列的资金收支活动,例如,在采购阶段,购买生产经营所需要的各种材料物资;在生产阶段,支付员工的工资、津贴、奖金等劳动报酬以及各项管理费用等,都会发生资金的支出;在销售阶段,企业向市场提供产品或服务,实现营业收入。同时,企业还会与有关客户之间发生债权或债务的资金结算。这些活动所发生的资金收支就是在企业生产经营活动中用资所形成的财务活动。

(4) 配资引起的财务活动。所谓配资,是指企业对资金的分配,就是说,对企业生产经营过程所形成的利润以及对外投资取得的收益,按照法定程序进行的分配。从广义来看,配资包括对收入的分配和对利润的分配；从狭义来看，配资仅仅是指利润的分配。按照财务制度规定，企业在一定时期所实现的收益，首先，根据税法规定用于弥补以前年度的亏损，并且依法缴纳所得税；其次，按照规定的办法和标准提取盈余公积金和公益金；最后，在企业投资者之间对剩余部分进行分配。

因此，财务管理的内容包括四项：筹资管理、投资管理、用资管理、配资管理。

3. 现代企业财务管理的理念

由于企业财务管理的自身特点和规律，在现代企业财务管理之中，管理人员应该具有与市场经济相适应的理财理念。

（1）资金时间价值的理念。所谓资金时间价值，是指资金在运动中因为时间的因素而形成的差额价值。其实质是资金周转使用中所形成的增值额。它不仅包括资金一次周转使用的价值增值额，而且还包括增值额再次投入周转使用所形成的增值额。必须指出的是，资金时间价值的大小，不是以个别企业或个别项目的增值额来衡量的，而是以无风险的、不考虑通货膨胀条件下的社会平均资金利润率标准来衡量的。在市场经济条件下，社会平均资金利润率一般可以用银行利息率表示。

资金时间价值的大小，可以按照单利制或复利制来计算。所谓单利制，是指按照规定的利率对本金计息，利息就不再计息的方法。由于单利制方法简单，未考虑各期利息在周转使用中的时间因素，不便于不同的财务决策方案之间的比较，因此，一般采取复利制来计算资金时间价值的大小。所谓复利制，是指不仅本金要计算利息，而且利息也要计算利息，也就是通常所讲的"利滚利"。

资金时间价值是现代财务管理的重要价值基础。这不仅要求企业要合理使用资金，而且要将资金时间价值作为决策的一项重要因素加以考虑，选择最优方案。

（2）投资风险报酬的理念。风险，是指事件未来结果的变动性。在企业生产经营活动中，风险无处不在，无时不有。投资风险总是客观存在的。任何投资者都期望获得一个确定的报酬率，并不希望有风险。但是，由于客观环境的复杂多变性和人们主观认识的有限性，从而导致人们对事物发展及其结果认识的不确定性。

风险与收益并存。风险既能够给投资者造成损失，又能够为投资者带来额外的报酬，即投资风险报酬，也就是投资者甘冒风险而获得的超过资金时间价值的额外收益。风险越大，收益可能也越高。当然，这并不说明风险与报酬存在因果关系。投资风险报酬既可以用投资风险报酬额表示，又可以用投资风险报酬率表示。如果不考虑通货膨胀因素，在有风险条件下进行投资，那么预期投资风险报酬率可用公式表示为：

$$预期投资风险报酬率 = 无风险投资报酬率 + 风险投资报酬率$$

投资者在无风险条件下进行投资，只能得到相当于资金时间价值的报酬率。在有风险条件下投资，不仅能够得到无风险投资报酬率，而且能够获得超过资金时间价值的额外收益。因此，企业财务管理者进行财务决策时，必须权衡利弊，搭配险益。

8.1.2 财务管理的目标

财务管理的目标，是企业财务活动的出发点和最终归宿，是企业财务管理的方向和动力，是企业目标的重要构成内容和具体体现。

企业财务管理目标应该与企业目标协调一致，围绕、保证、服从和服务于企业目标。企业是一个以赢利为目的的经济组织,是"自主经营、自负盈亏、自我发展、自我约束"的市场主体。在激烈的市场竞争中,企业只有不断提高经济效益,才能保证企业的健康发展。由此可见,企业目标就是实现经济效益最大化。在这里,经济效益是指投入与产出的比例关系。提高经济效益,就意味着以尽可能少的投入和耗费,取得更多的产出和收益。

1. 财务管理的内容

目前,根据财务管理的实践总结和理论研究,企业财务管理逐步形成了下列三种目标:

(1) 利润最大化的目标。利润最大化的目标,指企业财务管理工作的最终目的是不断增加企业利润,并且使利润在一定时期内达到最大化。其中,利润是企业在一定时期内的全部收入扣除费用成本后的差额。这个差额就是经济学上的剩余产品的价值转化形式。但是,以利润最大化作为企业财务管理的目标,在实践中存在一些缺陷:①导致企业短期行为。如果企业一味追求近期利润而忽视长远稳定发展,例如,拼设备、拼消耗,不创新技术,不提高员工素质,那么,其结果必然会损害企业的长远利益。②忽视资金时间价值。利润最大化一般是指企业在一定时期内利润达到最大化。只是强调利润而没有考虑到资金的时间价值,也就是说,未考虑到资金在周转使用中由于时间因素而形成的差额价值。③没有考虑风险因素。报酬总是和风险紧密相关。高报酬必然伴随高风险。如果企业一味追求近期利润而忽视了风险,提高负债比率或进行高风险投资,那么,必然会导致经营风险及财务风险。④数据缺乏可比性。不同时期的利润没有反映其与投入资本额之间的比例关系,因此,利润最大化目标不利于在企业不同时期之间以及不同资本规模之间进行比较。⑤决策缺乏科学性。由于利润最大化目标的行为导致忽视资金时间价值、没有考虑风险因素、数据缺乏可比性等缺陷,必然使得企业的财务决策缺乏科学性。

(2) 股东财富最大化的目标。所谓股东财富最大化的目标,是指企业通过有效地组织财务活动,为股东带来更多的财富。股东是公司的所有者,对公司进行投资就是为了取得尽可能大的投资收益。在股份制公司中,股东财富最大化取决于两个因素:一是发行在外的普通股股数;二是股票市场价格。在前者既定的情况下,股东财富的大小是由股票市场价格所决定的。股票市场价格是公众对公司价值的评价。因此,股东财富最大化也就是股票市场价格最大化。尽管股东财富最大化的目标过分强调了公司股东的利益,而可能忽视或损害其他有关方面的利益,但是,股东财富最大化的目标还是具有较多的优点:①数据具有可比性。股票市场价格基本上反映了资本投入与获利之间的关系。公司获利越多,分配的股利增加,股票市场价格越高,股东获利也就越多。②考虑了风险因素。股票市场价格越高,意味着股票的风险越大。③克服了短期行为。股票市场价格既受公司当前赢利水平的影响,又受公司预期赢利水平的影响。股票市场价格反映了每股盈余的大小及取得盈余的时间。股东财富最大化的目标,考虑了资金时间价值,在一定程度上克服了企业的短期行为。④决策趋向有效性。由于股东财富最大化的目标具有数据可比性、考虑风险性、克服短期行为等优点,从而公司的财务决策趋向有效性。

(3) 企业价值最大化的目标。所谓企业价值,是指企业的市场价值,它是社会对企业总价值的市场评价。这种评价,既不是根据企业资产的账面价值,又不是企业已实现的利润水平,而是企业未来的获利能力。企业价值最大化的目标,就是充分发挥财务管理的职能,促进企业长期的、协调的、全面的发展,提高企业赢利能力和水平,实现企业资产总价值的最大化。企业价值最大化的目标,强调企业在长期的、协调的、全面的发展基础上,实现企业资产总价值的最大化。在市场经济条件下,企业是市场竞争的主体,市场环境为企业的生存和发展提供了可能性。

企业价值最大化的目标，能够使企业较好地克服利润最大化、股东财富最大化等财务管理目标的缺陷，是现代企业财务管理目标的较好选择。其优点主要有：①利于克服短期行为。企业价值最大化的目标，着眼于企业长远的获利能力，并且以此为标准，对各种财务方案进行分析、判断和选择。②利于协调企业各个利益集团的利益。企业的生产经营离不开企业投资者、债权人、企业员工、政府部门等有关利益集团的相互合作、支持、帮助。企业价值最大化的目标，能够使企业从长远的角度全面和谐地发展，提高企业赢利能力，满足投资者资本保值增值和提高投资收益的需要；能够使企业具有较强的偿债能力，保证债权人的切身利益；能够使企业员工在企业发展中提高工资和福利；能够使企业在稳定发展中向国家缴纳更多的税收，提供更多的社会就业机会。③利于提高企业的价值。企业价值最大化的目标考虑了资金时间价值，同时又考虑了经营风险。因此，企业的收益越多，实现收益的时间越短，实现收益的概率越高，企业价值越高。

2. 财务管理的任务

根据企业财务管理的目标，财务管理的任务主要是：

（1）积极筹集资金。无论是企业创办，还是企业运营，都需要一定的资金。资金的取得，有多种渠道和方式。可以由投资者投入，例如企业创办人、合伙人、企业法人或企业股东的投入；可以由债权人提供资金；企业可以通过发行股票或企业债券来募集资金。无论哪种筹资渠道和方式，企业必须科学地进行筹资决策，满足企业生产经营对资金的需求。

（2）精心安排资金。精心安排资金是指将现有的有限的资金安排好、使用好，充分发挥资金的效用。只有讲求资金的使用效用，资金的筹集才有意义，资金才能保值和增值，企业的费用成本才能控制和降低，企业经营风险才能降低和化解，企业才能具有较大的竞争优势。为此，企业要做好投资预测和决策，选好投资项目和时机，安排好资金使用计划。

（3）有力监控资金。企业安排资金使用计划，需要随着企业生产经营的进行而实现。但是，由于对企业生产经营活动的规律认识存在局限性，难以避免原来资金使用安排的落实与预期的目标存在差异，所以需要及时调整计划，以免贻误时机，导致难以挽回的损失。因此，企业必须在财务管理上监视资金的运动，掌握资金的流向和流量，监控资金的运行，把握资金的投向，用好资金，用活资金。有力监控资金，离不开会计核算。会计核算可以反映资金运行的过程和结果，了解资金运用和财务状况的信息，优化资金运行的环境。

（4）力争增值资金。企业要实现经营目标，必须讲求赢利。只有赢利，企业的资金才能增值。企业赢利，取决于两个方面：一方面是扩大产品销售，增加产品收入。只有以市场为导向，满足顾客多样化、个性化的需求，才能拓展市场空间，扩大产品销售，增加产品销售收入或营业收入；另一方面是控制经营费用，降低产品成本。为此，企业需要从财务管理方面，协调各个部门的生产经营活动，控制生产消耗，节约经营支出。

（5）维护财经法纪。企业的财务活动，必须遵守国家的财经法纪，依法治财；必须保证国家的财务政策、法规、制度得到贯彻执行；必须纠正企业违法、违纪现象；必须确保企业财务活动在一个正确、健康、有效的轨道上运营。

8.1.3 财务管理的原则

1. 资源配置优化原则

资金是企业流动的"血液"。企业的生产经营活动必须有一定的资金。资金是企业经营中各种物资资源的货币表现形式，企业筹集和使用资金的结果则形成企业经营中的各种形态的物资资源。这些物资资源是企业用于获取未来经济利益的基础，但是，并不是企业有了物资资源就一定能够提供未来的经济利益，更不是拥有的物资资源越多获得的经济利益也越多。事实上，在企业既定的经营规模和一定的生产技术条件下，生产经营所需要的各种物资资源的数量总是有一定的限度的。只有在这个数量限度内各种资源形成最佳搭配，才能使资源的有效作用最大限度地发挥出来。只有以财务结构比例表示的资源配置结构合理，才能保证生产经营活动的顺利进行，并实现最佳的经济效益。反之，资源配置的结构比例失调，就会影响生产经营活动的顺利进行，甚至会使企业经营陷入困境。可见，通过对资金的合理运用和有效调节来实现企业资源的优化配置，是财务管理的一项基本要求。

2. 收入支出平衡原则

资金运动包括资金的循环和周转。企业资金的循环周转是通过财务活动中的资金收支体现出来的。销售产品取得的收入意味着资金一次循环的结束，而发生的采购材料物资等生产支出，则意味着资金下一次循环的开始。资金的收支就成为资金循环周转的联结点。要保证资金循环周转的畅通无阻，就必须要求资金的收支不仅要在数量上保持平衡，而且还必须要求在收支的时间上协调一致。也就是说，资金的收入数量要能满足经营过程各环节的资金需求，收不抵支就会影响资金的正常周转。即使某一时期的资金收支在数量上基本平衡，但在收支时间上衔接不上，也会影响资金循环周转的顺利进行。例如，支出在前收入在后，同样也会给资金周转造成障碍。必须指出，资金的收支平衡原则并不是要求保持资金收支的绝对平衡。由于企业经营活动的复杂性和企业外部经营环境的多变性，资金收支平衡总是相对的、暂时的。经营环境和条件的变化必然会打破原来的平衡而形成新的不平衡，财务管理的任务之一就是要通过对资金的有效协调和调度，在新的条件下建立新的资金收支平衡关系。收支平衡原则就是要求在财务活动中，以实现企业价值最大化为目标，保持财务收支的积极平衡。

3. 成本效益权衡原则

任何企业的生产经营都必须注重经济效益。讲求经济效益是企业生产经营的出发点和归宿，也是实现财务管理目标的基本要求。所谓经济效益，是指劳动占用和劳动耗费与所取得的经营成果之间的比较。提高经济效益就意味着以一定的劳动占用和劳动耗费获得尽可能多的有用成果，或者获得一定量的有用成果可以减少劳动占用和劳动耗费。在市场经济条件下，劳动占用和劳动耗费以及所获得的有用成果都要以货币形式表现为资金占用、资金耗费（成本费用）和赢利。成本效益原则就是要求在财务活动中每项财务决策都必须满足提高经济效益的基本要求，对每项财务决策和财务收支都要进行成本效益分析，并以此为标准选择最优财务方案。例如，在应收账款的管理中，适当延长收账期可以扩大销售额，增加收益，但是可能产生坏账损失和收费增加。只有延长收账期增加的收益超过相应增加的成本时，延长收账期的财务决策才可能有利。

总之，在财务管理上，权衡成本与效益，是企业财务管理必须遵循的一个基本原则。

4. 风险收益均衡原则

市场经济总是存在着风险。企业进行生产经营活动就不能回避风险。在财务管理中，风险和收益是紧密相联的。风险收益均衡原则就是要求在财务管理中，对每项财务活动都必须进行收益和风险的权衡，尽可能地降低和分散风险，取得更大的收益。如果不顾风险，盲目地追求高收益，势必造成巨大的经济损失。例如，在筹资活动中，各种筹资方式不仅资金成本不同，而且风险大小也不一样。负债筹资与主权筹资相比资金成本较低，而且利息费用可以在成本费用中列支，具有减税作用，因而可以提高主权资本收益率。但是，利用负债筹资的企业不仅要承受按期还本付息的风险，而且还可能会形成资本收益率下降的风险。企业经营收益的不确定性，使得负债越多，偿债风险就越大，对资本收益率的影响也越大。如果无法清偿到期债务，企业就有可能面临破产的危险。因此，企业在筹资决策中必须在负债筹资的收益和风险之间进行权衡，以确定收益较高、风险适度的负债额度。在企业投资中，任何一个投资项目未来的报酬都存在着一定的风险。企业必须认真进行可行性分析，科学决策。

5. 利益关系和谐原则

在市场经济体制下，企业必然与有关方面发生经济联系。这种经济联系，实质是一种经济利益关系。企业财务管理不仅要管理好、使用好资金，而且必须理顺企业与有关利益集团之间的经济利益关系。

（1）切实维护投资者的合法权益。企业要维持健康而又稳定的发展，实现资本保值和增值，就应该能够使投资者获得长期的、较高的而又稳定的投资回报。

（2）努力保障债权人的利益。债权人的利益是债券的安全性、按期还本付息。为此，企业必须不断提高赢利的水平，维持良好的财务状况，保持较强的偿还债务的能力。

（3）积极维护国家的经济利益。企业必须守法经营，依法纳税，杜绝任何形式的偷税、漏税、骗税、抗税的行为，保护社会生态环境。

（4）竭力维护员工的切身利益。企业必须遵循"按劳分配"与"按资分配"相统一的原则，把个人激励与工作绩效紧密挂钩，充分调动员工的积极性、主动性、创造性，正确处理员工与企业、近期利益与长期利益之间的关系，增强企业的凝聚力、生产力、竞争力。

（5）正确处理与其他企业的利益。企业在生产经营中，必然与其他企业发生供应链关系。企业应该守合同、讲信用、重信誉，营造一个良好的企业形象。

8.2 企业财务管理的环节

企业财务管理要通过一系列的相互联结的基本工作来完成，我们称之为企业财务管理环节。

8.2.1 制定财务制度

俗话说，没有规矩，不成方圆。财务制度是企业财务活动的规矩，是组织财务工作、规范财务行为的制度，也是实行财务监督的依据。财务制度具有法定效力，必须认真制定和严格执行。在我国，财务制度包括国家制定、颁布的财务制度。国家制定的财务制度，所有企业在组织财务工作和开展经营活动中都是要遵守的。它是规范企业财务行为的准则。国家财务制度一般是对企业财务管理提出原则性的要求，规定企业筹资的方式和方法，划分资金使用的形态，规定资金耗费的补偿，明确经营收入的计算，规范企业利润的计算与分配，规定财务报告制度等。企业的财务制度，是加强企业内部管理所需的规章制度，它应根据国家财务制度规定的原则和要求、国家的财务政策和有关的法规，规定企业内部生产经营活动中涉及财务问题的具体处理手续，以及必须共同遵守的财务收支要求。企业的生产经营活动遵循规定的财务制度，就可以避免企业的财务行为各行其是，也有利于根据财务制度的要求，加强管理，健全经济责任制，处理企业与各方面的财务关系。

8.2.2 做好财务预测

市场经济条件下的理财活动，具有许多不确定性和风险性。加强财务管理，提高企业经济效益，要求提高财务工作的预见性，避免盲目性，这就要做好财务预测。

财务预测就是根据有关财务的历史资料，依据企业生产经营的现实条件，考虑发展趋势，运用一定的方法，对未来的财务情况和经营成果做出科学的预计。企业通过财务预测，明确筹资和投资的规模，确定各方面经营活动的目标，诸如增加利润的目标，节约资金、加速资金周转的目标，提高资金利用效果的目标等，随之提出完成目标的相应措施，使企业的经营活动，通过各项目标的实现，取得较好的经济效益。

8.2.3 编制财务计划

企业的财务活动必须有正确的方向和明确的目标，否则，企业的财务活动就会误入歧途、陷入泥潭，更不用说提高企业的经济效益。因此，必须认真编制好企业的财务计划。财务计划是企业组织经营活动、检查经营活动及其效果的依据。企业经营活动中有关财务方面的目标，通过财务计划下达给各个部门，各个部门工作有目标，考核有标准。财务计划指标，是财务预测所规定经营目标的系统化、具体化。通过编制财务计划，各项财务指标之间密切衔接，对企业的生产经营活动起到指导和保证作用。

8.2.4 实施财务控制

众所周知，财务计划不可能自动实现。由于客观环境的不断变化，财务计划可能与实际情况不相符合，难免出现财务计划执行过程中偏离预期目标的情况，因此，必须进行财务控制。所谓财务控制，是指在财务活动中以财务计划为依据，对资金的具体运行情况进行日常的检查、监督、调节、纠正，以保证财务计划得以实现。财务控制必须要有控制标准，采取一定的控制方法，例如，制度控制方法、定额控制方法、计划控制方法。

8.2.5 着手财务分析

财务分析是根据企业财务报表、报告等有关资料，运用一定的分析手段，对企业财务活动过程和结果进行分析和评价的一种方法。常见的财务分析方法主要有：比较分析方法、比率分析方法、因素分析方法、平衡分析方法、综合分析方法等。进行财务分析的方式多种多样，既有定期分析，又有不定期分析；既有综合分析，又有专题分析。企业通过财务分析，不仅能够了解企业制定的经营目标和财务计划执行的过程和结果等情况，而且能够深入分析其形成原因、影响因素、影响程度，从而改善管理，提高效益。

8.2.6 进行财务检查

企业财务活动的过程与结果，能够反映企业的生产经营情况和最终成果，能够体现企业与有关方面的利益关系。因此，必须对企业的财务活动进行内部检查和外部检查。也就是说，要根据国家有关的法令、法规、政策、纪律、制度的规定，审查企业财务活动的合法性、合理性、经济性、有效性，揭示其存在的问题，拾遗补阙，及时采取措施，进行纠正和处理。因此，财务检查不仅能够维护国家利益、投资者利益、债权人利益、企业及其员工利益，而且能够促进市场经济健康、稳定、持续、和谐地发展。

企业财务管理的各个环节，存在着相对独立、相互联系、相互作用的关系，构成一个完整的循环过程。其中，制定财务制度是开展财务活动的前提、依据和保证；做好财务预测是财务管理循环的起点，是编制财务计划的基础和根据；财务计划是财务预测的继续和具体化，又是财务控制的标准和依据；财务控制是财务计划的有力保证和必然要求；财务分析是财务控制的发展，是对财务计划执行和完成情况的考核、评价；财务检查是财务制度得到贯彻执行的重要保障，是财务计划得以实现的不可缺少的条件。在此基础上，企业进行下一轮的财务管理循环，向更高级层次发展，如图 8-1 所示。

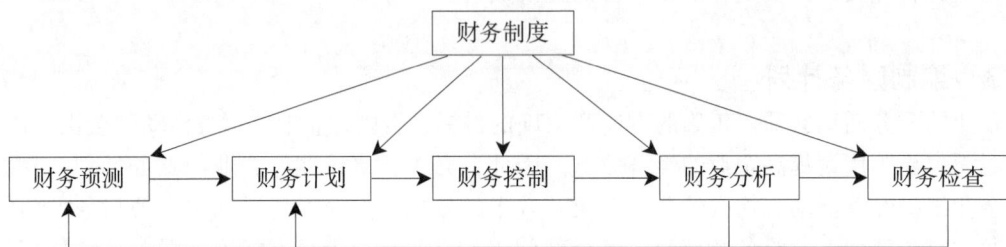

图 8-1　企业财务管理各环节的关系

8.3　现代企业财务管理的内容

8.3.1　企业筹资管理

企业筹资，是指企业根据其生产经营、对外投资以及调整资本结构的需要，通过资金市场等一定渠道，运用一定方式，经济有效地为企业筹集所需资金的财务活动行为，又称融资。

企业筹资在财务管理中处于极其重要的地位。企业筹资既是企业生产经营活动的前提，又是企业再生产顺利进行的保证。企业创办时，按照有关规定，必须要有一定的资本金，即企业在工商行政管理部门登记的注册资金，也就是企业进行生产经营活动的本钱。企业资本金按照投资主体不同，可以分为国家资本金、法人资本金、个人资本金、外商资本金等。企业筹资为投资提供了前提条件和物质基础。没有企业筹资，也就没有企业投资。

1. 企业筹资的原则要求

企业筹资是一项重要的工作，也是一项复杂的工作。因此，必须严肃认真对待，严格遵循企业筹资原则。其内容有：

（1）满足资金需要。资金是企业正常生产经营的最基本条件。资金需要量有一定限度。一方面，资金不足，就会制约生产经营的正常进行，影响企业的生产经营目标的实现；另一方面，资金过剩，就会造成资金积压浪费，降低资金的利用率。因此，企业必须确定合理需要。所谓合理需要，就是保证企业生产经营正常进行所必需的资金占用数量和结构。

（2）节约资金成本。企业筹资，无论选择什么资金渠道、采取什么筹资方式，都要付出代价，即资金成本。不同的筹资渠道和方式，其资金成本是不同的。在一定条件下，资金成本的高低是选择筹资渠道和方式的主要标准。企业必须以尽可能低的资金成本筹集生产经营所需的资金，从而为取得好的筹资效果创造条件。

（3）负债结构合理。企业的资金由两个部分构成：一是自有资金，二是借入资金。借入资金占全部资金的比例称为负债率。负债率高低对企业的收益与风险具有直接影响。负债利息在税前计入成本费用，能够抵税。因此，如果资产报酬率大于负债利息率，则可以适当提高负债比例。由于资产报酬率不确定，高负债必然伴随高风险。如果资产报酬率下降，资本收益率就会大幅度下降，导致企业无力还本付息，以至于破产。因此，企业必须合理安排借入资金与自有资金的比例，降低财务风险。

具体要求是：

①合理确定资金的需要量和需求结构，提高筹资效果。

②恰到好处地取得资金，保证资金投放的需要。

③保持自有资金与负债资金的适当比例，科学安排举债。

④认真选择筹资渠道和方式，力求降低资金成本。

2. 企业筹资的渠道

筹资的渠道是指企业取得资金的来源方式和途径，也就是企业的资金来自何方。目前，我国企业的筹资渠道主要有下列七种：

（1）国家财政资金。国家财政资金是国家以一定形式投放到企业所形成的资金。它是我国国有企业最主要的资金来源。国家财政资金可以分为三种形式：①无偿拨款；②有偿使用周转金贷款；③企业"税前还贷"或者减免各种税款形成的资金。

（2）银行信贷资金。银行信贷资金是银行对企业的贷款而形成的资金。它是我国目前企业最为重要的资金来源。中国工商银行、中国建设银行和中国农业银行等商业性银行是以赢利为目的的、从事信贷资金投放的金融机构，主要为企业提供各种商业贷款。国家开发银行、中国农业发展银行和中国进出口银行等政策性银行能够为特定企业提供政策性贷款。

（3）非银行金融机构资金。非银行金融机构主要是指信托投资公司、证券公司、保险公司、租赁公司、企业集团的财务公司等。非银行金融机构提供信贷资金投放、物质融通、为企业承销证券等金融服务。

（4）其他企业资金。其他企业资金主要是指其他企业在生产经营过程中的闲置资金。这部分资金可以出于一定目的而相互投资。企业之间的购销业务可以通过商业信用方式完成，从而形成债务人对债权人的短期信用资金占用。

（5）居民个人资金。居民个人资金是指企业员工和居民个人的节余货币，作为"游离"于银行以及非银行金融机构之外的个人资金，形成民间闲置资金。这部分资金可以通过购买公司股票或企业债券的形式对企业进行投资，形成企业资金的又一来源。

（6）企业自留资金。企业自留资金是企业内部通过计提折旧、提取公积金和未分配利润等渠道所形成的资金。企业自留资金不需要以任何方式去筹集，而是在企业生产经营活动中直接从企业内部自动生成或转移。

（7）外商资金。外商资金是外国投资者以及我国港、澳、台地区的投资者投入的资金，是外商投资企业的重要资金来源。

3. 企业筹资的方式

筹资方式是企业筹资所采取的具体形式。企业筹资管理的重要内容是如何针对客观存在的筹资渠道，选择合理的筹资方式。目前，我国企业的筹资方式主要有如下六种：

（1）吸收直接投资。吸收直接投资是企业按照"共同投资、共同经营、共担风险、共享利润"的原则，以协议形式直接吸收国家、其他企业、个人、外商直接投入的资本金。其形式有：①吸收国家投资。它主要是财政拨款而形成的国家资本金。它是国有企业的重要资金来源。②吸收法人投资。它是法人单位以其依法可以支配的资产投入企业。目前，它主要是法人单位在横向经济联合时所产生的联营和相互之间购买股票的投资。③吸收个人投资。个人投资是个人以合法财产投入企业而形成的个人资本金。④吸收外商投资。

（2）发行股票。发行股票是股份有限公司获取自有资金的重要方式。股票是股份有限公司发给股东证明其在公司投资入股、取得股息的一种有价证券。其种类有：①普通股。它是普通股股票的简称，是股份有限公司发行的具有管理权、股利不定的最基本的股票。也就是说，它是权利最大、风险最大的一种股票。②优先股。优先股是指优先于普通股股东分配利润和取得公司剩余财产的一种股票。它有固定的股利，又具有与债券利息、赢利分配和剩余财产求偿优先相似的特征。

（3）银行借款。银行借款是银行根据借款合同向有关银行和其他金融机构借入的、需还本付息的款项。其种类有：①短期借款。其主要目的是解决企业经营周转中的资金需求，具有重要性仅次于商业信用的特点。优点是灵活、简便，但是成本高。②长期借款。长期借款主要是解决企业购建长期资产的资金需要。长期借款具有筹资快、成本低、弹性好等优点，当然也存在财务风险大、限制条款多、筹资数额有限等缺点。

（4）发行债券。债券是社会经济主体向投资人出具的、到期还本付息的债权债务凭证。债券有各种各样的类型，例如，记名债券与无记名债券；可转换债券与不可转换债券；信用债券、抵押债券和担保债券等。

（5）融资租赁。租赁是出租人在承租人给予一定报酬的条件下，授予承租人在约定时间内占有和使用财产权利的一种契约性行为。目前，在我国，租赁主要有两大类：①经营租赁，也称为营运租赁或服务租赁。它是出租人向承租人提供设备等固定资产，并负责提供服务、收取租金的业务。经营租赁属于短期租赁。②融资租赁，又称为财务租赁或资本租赁。它是出租人按照承租人的要求购买设备，在合同规定的时间内长期提供给承租人使用，并以分期收取租金的形式收回资产价值的一种信用行为。它负责提供服务、收取租金的业务。

（6）商业信用。商业信用是企业之间在商品交易中以延期付款或预收货款形式而形成的借贷关系。它是在交易中，钱与物在时空上分离而产生的企业之间的直接信用行为。它是短期资金的筹资方式。商业信用的种类，主要包括应付账款、应付票据、预收货款等三种。

4. 筹资风险与筹资决策

（1）筹资风险。筹资风险就是财务风险，是企业为取得财务杠杆利益而利用负债资金时，增加了破产机会或普通股利润大幅度变动的机会所带来的风险。

企业借入资本是为了使税前的投资报酬率高于借款利率，为企业带来额外的税后净利。如果税前的投资报酬率低于借款利率，企业的税后净利将受到额外的损失。例如甲、乙公司的资金结构与筹资风险如表8-1所示。

表 8 - 1　甲、乙公司的资金结构与筹资风险

单位：万元

项目	甲公司	乙公司
普通股	100	50
利息率为 8% 的债券	0	50
资金总额	100	100
计划息税前利润	10	10
实际息税前利润	3	3
借款利息	0	4
税前利润	3	−1

由此可见，甲公司由于没有负债，也就没有筹资风险；乙公司却有负债，当实际息税前利润比计划息税前利润减少时，就有了比较大的筹资风险。如果该公司不能及时扭亏为盈，则可能会导致公司破产。

（2）筹资决策。所谓筹资决策，就是根据企业的财务目标和需要，拟订、分析和选择最优投资方案，即寻求能使加权资金成本最低、企业价值最大的最佳资本结构的过程。从理论上讲，最佳资本结构是存在的。但是，由于影响资本结构的因素很多，而且各种因素具有很大的不确定性，在实务中非常准确地计算出企业某一时期的最佳资本结构几乎是不可能的。事实上，最佳资本结构只能是大致综合各种影响因素而建立起来的一个目标资本结构，它与实现企业目标所要求的目标资本结构趋向一致。确定最佳资本结构，其核心就是安排最合理的负债比率，采用科学的方法，包括定性方法和定量方法，可以确定一个能够保证实现企业财务管理目标的最佳资本结构。

8.3.2　企业投资管理

顾名思义，投资是投放资金。企业投资，是指企业经济主体为了在将来一定时期获取投资收益或降低风险而投放资金于特定对象的经济行为。企业投资是企业财务活动的重要组成部分，它是使企业的资源达到最佳配置，企业的生产要素达到最优组合的一种经济行为。

1. 意义

企业投资是企业不可缺少的一种经济活动，其成败与否，直接关系到企业的生存和发展，具有十分重要的意义。其具体表现在如下几个方面：

（1）企业投资是企业取得利润、实现财务管理目标的基本前提。企业财务管理的目标是实现企业价值最大化，为此，必须采取各种措施增加利润，降低风险。企业的资金只有投放到生产经营中，成为生产经营要素并且与劳动力相结合，才能实现增值。

（2）企业投资是企业发展生产、持续经营的必要手段。企业无论是维持生产经营，还是拓展生产经营，都必须进行一定的投资，例如购建厂房、购置设备等固定资产投资；开发新产品、新技术、新材料、新工艺的投资；开发人力资源、提高员工素质的投资；购买其他企业的股票、债券的投资等。只有投资，才能广开财源，持续发展。

（3）企业投资是调整结构、降低风险的重要途径。企业将资金投向生产经营的关键环节或薄弱方面，能够使企业各种生产经营能力配套、平衡，形成更大的综合生产能力。企业把资金投向多个行业，实行多角化经营，则更能增强企业销售和盈余的稳定性。

2. 企业投资的原则

（1）市场调查原则。在市场经济体制下，投资的机会不断变化，最主要的是受到市场需求变化的影响。如果不进行调查，必然出现投资方向错误、投资决策失误等重大问题，严重影响企业生产经营正常进行，甚至导致企业破产。例如，巨人集团投资建设巨人大厦就是惨痛教训。

（2）目标正确原则。企业投资应该具有明确的、正确的目标。企业投资的目标一般有：①利用短期闲置资金，提高资金利用率，获取短期投资收益；②增强竞争能力，控制相关企业；③扩大经营规模，拓展经营范围，增强企业实力。

（3）可行性分析原则。风险在市场经济条件下总是存在的。企业的投资决策面临风险的选择。没有风险的决策不会有收益。因此，企业必须按照科学的决策程序，进行可行性论证。投资项目可行性论证主要是对投资项目法律上的允许性、技术上的可行性、经济上的有效性、环境上的保护性进行论证。

（4）收益风险原则。一般来讲，收益越大，风险也越大，风险与收益共存。因此，企业投资必须认真考虑险利、权衡利弊。只有在收益和风险达到最好的均衡时，才能不断增加企业价值，实现企业财务管理目标。

（5）内涵外延原则。企业经济增长不单是依靠外延投资或只依靠增加有形的生产要素，还必须走内涵式投资的道路。所谓内涵式投资，是指依靠先进的科学技术、提高劳动生产率、节约资源的方式进行投资。例如，技术创新、注重无形资产、投入智力支持等。

3. 短期性投资管理

短期性投资，又称流动资产投资，所形成的资产就是流动资产，包括现金、短期投资、应收账款、存货等。科学合理地进行短期性投资，有利于充分有效地发挥现有流动资产的使用效率；有利于提高流动资产的运营能力；有利于扩大生产规模；有利于增强流动资产的流动性和偿还能力，降低财务风险，进一步提高流动资产的报酬率。

（1）特点。短期性投资具有下列主要特点：①变现能力强。流动资产通常是在1年内的一个营业周期内变现的，是偿还流动负债的资金来源。其中，现金的流动性和偿还性最强，短期性投资能够在短期内以现金形式收回。②流动资产占用的可变现性与并存性。流动资产的形态随着生产经营的延续而不断改变，各种形态又同时存在。③流动资产周转的频繁性。流动资产周转的频率大大超过其他资产。

（2）短期性投资的策略。短期性投资的策略有三种：①冒险型策略。所谓冒险型策略，是指企业对流动资产的投资只保证流动的正常需要，不保留或保留较少的保险储备量，以最大限度地降低流动资产占用水平，提高企业投资报酬率。②保守型策略。与冒险型策略相对应，保守型策略，是从稳健经营的角度出发，在安排流动资产时，除保证正常需要和必要的保险储备外，还安排一部分额外的储备，以最大限度地降低企业可能面临的风险。③折中型策略。相对前面两种策略而言，折中型策略是在保证流动资产正常需要量的情况下，适当保留一定的保险储备量，以防不测的组合策略。

（3）短期性投资管理的内容。其内容有：①现金管理。现金是指立即能够投入流通的交换媒介，它包括库存现金、银行存款、银行本票、银行汇票等。现金具有普遍的可接受性以及最强的流动性等特点。在市场中，现金能够立即变现而获得所需的商品。但是，现金的获利能力最弱，过多的现金存量，会降低企业的赢利水平。但是，如果现金存量过少，又会出现现金短缺，增加财务风险。②应收账款管理。应收账款是企业以赊销方式销售产品或提供劳务所形成的尚未收回的款项。企业应该掌握好信用标准，对客户的信用、能力进行正确评估；应该采取正确的信用条件，加快货款的回收，尽量减少坏账、呆账损失；应该建立坏账准备金制度。③存货管理。存货是指企业为销售或使用而储存的各种物资。存货包括原材料、燃料、包装物、低值易耗品、在产品、产成品、外购商品等。存货管理的方法主要有：A. 确定合理的存货结构；B. 保持最佳的存货批量。

4. 长期投资管理

长期投资包括内部投资与外部投资。内部投资包括固定资产、无形资产、递延资产和其他资产投资；外部投资主要包括股票投资、债券投资和其他投资。在此，就固定资产投资管理及证券投资管理的有关内容进行介绍。

（1）固定资产投资管理。其特点有：①形态固定性。固定资产在生产经营中保持原有物质形态不变。②计提折旧性。固定资产在生产经营过程中会产生磨损，价值分次、分批转移到产品上。③单位价值较大。固定资产单位价值在规定的标准以上。

（2）证券投资管理。其内容有：①股票投资。A. 风险的分析。多种证券的报酬高低、风险大小的相互抵消可以使证券组合在特定收益水平的条件下保持风险最低或收益最大。B. 收益的评价。股票的收益包括两个部分：一是股利收益；二是股本利得收益，即售价与购价的差额。股票投资收益的评价，是通过计算股票价值（预期未来现金流入量的现值）并将其与股票市场比较，从而决定是否买卖或持有股票。②债券投资。A. 投资风险。虽然债券利率一般固定，但是债券投资仍有风险，包括违约风险、利率风险、购买力风险、变现力风险和再投资风险。B. 投资收益。债券投资收益水平的指标是债券价值和到期收益率。债券价值是债券预期未来现金流入量的现值。只有债券价值大于购买价格时，才值得购买。到期收益率是债券购买后一直持有到到期日可获得的收益率。

8.3.3 企业收利管理

1. 收入管理

（1）内容。收入，又称营业收入，是指企业在销售商品或提供劳务等经营业务中实现的价值收益。营业收入由主营业务收入和其他业务收入所构成。主营业务收入，是指企业从事主要经营活动取得的收入。其他业务收入是指企业在主要经营活动外从事其他业务活动取得的收入。收入是衡量企业生产经营成果的重要标志，是企业再生产的必要条件，是企业利润的主要来源。

（2）收入的确认。企业应该按照权责发生制原则，确认收入的记账时间。其主要标志：一是商品或劳务物权转移；二是价款已收或取得收款权利。

2. 利润管理

利润是企业在一定时期内实现盈余的一种表现形式，它集中反映了企业生产经营活动各个方面的经济效益，是企业最终的财务成果，也是衡量企业生产经营管理的重要综合指标。

（1）利润形成。利润是企业在一定时期的经营成果，包括营业利润、投资利润和营业外收支净额。

$$利润总额 = 营业利润 + 投资利润 + 营业外收支净额$$

（2）利润分配。企业实现的利润，在缴纳所得税后的净利润，就是可供分配的利润。利润分配的内容及其顺序：①支付罚没款；②弥补以前的年度亏损；③提取法定盈余公积金；

④提取公益金；⑤向投资者分配利润。

（3）利润管理。其内容有：①制定目标利润。A. 基期利润调整法。它就是在上年实现利润的基础上，结合计划期有关因素变化及其趋势进行调整计算确定。B. 量、本、利分析法。它是利用销量、成本、利润之间的相互关系，分析计划期各指标变化趋势，确定目标利润的一种方法。

$$目标利润 = 销售收入 - 变动成本总额 - 固定成本总额$$
$$= 单价 \times 销售量 - 单位变动成本 \times 销售量 - 固定成本总额$$

由此可见，企业利润的大小主要受到单价、销售量、单位变动成本与固定成本总额等因素的影响。在已知这些因素的情况下，就可以根据这个基本公式进行目标利润计算，或者在确定了目标利润的情况下，就能够确定上述因素如何变动才能保证目标利润来源的实现。②增加利润途径。A. 扩大商品销售；B. 降低经营成本。③提高产品质量。④优化产品结构。⑤节约期间费用。

【个案】

春兰集团的奇迹与资本扩张

春兰集团如今已发展成为一个由家电、自动车、国内贸易、海外国际投资和电子信息五大产业集团构成的多元化、国际化、高科技化的实力雄厚的大型企业集团。早在 2002 年，前四个产业集团的销售额就已达 200 亿元。成功的秘诀是什么？

1. "三招"切入资本市场

第一招：上市吸纳社会资金。上市融资并不是春兰进入资本市场的主要形式。从春兰股份中，春兰集团还是获得了丰厚的回报。在春兰股份扩张的时候，春兰集团的控股权也不断稀释。通过向第二大股东泰州市国有资产经营有限公司转让部分股权，又成功回笼 2 亿多元现金，同时依然保持第一大股东的地位。

第二招：收购弱势企业。从 20 世纪 90 年代开始，春兰兼并了当地十来个厂家，道路不仅是强强联合，而且有强弱整合。2002 年，南京春兰汽车股份有限公司的卡车销售量达到 1 万多辆，成为全国第三大卡车供应商，每辆卡车售价在 14 万元至 17 万元之间。

第三招：与国内外资本合作。在春兰集团总部七八十亿元的净资产中，有一半是以现金或类似现金的形式存在的。在投资一些大项目时，春兰往往会与国内外资本合作，成立合资企业，做"短平快"项目，迅速收回投资。春兰的受控代理制实际上是巧借外力获得短期资金的一种方式。与代理商签署合同，可以定期定额从代理商处获得预付货款。每年通过受控代理制回笼的资金超过 50 亿元。与银行贷款相比，这种方式的风险和成本都很低，这才造就了春兰只有 38% 的负债率。

2. 安排资金流

1995 年春兰拟投资近 10 亿元建立春兰研究院，并确立了 11 个主攻项目。2002 年 9 月，春兰宣布成功研发了"高能动力镍氢电池"。这是春兰自行研发的核心技术。该技术投资超过 2 亿元，研发时间超过 6 年。

3. 学做 GE 投资

春兰目标是学习 GE，把春兰建成世界著名的多元化公司。目前，春兰集团 40% 的销售是通过出口实现的。像 GE 一样，春兰通过投资公司，实现这部分投资的保值增值，并把资本转化成能够支持产业发展的新动力。

【案例分析】

春兰的发展与资本运作密不可分。正是成功的资本经营，使得企业迅速扩张。实践证明，只有将有形与无形的资本都调动起来，发挥效力，才能实现快速发展。春兰集团的资本运作之所以能够创造奇迹，还在于：

（1）认识明确。把产品经营提高到资本运营的高度来运作，为资本扩张夯实了基础。

（2）重视有形与无形的资本的优化组合，在兼并重组时注入了春兰的管理模式和品牌等无形资产，使原来严重亏损甚至破产的企业在短期内能够全部扭亏为盈，资产获得十几倍甚至几十倍的增长。

（3）在资本运作过程中，实行"多路并进"，不仅直接参与国际投资、国际贸易和进出口业务，而且在海外建厂，设立信息收集和科研机构。

思考提示：

1. 春兰集团是怎样进行不间断资本扩张的？

2. 春兰集团是怎样把握"低成本扩张"原则的？

3. 春兰集团在资本运作过程中是怎样实行"多路并进"的？

4. 学习本案例后你对资本运营有何新的认识？

5. 春兰集团的成功事例对于中国企业发展有何启示？

【本章小结】

企业财务管理是企业管理的重要内容之一。

本章围绕资金这一构成企业财务活动的基本元素，论述了企业财务基本内涵的两大部分——财务活动与财务关系，由此介绍了企业财务管理的主要内容及其特点和意义，提出了企业财务管理的目标、原则和任务，讨论了现代企业财务管理的思想理念，分别论述了企业筹资管理、投资管理和收利管理这三大财务管理的重大意义、管理内容、种类特点、决策方法及其典型运用。其中，在企业筹资中，本章介绍了企业资本金概念、决策因素、决策方法及其案例分析；在企业投资中，介绍了企业投资种类、内容、特点和管理方法；在企业收利中，介绍了企业收入的构成及其确认、利润构成及其分配顺序和内容、利润增加的主要途径。

【关键术语和概念】

财务　资金　收入　利润　风险　资本金　筹资　投资

【练习题】

1. 何谓企业财务管理？企业财务各环节之间有何关系？

2. 如何理解企业财务目标及其理财原则？

3. 你认为现代企业的发展需要什么样的理财理念？

4. 企业家如何面对筹资风险与投资风险的挑战？

5. 企业筹资决策分析的主要方法有哪些？

6. 企业在筹资中有哪些筹资渠道和方式？其关系如何？企业在筹资中应注意哪些问题？

7. 现代企业如何科学地进行投资组合？你能够提出哪些组合方式？

【补充阅读】

1. 周三多，陈传明，鲁明泓．管理学．上海：复旦大学出版社，2002.

2. 李道明．财务管理．北京：中国财政经济出版社，2003.

3. 李海波，刘学华．企业管理概论．上海：立信会计出版社，2003.

9 现代企业管理者

◉ **本章学习要点**
    1. 了解管理者的职责和作用。
    2. 认识管理者的管理艺术和方法。
    3. 掌握提高管理者素质的途径和要求。

◉ **本章学习内容**
    1. 现代管理者的概念、职责及作用。
    2. 现代管理者的素质与培养。
    3. 管理者的管理艺术与风格。

◉ 个 案
◉ 案 例 分 析
◉ 本 章 小 结
◉ 关 键 术 语 和 概 念
◉ 练 习 题
◉ 补 充 阅 读

    现代企业管理者是企业的中坚，犹如航行在市场经济大海上轮船的船长，指挥轮船战胜风浪驶向胜利的彼岸。本章着重研究企业管理者的职责，其应具备的素质和能力，以及培养的途径和方法，为培养一代又一代优秀的企业家提供理论指导和帮助。

9.1 现代企业管理者概述

9.1.1 现代企业管理者的概念

    现代企业管理是指企业经营管理者群体按照经济规律的要求，依照现代管理的原则、程序和方法，对企业的生产经营活动进行计划、组织、指挥、协调和控制，以实现企业经营目标的过程。这个过程是由一群才华出众的管理人员，运用现代管理的基本职能，领导其他工作人员努力完成企业的经营任务实现的。由此可见，管理者在管理过程中应是一批出类拔萃的优秀人物，他们在企业员工中居于主导地位，他们有责任将员工的行为引向共同的奋斗目标；有能力履行管理的各项职能，完成既定的任务；有办法加强与市场各种关系的协调和处理，充分运用和配置社会的多种资源为企业服务。可以这样认为，凡在现代企业中对全体员工的生产经营活动进行计划、组织、指挥、协调和控制的人就是现代企业的管理者。

现代企业管理者之间尽管因岗位、职责、权力的不同存在多种差别，但他们的共同点在于：①从企业管理的地位上看，他们都是某个部门的领导工作者；②从企业承担的职责上看，他们要领导其部下提高工作效率或劳动生产率，以实现企业的经济效益目标；③从企业的所有工作中看，企业管理者的工作是最重要的，因为管理者是做人的工作，调动员工的积极因素，挖掘他们的潜能，发挥他们的聪明才智，带领他们战胜困难，争取企业的生存和发展，所以其工作难度最大，工作最为复杂。

现代企业管理者与企业家之间，有人认为可以画等号，经理、厂长就是企业家，这是一种错误认识。企业管理者一般具有较出色的某种专业的管理能力和较多的实践经验，但对市场环境因素的变化及趋势的判断力可能有限；而企业家不仅具备较全面的管理才干，还具有对客观环境的应变力、洞察力、决断力，承担风险的勇气和创新精神，能使企业在复杂、激烈的市场竞争中立于不败之地。因此，企业管理者只有通过努力学习，不断磨炼，善于把握时机，遵循经济规律和市场规则，战胜风险，增长能力，才能逐步成长为企业家。

现代管理者在企业中一般分为高层、中层和基层三个层次的管理者，分别承担企业管理工作中不同的职责。以公司制企业为例，具体表现如下。

1. 高层企业管理者即董事会的职责中最重要、最突出的职责是决策

这是因为在管理过程中，决策是整个管理工作的重点。有专家指出，企业靠经营，经营靠决策，决策正确与否，事关企业的兴衰成败。高层管理者必须实施科学民主的决策，确保企业能持续、稳定、健康地发展，因此，高层管理者须广泛收集信息，及时准确地做出选择和判断，在事关企业生存与发展的重大问题上精心策划方案，群策群力，发挥专家的聪明才智，使企业战胜困难，渡过危机，取得成功。

2. 中层管理者即厂长、经理的职责是将高层董事会的决策变为实际的行动

因为在管理过程中，董事们一旦对企业的重大事项，如新设备的购进做出决策，执行工作就要全力紧跟。厂长、经理就须按照决策方案的目标要求，制订切实可行的计划，合理调配人、财、物、时间等多种资源，加强指挥与协调工作，对管理工作的目标、分工协作、步骤、措施、时间、地点、设备等做出全面详细的安排，保证企业管理的各项工作能有序地运行，围绕企业经营目标各司其职，各尽其能，提高效率，以最小的投入获取最大的效益。

3. 基层管理者即各部门主管的职责主要是负责分管各部的具体职能及工作

他们执行中层管理者按计划交付的指标和任务，组织基层的各项资源包括员工、原材料、设备和场地，从事产品生产与销售；解决生产经营中发生的困难和问题，检查下属的工作情况和进度，改进管理工作，提高生产或工作效率；保持与中层管理者的信息沟通，保证整个企业的生产经营活动能持续、稳定地运行，顺利地实现企业的目标和各项任务。

9.1.2 现代企业管理者的作用

在现代企业中,管理者处于主导地位,起着极为重要的领导作用。其主要体现在:

1. 现代管理者是企业生产经营活动的带领者

企业管理者率领全体员工为完成企业任务,实现企业经营目标而自觉地开展一系列的生产经营活动。在企业这些活动中,管理者通过计划、组织、实施、控制的管理程序及管理方式,对人、财、物等基本资源和管理要素进行充分合理的配置,投入生产经营的管理活动之中,通过管理职能的作用,实施有效的转换、加工,达到企业最佳的经济效果和社会效益的统一。企业员工作为人力资源被投入生产经营活动之中,接受企业管理者的安排,分工协作,坚守岗位,承担管理者分派的各项工作及任务,敬业爱岗,完成本职工作,还要按照现代企业管理关于个人、集体及社会利益最佳结合的要求,协同配合其他岗位或部门,做到被控和自我调控相统一,从事现代社会化大生产,实现共同的目标和任务。

2. 现代管理者是企业员工的积极性和创造力的发动者

企业管理工作都是在管理者与员工之间相互联系和相互作用的过程中进行的,其实质是一种人际关系。人际关系处理的好坏,将关系到企业的生死成败。因此,管理者须以极大的热情关心员工、爱护员工,为员工营造健康的心理环境、良好的人际关系、真诚的企业氛围,使员工真实感受到企业像一个大家庭,大家都是一家人,充满家庭的和谐与温馨。在这个温暖的集体里,企业员工有用不尽的智慧和力量,团结一心,群策群力,战胜各种困难和风险。要达到这样最佳的人际状态,管理者须采取有效的激励机制和措施,制定奖罚分明的制度,运用思想教育、法律、经济、行政多管齐下的管理方法,使企业员工有章可循,明确目标,齐心协力,完成任务;更重要的是管理者要以身作则,吃苦在前,享受在后,使员工见贤思齐,学有榜样,听从管理者号召,服从管理,全力以赴地投入企业的生产经营活动中。

3. 现代管理者是企业实现目标、承担社会责任的主导者

企业管理者以实现企业的经营目标为己任,通过对企业员工的管理,加强双方之间的通力合作,上下一心,生产价廉物美、适销对路的商品,或者提供优质、让顾客满意的服务,创造良好的经营业绩,并且通过诚实生产经营活动,取信于社会,树立良好的社会形象,承担起振兴国民经济、推动社会进步的社会责任。然而,市场需求是千变万化的,社会资源是极其有限的,现代企业管理者要尽可能做到以最有限的各种资源,创造出最佳的经济效果,这是对企业管理者最大的挑战和考验。对此,一个成熟的企业管理者要善于细察外部的环境条件,随时预测和掌握它的变化,采取相应的对策,因势利导,化险为夷,率领企业这艘航船乘风破浪,扬帆远航,才能对社会做出应有的贡献。现代企业管理者要深刻懂得这个道理:"得民心者得天下",一个企业只有获取消费者的信任,才能得到消费者的支持和拥护,才能在市场上站稳脚跟,企业才能实现持续稳定的发展。而那些贪图一时之利、生产假冒伪劣产品坑害消费者,背离社会的道德和责任的企业,最终要受到法律的制裁和消费者的唾弃而身败名裂。

9.1.3 现代企业管理者团队

现代企业在市场经济的大海中好比是驶向彼岸的航船,时时都有可能遇到狂风巨浪的袭击而沉没。在这极其复杂的环境中,要能战胜风险,走向成功,单靠船长一个人的力量是远远不够的,必须要有一个坚定沉着、无比团结、经验丰富的战斗团队。这个现代企业管理者团队的成员能互相配合协调，他们在能力、才干、素质等方面都各有千秋，但能优势互补，相得益彰，将个人的力量凝聚成整体的团力，并迸发出新的巨大的能量。这就需要管理者团队的结构科学合理，即把不同素质和能力的管理者有机地组合起来，成龙配套，各显其能，发挥潜力，最终体现团队强大的战斗力。这种科学合理的团队结构主要体现在以下四方面。

1. 现代企业管理者团队的年龄结构

现代管理者团队要求年轻化。这主要是因为各级企业管理者应能胜任各种复杂而繁重的管理工作，战胜各种困难和风险，完成企业艰巨的任务和实现生存与发展的目标。因此，企业管理者必须要年富力强，精力充沛，充满活力，在年龄结构上形成梯队，即老、中、青三代结合，以中青年为主。中年管理者经验丰富，办事稳重，工作娴熟，青年管理者思想活跃，奋发有为，敢想敢干，加之老年管理者深谋远虑，运筹帷幄，提供智力支持，使企业管理者团队既保持旺盛的工作激情，又有利于企业继往开来，新陈代谢，后继有人。

2. 现代企业管理者团队的知识结构

现代企业管理是在一个充满错综复杂、优胜劣汰的市场环境中去谋求生存和发展的，其管理者的工作稍有不慎，可能危及企业的命运，只有掌握科学文化知识，才能把握市场的机会，改变企业的命运。因此，企业对企业管理者尤其是企业高级管理者的知识广度和深度都提出很高的要求，以保证实施有效的管理，管理者才能得到被管理者的敬重和信任。毛泽东同志说过，一支有文化的军队，才能战胜强大的敌人。同理，在知识经济的年代，一个有知识文化的企业管理者团队，才能带领全体员工争取光明的发展前景。在现阶段，要成长为一个优秀的管理者，应具备经济管理、社会心理学、专业技术、政治与法律等方面的知识，并能在企业管理的实践中熟练地运用多学科的知识和经济社会发展规律，解决各种问题，使企业的发展达到一个更高的阶段。

3. 现代企业管理者团队的专业结构

现代企业管理者团队应由各种专门的优秀人才所组成，形成一个优势结合的群体，在这个具备专业优势的管理者团队中有懂生产、懂经营、懂技术、懂理财、懂法律、懂后勤、懂公共关系等的专业人才，他们能合作共事，同舟共济，配合一致，创造更高的工作效率和经济效益。企业管理者还要成为复合型的管理人才，提高自己的科学知识素养，能文能武，智勇双全，才能在现代科学技术、管理水平不断发展提升的今天，跟上时代的步伐，创造出引人注目的经营业绩和对社会丰厚的贡献。

4. 现代企业管理者团队的能力结构

一个卓越的现代企业管理者团队应具备洞察市场变化、随机应变的能力；识别风险、出谋献策、战胜危机的能力；团结全体员工休戚与共、共同奋斗、处理好人际关系的能力；开发新产品、开拓新市场、扩大产品销路的创新能力；敢于竞争、不惧困难、善于学习、与时俱进的能力等。现代企业管理者团队只有具备多方面的能力，才能应对复杂的挑战，抓住机遇寻求企业发展的广阔空间。企业管理者的能力要通过与各种困难的斗争，吸取正反两个方面的经验教训才能磨炼而成；要在与其他企业管理者的共同奋斗中，善于向有专长的同人学习，取人之长，补己之短，保持关系融洽和谐，相互补充配合，以形成一个坚强的战斗集体，使企业在市场经济的风浪中永远立于不败之地。

9.2 现代企业管理者的素质与培养

在现代企业中，管理者特别是高级管理者处于重要的地位，其素质的高低对于企业的成败起着关键的作用。对此，企业管理学须深入研究和探讨，以求更好地指导企业管理者提高自身的综合素质。

9.2.1 现代企业管理者的标准与要求

管理者的素质是指企业管理者具备的特征和能力，既包括遗传性的心理和生理方面的特征，又包括在成长过程中通过实践锤炼，学习知识，接受家庭、企业和社会多方面的教育逐渐积累而形成的思想意识、习惯和才干。现代企业管理者的素质就是从事企业管理工作所必须具备的素养、品质和能力。现代企业对管理者的素质提出了很高的要求，这是由以下原因决定的：

1. 现代企业的运营机制要求企业管理者具备高素质

现代企业运用高新技术，从事标准化生产，劳动者分工精细，协调工作复杂，市场需求变化繁多，各种生产要素和资源的供给十分有限，在这样的条件下，企业管理是一项十分复杂的生产经营活动，管理者只有具备高素质，才能担当此项任务，保证现代企业持续稳定地营运。

2. 现代企业发展目标的实现须依靠高素质的管理者

现代企业在现代社会承担着重大的社会责任，不仅是创造物质文明、生产社会需求的产品和提供最优的服务，而且不断创造精神文明。一方面要树立企业良好的社会形象，关心社会的公益事业，推进社会各项事业的进步和繁荣；另一方面要培养出优秀的员工，成为社会成员的榜样，推进社会风气的好转，维护社会的秩序和社会公德，展示现代企业良好的精神风貌。这就要求企业管理者的素质高、品质好，只有这样才能明确企业所肩负的责任，不辱使命，促进现代企业精神、物质文明的双丰收，并获得社会大力支持而取得更快的发展。

3. 现代企业实力的增强和员工的福祉有赖于卓越的管理者

现代企业不但谋求近期的发展，而且要着眼于长远目标，成为百年以上的长盛不衰的企业，这就需要有很强的实力，并能源源不断地释放出来，使企业充满生机和活力；企业员工与现代企业同命相连，同舟共济，他们的命运、家庭的幸福都与企业有紧密的联系。为了企业的长远发展和员工的期望，现代企业须从人才市场或企业内部培养、选择、聘用优秀的管理者来打理企业，经营有方，不断创造出良好的经营业绩，使企业具有很强的发展后劲，并不断改善员工的福利待遇而使员工看到希望。因此，从某种意义上说，企业管理者的素质决定企业的命运。

9.2.2 现代企业管理者应具备的素质

现代企业管理者应具备哪些方面的素质和能力，目前世界上多种学派各执一词，尚无统一定论，尤其是像我国这样的发展中国家的企业管理者。随着经济的发展和社会的进步，现代企业对管理者素质的要求也与时俱进。现阶段，我国诸多企业正跨进现代化的行列，对其管理者的素质要求主要体现在：

1. 思想作风素质

现代企业管理者应具有较高的思想作风素养。具体来说，在思想方法上，应有正确的发展观、世界观和方法论，能正确、全面、系统地分析企业面临的客观环境因素，实事求是地对企业进行准确的市场定位和明确企业的发展方向。在思想观念上，要树立市场观念、竞争观念、创新观念、进取观念、改革观念等，只有不断更新观念，才能跟随时代的发展而走向成功。在思想意识上，要具有市场经济是法制经济的意识，要遵纪守法，合法经营，按市场规则从事企业的商业活动；要具有市场经济是诚信经济的意识，要诚实经商，信用为重，不能坑害、欺诈消费者；要具有全心全意地为用户服务的意识，一切为用户着想，企业的收益是为用户服务的合理回报，只有服务优良，才能赢得市场。在思想作风上，企业管理者应具有深入实际、调查研究的作风；廉洁自律、奉公守法的作风；心系群众、密切联系群众的作风；开拓进取、雷厉风行的作风；谦虚谨慎、艰苦奋斗的作风。企业管理者的作风是否正派，关系到能否赢得民心。

2. 道德品质素质

现代企业管理者应有良好的品质，模范地遵守社会公德、职业道德和家庭道德。管理者应"以道为心，为将重德"，以高尚的道德品质作为抵御歪风邪气的重要防线，在员工中树立良好的形象和威信。只有道德品质高尚的管理者才对企业员工有号召力，以德服人，企业才能有光明的未来。为此，企业管理者要加强道德品质的修养和建设，做人诚实正直，光明磊落，胸怀坦荡；做事公道，秉公办事，信守合同，多干实事；宽以待人，热情相助，为人厚道，严于律己；对利益不斤斤计较，应收入合法，吃苦在前，享受在后；对企业克己奉公，忠于职守，敢于负责，临危不惧；对工作兢兢业业，一丝不苟，全力以赴等。对企业管理者的道德品质如何要求没有一个限度，但管理者须时时处处谨慎，点点滴滴积累沉淀，才能成为一个有道德的品行端正的优秀人才。

3. 知识业务素质

现代企业管理者须具有相当的科学管理、人文管理、企业管理等方面的知识和技能，才能出色地完成企业管理的艰巨任务。当今时代是信息爆炸、知识更新的时代，企业管理者要善于学习多方面的最新前沿的知识，如企业经营哲学、管理经济学、管理心理学、管理技术学、管理组织行为学、管理法律学、管理信息学等，这些都是以管理为核心、以企业为实践、检验和发展管理知识的学科，企业管理者只要潜心钻研这些知识，并运用到企业管理的实践中，就能极大地增长自己的聪明才智，就能具有战胜各种困难的能力和才干。企业永远是一个大课堂，企业管理是一部高深的教科书，企业管理者只有热爱企业，熟知企业运营的业务流程和规律，才能娴熟驾驭企业这艘航船驶向胜利的彼岸。

4. 身心健康素质

现代企业管理者尤其是高级管理者，每天从事大量繁重的工作，十分辛劳，承担很大的生理和心理压力，必须具备强健的身体和健康的心理，才能日理万机，处理企业繁杂的事务，将管理工作安排得井然有序，工作起来得心应手。企业管理者怎样练就健壮的体魄呢？他应坚持锻炼，多参与企业工会组织的群众体育健身活动；要在妥善安排好各项工作后，尽可能抽出时间，参加力所能及的劳动；要在企业建立强身健体的制度，自己要亲自带头锻炼，在企业中形成良好的锻炼身体的风气。只有通过劳动和锻炼，与员工同乐，并持之以恒，才能培育出良好的心态，保持乐观向上的情绪；维持和谐的人际关系；在困难挫折面前毫不动摇；珍惜与企业员工的真诚友谊；对企业发生的每一件新鲜的事物都有兴趣；热爱自己的岗位，尊重每个员工的劳动及其成果等。只有具有健康心理的企业管理者，才能有宽阔的胸怀，求贤若渴，从善如流，吸取众家之长，励精图治，改正不足，才能团结一切可以团结的力量，奋发图强，描绘企业发展的宏伟蓝图。

9.2.3 提高现代企业管理者素质的途径

现代企业管理者须经历各种艰难困苦和长期的磨炼，注重自我修养，再加上上级政策激励导向、市场选择及群众监督促进，才能促使自身综合素质的提高。具体的途径和方式有：

1. 企业管理者的自我修养、锤炼、成长

现代企业是个大学校，在这所学校里，管理者通过学习、进修、培训、考察等社会和企业实践活动，从书本、社会群众中吸取知识营养，逐步把自己锤炼成为具有较高素质和能力的现代企业管理人才。管理者可从以下几个方面加强学习：首先，从书本中学习知识，博览群书，善于领会和借鉴前人的智慧，与企业管理的实情相结合。尤其是要加强对新知识的学习，因为企业管理实现现代化，必然对管理者提出更新、更高的要求，如管理方法的数字化、管理手段的电子化、组织结构的系统化、商品生产经营的国际化，这些都需要管理者具有新的工作方法和新的管理技术，所以，企业管理者要努力学习多种理论知识和先进的管理技术。其次，企业管理者要向社会实践学习。"读万卷书，行万里路"，通过实践，拜群众为师，甘当群众的学生，听取企业员工改进企业管理的意见和建议，并身体力行，使企业管理真正体现"三个代表"重要思想。通过实践，向先进的企业管理者学习，博取众家之长，总结他们宝贵的成功经验，为我所用；还要向失败的管理者学习，吸取他们的教训，引以为鉴。通过正反两个方面的学习，尤其是向失败者学习，避免重蹈覆辙，这是无价之宝。最后，严于律己，总结自己的经验教训。企业管理者也不是常胜将军，会有成功的喜悦，也有失败的痛苦，必须要有自知之明。管理者只有在成败面前，保持清醒的头脑，善于总结经验教训，使管理工作趋于科学性，减少盲目性，增加自觉性，掌握规律性的东西，才能使自己成熟起来。在名利面前，不能私欲膨胀，贪图虚名薄利，忘却自己的目标和责任，而难以承担党和人民的重托。在员工面前，要保持谦虚谨慎的态度，以人为本，做群众的贴心人，员工才会以企业为家，真诚奉献自己的青春和才华，这是对企业管理者最生动的教育。有这样好的员工，管理者更应身先士卒，出类拔萃，其素质、品质和能力更加突出，堪称典范。

2. 现代企业组织的大力培养和造就

现代企业是个大熔炉，管理者经过千锤百炼，有的成为钢铁，有的成为炉渣、废料。我们的企业组织部门应通过有计划、有系统的培养工作，搞好管理者队伍的建设，打造更多的可用之才，为企业的更大发展储备优秀的管理者。对此，可采取以下几种有效的方式：其一，为管理者提供和创造不断接受学习、教育的机会。为了使企业管理者适应发展的要求，企业组织部门应不断向管理者提供更新和补充新知识与技能的机会，绝对不能竭泽而渔，灯油耗尽，最终使企业陷入困境。一个现代企业必须有长远的谋划，在智力方面加大投资，通过各种形式，让管理者有时间、有机会参加多种类型的学习和训练，如学历教育，专业进修，转岗培训，新知识、新技术的学习等，在条件许可的情况下，还可派遣企业管理者到国外考察，学习外国先进的管理知识和技术。其二，对管理者委以重担，加强锤炼、提高。现代企业组织部门要识别人才、发现人才、重视人才，唯一的方法是要让人才在实践中经受锤炼、接受挑战，这样企业才能更快地成长。对此，组织部门应针对每个管理者的优势和不足，设计职业生涯成长计划，给他们提供新的或更高的职位，授以职权，创造条件，使管理者都有得到锻炼的机会，做得好的继续坚持，做得不够或稍差的，允许改正或换岗。诸如现在许多挂职锻炼、转岗训练等方式，使管理者扩大了视野，树立了全局观念，增加了协作意识，增长了新的知识和才干，增进了与企业员工更广泛的接触和联系。这些职位的升迁或转换，教育和锤炼了管理者，促使他们加速成才，提高素质，在新的竞争环境中脱颖而出。其三，健全对企业管理者的考核和监督制度，促进其素质的全面提高。现代企业是一个大舞台，不同层次的管理者在这个企业舞台上担任各种角色，出演不同的剧目。现代企业必须加强对管理者的考核，以对其表演做出准确的评价，借此激励管理者的自尊心和自信心，培育拼搏和创新的精神，促使他们自觉提高素质和能力。考核的内容主要是管理者的"德、勤、能、绩"四个方面，具体是指管理者的道德品质、工作态度、业务能力及工作业绩，同时运用群众监督、媒体监督、舆论监督、党政监督等多种方式，促使企业管理者从严律己，忠于职守，勤勉工作，干出成绩，不负企业的使命。

3. 现代企业培养优秀管理者的原则和机制

培养现代企业管理者是企业发展的重大战略，必须遵循一系列有效的工作原则和运行机制。其工作原则主要是：①目的明确的原则。企业管理者的培养应着眼于管理者团队整体素质的提高，能力的增强，企业效益的增长，并注意发现优秀的管理人才，通过培养，使管理工作得到加强，管理水平不断提高。②强调实效的原则。培养的内容要求紧密联系企业管理者工作的企业经济活动的进展，学以致用，讲求实效，取得良好的经营业绩。③全面推进的原则。现代企业对管理者的培养要统一安排计划，不论身居何职，工作是否繁重，都应参加学习，接受培训，整体推进，不能厚此薄彼，要让企业这部机器的运转能协调统一，运行良好。④因材施教的原则。对管理者的培养不能"一刀切"，要因人制宜，因材施教，分类施教，提高人才培养的效率和成功率，为企业发展培养出尽可能多的人才，形成人才辈出、"长江后浪推前浪"的大好局面。⑤措施恰当的原则。现代企业要按照企业发展的规划，采取一切行之有效的措施和办法，对管理者梯队培养做出评估和人才预测，聘请企业管理专家及企业家到企业现场指导、讲课，组织后备管理者到对口的先进企业参观、考察和学习；或将管理者送到专业性强的大学深造，提升管理理论和实践水平。总之，措施得力，办法得当，人才就能早出。

另外，现代企业针对管理人才的培养要建立一套稳健的运行机制。其机制主要有：①激励的机制。现代企业要建立一套鼓励自学成才、培养人才的制度，像海尔集团那样，把"休克鱼"激活，把懒惰的人变勤奋，使消沉的人振奋起来，让上进的人更加斗志昂扬。因此，企业要研究各层次管理者的需要，摸索其心理状态和动机，确定其培养发展的目标，有针对性地制定各种有效的激励制度和方式，鼓励管理者自强不息、百折不挠、奋斗不止，使企业保持旺盛的生命力。②竞争的机制。现代企业不但参与市场竞争，还要把竞争的机制引进企业内部，实施人才招聘、竞争上岗、项目招标、优化组合等方式，让管理者通过竞争，优胜劣汰，彻底打破"论资排辈"、"只看学历，不见能力"、"只认金钱，不顾诚信"等传统的偏见及做法，切实做到能者上、庸者下，既看学历，又注重实际能力，不拘一格选拔人才。如广东韶关钢铁公司选聘工人罗东元担任公司铁路运输电气化技术改造项目的负责人，通过科技攻关和创新，使公司的技改走在钢铁行业的前列。现代企业要通过这些生动的事例，教育管理者增强竞争的意识，树立只有拼搏、努力奋进，才能赢得企业员工的尊重和社会承认的观念。③价值的机制。现代企业在市场经济活动中，要不断实现自身的价值，向社会做出贡献，确立在市场上的地位，发挥应有的作用。现代企业在社会上的价值是通过每个员工，包括企业各个层次的管理者的价值而得到体现的，对此，企业要注重用人的效益，做到"投入少，产出高"。如在设置机构时，尽可能使管理者的优势互补，达到整体最优的效果；在安排管理者上岗时，做到精兵强将，宁可虚位待人，不可因人设位；在付酬和奖励时，应从"德、能、勤、绩"四个方面综合考察评价，重在业绩；对那些在位无所作为，甚至虚报浮夸、捏造政绩者，一律下课待岗；对那些业绩突出者，为企业做出重要贡献者，给予重奖。企业只有尊重人才，重视和承认人的价值，才能激发管理者的创业热情，把企业推进到一个新的发展阶段。

9.3　现代企业管理者的管理艺术与风格

9.3.1　管理艺术的概述

1. 管理艺术的概念

现代管理既是一门科学，也是一门艺术。一方面，现代企业管理建立起本学科的理论体系，包括揭示现代企业管理过程的规律，总结现代企业管理的研究成果、科学管理技术和方法；另一方面，现代企业管理又是一种实践性很强的艺术，它以管理知识和经验为基础，以人为本，进行人力资源等各项资源的综合开发和利用，并不断创造和丰富管理的技巧。纯理论性的管理是难以做好管理的，只有管理科学与管理艺术相结合，才能如虎添翼，充分挖掘员工的潜力或激发员工的工作热情，才能取得现代企业管理的最大成效。

管理科学是以逻辑思维的一般形式来表现管理学科知识的系统性的，其包括管理原理、原则的严谨性，管理程序的规范性，管理方法的多样性；而管理艺术则以形象思维的具体形式来表现管理技巧的灵活性、管理方法的创造性、管理人才培养的综合性等。这些都需要艺术的再现，都依赖企业管理者丰富的主观想象力和创造力。因此，作为现代企业管理者，无论层次的高低、官职的大小，都只有掌握管理的科学性，又熟知管理的艺术性，才能使管理工作锦上添花、多姿多彩。

现代企业管理者的管理艺术是指在企业管理的实践活动中，经过长期管理实践的不断总结，对管理方面的素质、才能、知识和经验等材料的深化提炼，创立出一种高超的管理技巧、手段和方法，即表现出一种非程序式、非固定模式的能感染人心、创造效率的生动行为。管理艺术不是千篇一律、整齐划一的行为方式，而是将管理者各自独特的管理艺术风格、技巧方法加以归纳，形成一切企业管理者普遍适用的管理艺术。

2. 管理艺术的特点

管理艺术既然是企业管理者实践行为的一种展示，就可能表现出诸多的特征，容易被初学者所识别、认同、借鉴、模仿和再造。其特点具体表现在：

（1）随机性。管理艺术是企业管理者在处理随机事件中的一种变通能力。它不是拘泥于规范化的程序去办事，而是按照具体情况进行具体分析，因地、因时、因人、因势灵活机动地处理发生的事件。如一个消费者因购买并使用某商场出售的化妆品而导致其面部红肿，十分气恼地到商场吵闹，围观的顾客议论纷纷，售货员一时无奈。经理闻讯赶来平息事态，请消费者就医诊治，消除病患，又请美容师分析指导，又电告生产厂家售后服务员前来会诊，最后诊断为消费者的皮肤特性与化妆品的功效不符而导致异常，商场对此做了道歉和补偿，并出示公告，提醒消费者购买化妆品时应注意的事项，一场风波随之化解，商场重新恢复正常营业。

（2）创造性。管理艺术体现了企业管理者充分发挥个人的想象力，运用了个人的聪明才智，不因循守旧、不墨守成规，在处理管理工作中许多棘手的问题时，方法新颖，风格独特，大智若愚，别具一格，方式多样，表现了管理者的积极创新精神，敢于走前人未走过的路，大胆探索新的途径，这就是管理者管理艺术的魅力所在。

（3）经验性。管理艺术直接来源于企业管理者个人的经历，对社情、民意的感知体悟，通过长期管理的实践，对成功与挫折，对经验与教训，都有了深切的领会，对人对事都有了比较成熟的随机应变的处理办法，因人而异，因事而变，既有坚定的原则立场，又有灵巧的待人接物的方法，使问题得以完美解决，使各方皆大欢喜。

9.3.2　现代企业管理者应掌握的管理艺术

1. 处理人际关系的管理艺术

企业管理者最根本的任务，就是坚持以人为本的理念，做好管人的工作。这是因为企业员工是生产力要素中最活跃、最革命的因素，管理员工就是要充分调动他们的积极性和创造力，共同努力实现企业的经营目标。但这项工作是最困难、最复杂、最艰巨的工作，需要管理者高超的管理艺术，处理好各方面的人际关系，消除各种误解或对立，推动企业全体员工协调一致，齐心协力，凝聚成最佳的合力，"人心齐，泰山移"，建立和谐的企业，从而保证企业目标能尽快实现。企业管理者面临的人际关系，主要体现在以下三个方面：

（1）对下属员工要用人之长。企业管理者最明智之处，就是能详细了解和掌握其下属员工有哪些特长、专业、技能、优势等，在他们所从事的工作中，使这些特长真正有效地得到发挥出来，并取得不错的业绩。如果下属员工的专长受到压抑或埋没，无人重视，他们就会因前程渺茫而垂头丧气，这种情况是管理者最大的失败。因此，企业管理者要创造条件，搭设平台，用人之长，避其所短，人尽其才，使员工的价值得以体现，所做的贡献得到管理者的承认和表彰，其工作的热情得到保护和发扬，这是管理者最大的成功。当年，天津海河塑料厂厂长张世伦以"关心人，爱护人，尊重人，培养人"的群体工作法，让企业员工各显其能，各施其才，一年就扭转企业的亏损，使企业恢复了生机与活力，他本人受到全厂员工的衷心拥戴。

（2）对同事要分工协作，相互配合支持。现代企业像一架高速运转的机器，各个部门及同事都是机器上的零部件，必须各就各位，相互支持和配合，发挥各自的功效，才能增强整体的实力。企业同级管理者相互协调配合，有助于更好地开展工作，使双方工作受益，使同僚间能友好相处，增进感情和信任，使大家工作感到快乐，获得很多的乐趣。为保证同级之间相互配合，企业管理者应确定各自的职责范围，恪尽职守，工作不相互推诿，发生矛盾时不指责对方，按管理制度和管理标准各自多做自我检查与自我批评，尽心竭力地做好本职工作。同时，在管理工作中积极主动地相互配合、相互支持，不插手或干预对方的事务，不搞拉帮结派的不正之风。分工协作，实现目标，这是企业管理者一项十分重要的任务。

（3）对上司要尊重服从，善于学习，提高自己的才干。企业管理者在管理工作中首先要明确谁是自己上司，要学会尊重上司的工作指导意见、工作安排和工作意图，从中领会上司的管理艺术和风格。在管理实践过程中，注意观察和学习上司为人处事的技巧和方法，了解上司的性格特点，尽可能地适应他的要求，完成他交付的任务，取得上司的信任。当上司工作面临困难时，不能袖手旁观，而要积极出谋献策，帮助上司战胜困难，转危为安。当本职工作出现失误时，勇于向上司承担责任，并力求修正错误，弥补给工作造成的损失。

总之，管理者只有处理好多方面的关系，善于化解各种矛盾，才能营造一个良好的企业人际环境。只有人际关系、工作关系、企业与环境关系和谐，企业才会有很大的凝聚力、向心力、竞争力，企业的各项事业才能兴旺发达。

2. 处理事务的管理艺术

企业管理者除了处理好人际关系之外，还要操办大量事务性的工作，这就需要管理者统观全局，合理掌握和运用各种资源，掌握处理事务的技巧和方法，以取得事半功倍的效果。管理者处理事务的管理技巧有：

（1）适宜授权与分权的管理艺术。企业管理者在处理各项繁杂的事务中，要明辨主次，权衡轻重缓急，在众多的事情中，抓住重点和中心，把主要精力用在重点事情上，采取一种国际公认的科学管理法则，即"巴特莱法则"：一个管理者只要集中力量解决20%的重要事情，就能取得80%的工作效果，把剩余的一般性的事情，授权交给下属去办，这样就把个人从繁重的事务中解脱出来，用主要的精力做好重大事项的决策工作，抓住事情的主要矛盾、问题的主要症结，以寻求良方对症下药，使企业获取更大的发展机会。同时，给下级一些锻炼提高的良机，使下属受到鼓舞，看到前途和希望，这可谓两全其美。企业管理者交给下属的工作，要讲明任务、职责范围、授予的权限、承担的责任，并提供适时的帮助和指导，以激励下属的信心，调动其积极性。只有如此，上下同心齐力，把各项任务圆满地完成，企业才能实现"双赢"的目标。

（2）善于抓两头、带中间的管理艺术。现代企业管理者应清醒地认识到企业的成功靠大家，"众人拾柴火焰高"，也应认识到企业内部员工总存在先进、中间、落后三类群体。企业管理者要注重抓好先进员工的表彰，将他们的好事迹、好经验、好品质、好精神进行推广，起典型示范的作用，作为企业员工学习的榜样，使大家"见贤思齐"，比学赶帮，在企业中形成良好的风气。另外，对后进的群众，不要歧视，不要生硬地划分优劣、良莠，对处于比较保守状态的员工，要予以更多的鼓励，采取海尔的"休克鱼疗法"，激发他们的内在活力，促进后进向先进转化，并使处在中间层次的员工也能积极行动起来。要让先进人物受到表扬、中间人士受到鼓舞、后进分子受到促进的现象在企业蔚然成风。企业内部产生上下互动，良性循环，全体员工同舟共济，企业就会呈现一片欣欣向荣的景象。这是企业管理者管理艺术的成功之举。

（3）巧用时间、信息等资源的管理艺术。"时间是金钱"，"信息是财富"，时间、信息都是企业管理者最宝贵的资源，不能失而复得，"机"不可失，"时"不再来。企业管理者要善于开发信息资源，把握时机，提高企业运行的效率，减少时间的浪费，用有限的时光完成更多的工作，才能成就企业的事业。

企业管理者利用时间资源的方式有：①合理分配时间。可将工作分类为轻重缓急，优先解决急迫、重要的工作及存在的重大问题，而将细微之事委托下属去做，避免事必躬亲或越俎代庖。②企业管理者可把自己能自由支配和控制的时间很好地加以利用，多思考企业的发展大计，还要多分析企业存在的深层次问题，寻求解决风险与危机的对策，并不断总结办事成功的经验和失误的教训，以图发展的良机等，只有如此，才能让时间取得最大的收益。③企业管理者为有效地、最大限度地利用时间，要善于"借时间"，即提高系统的办事效率，采纳员工的合理化建议，欢迎来自基层的批评意见，"广开言路"，把员工的时间也充分利用起来，群策群力，集思广益，减少失误和挫折，把工作做得更加完美，这即是管理者管理艺术的生动体现。

9.3.3 企业家的管理风格

随着市场经济的发展，一批优秀的企业管理者经历多次磨炼渐渐成熟起来，成为引人注目的企业家，如张瑞敏、鲁冠球等著名的企业经营管理专家，为公众和企业界所认识。然而，确实也有一些号称"企业家"的人物在市场经济大潮的冲击下，纷纷落马，令人扼腕痛惜。对成败两种类型的企业管理者，众说纷纭，各执一词，真正能被社会公众认可的企业家是指以企业的经营管理为职业，并能够独立承担企业经营风险的企业经营者。

造就一个优秀企业家有其市场激烈竞争的客观条件，促使企业经营管理者提高素质，增长知识才干，树立不怕困难、勇往直前的精神，从容面对挑战，识别及化解风险，在极其艰难困苦的情况下，团结全体员工，加强经营管理，共同奋斗，群策群力，取得良好的经营业绩，并由此而实现自身的人生价值，赢得企业界和社会广泛的尊重。因此，优秀企业家一方面应经过专业知识的学习和技能的训练，另一方面要通过市场风险的严峻考验，在与市场反复的较量中，成就其英名，而那些仅在书斋中靠书本堆砌而成的"企业家"，是很难成功的。很多具有博士头衔而不知市场深浅的企业家，或者那些在市场上靠钻营要奸的暴发户，都很难在市场中成就一番事业。这样的事例已屡见不鲜。

一个成功的企业家除了具备相应的管理艺术，还应有独特的管理风格。如有的企业家具有强烈的合作精神，他能以坦诚率真的领导风格，赢得企业员工的广泛合作，他愿意真心诚意地与其他人一起工作，对人不是压服，而是靠真诚友谊去感动大家，用深入浅出的道理去说服员工；有的企业家像战场上的指挥员，办事干练果断，从不推诿搪塞，勇于担当责任，豪气万丈，十分有劲，具有敢想敢干的风格，企业员工与他一起工作感到痛快；有的企业家对员工和下属十分体贴，性情温和，从不张扬和暴戾，具有为人谦和的风格，他与企业员工以朋友相待，大家亲如一家，共同开创事业，同甘共苦，风雨同舟；有的企业家工作十分细腻，胆大心细，从不马虎、粗心大意，具有一丝不苟的风格，事必躬亲，不放过任何细微的过失和错误，保证工作万无一失。如此不拘一格的企业家风格，使企业家的领导方式各有千秋，形态种种，这些风格的形成很大程度上与企业家的禀性、气质、经历与环境有紧密的关联。对企业家的管理风格，企业员工及下属要善于识别，并尽快适应这种风格，避免不必要的冲突或麻烦，保证上下同心，士气相投，齐心协力地完成各项生产经营任务，实现企业预期的经营目标。

一个企业家在事业上的成功常常与他能正确担当有效的角色有关。角色不同，处理各种事务的风格迥然不同。其角色的风格主要表现在：

1. 在人际关系方面的角色与风格

企业管理者可能扮演的角色是代表人的角色、领导者的角色和联络者的角色。角色不同，其管理风格各异。企业管理者作为企业的代表人物，出现在公众场合，参加社会活动，宴请重要客户，其风格文质彬彬、礼节周到、笑容可掬、谈吐不凡。若作为企业的领导人角色，其风格可能严谨认真；可能雷厉风行、大刀阔斧；可能深入基层，满身油污地在现场工作。若作为企业对外联络人，其风格可能诚恳待人，致力于建立良好的外部关系网络；可能善于观察、捕捉机会，使企业受益；可能热心助人、口碑俱佳等。企业管理者在人际关系方面的出色扮演，为企业赢得社会各界的赞誉，朋友遍天下，为企业拓展外部市场建设起条条绿色通道。

2. 在管理决策方面的角色与风格

企业管理者可能担当起企业家的角色、调解人的角色、资源配置的角色以及谈判者的角色。其角色不一，管理风格可能大相径庭。管理者作为企业家的角色，要寻求市场发展的机会，制定经营发展的战略，检查决策执行的各种情况，以确保经营活动的顺利开展。其管理风格可能像诸葛亮那样善于谋划；可能像陶朱公那样捕捉商机；可能在激烈竞争中具有大将的风范，指挥有度，毫无惧色。若作为危机调解人的角色，当企业面临重大的意外或危机时，毫不惊慌失措，其风格犹如战场上的指战员，镇定自如，千方百计采取措施，化险为夷，战胜危机。若作为企业资源配置者，要负责合理调配社会的各种资源，如人力、物力、财力，为企业所使用，加工成商品输送到市场销售，其风格好像一位善于当家理财的管家，对各种资源精打细算，巧做安排，以最低的投入获取最高的收益。若作为企业对外的谈判者，其风格老练精干，豁达开朗，老谋深算，足智多谋，认真签约，让谈判对手不敢小觑。

3. 在信息管理方面的角色与风格

企业管理者在信息管理方面的角色可能是监督者、传播者或者是发言人。若作为企业信息的监督者，管理者的风格应是以十分敏锐的眼光，关注企业内外环境的变化，获取对企业有用的信息，督促企业的信息员尤其要善于发现有利于企业发展的机会，并识别各种潜在的威胁，促使企业扬长避短，有效顺利地完成任务。若作为企业信息传播者，他要将企业最重要的信息传递到市场，提高企业的知名度及商业信誉，其管理上的风格可能是巧用广告媒体，使企业名扬四海；可能是广结良缘，环宇之内皆友人，企业声望不胫而走；可能是善于传播信息，使企业的声音向四方传播。若作为企业的发言人，则要向董事或股东说明企业的财务经营状况、企业的发展战略，有时还向政府部门和官员介绍本企业遵纪守法、支持公益事业、关爱民生的活动等，使政府对本企业感到信任和满意；有时向消费者推介本企业研发的新产品及新的服务项目，使公众喜爱它。对此，管理者的发言风格应是真诚的，说真话，不掩饰真相，坦诚回答各方的问题，有优点不炫耀，有缺点不隐瞒，闻过知改，树立良好的企业发言人的形象。

企业管理者的管理艺术和管理风格不强求一律，各有特色，使企业界百花绽放，万紫千红，不断创新，反映时代发展的面貌，并能开创出伟大的事业。

【个案】

巨人集团的兴衰

史玉柱1989年从深圳大学软件科学管理系硕士毕业，同年7月他以借入的4 000元钱和自行研制的M-6401桌面排版印刷系统在深圳开始创业。1991年4月，史玉柱在珠海注册成立巨人新技术公司，开发出M-6401汉卡上市，以后又开发出一系列新产品。1993年，实现销售额3.6亿元，利税4 600万元而成为中国经济改革的风云人物。

之后，国内电脑业步入低谷，史玉柱决定抓住当时的房地产热的商机，进入房地产业，便构想建造巨人大厦，从当初18层的自用办公楼改建为70层的商业大楼而成为珠海的标志性建筑，投资从2亿元涨到12亿元。为实现梦想，大厦从1994年2月破土动工到1996年7月，史玉柱从未向银行贷款，而通过向社会卖楼花融资达1.2亿元。他设想利用1亿元的资本发展一个新兴产业，再用新产业所赚取的资金支援大厦建设，从而又选择了向保健品和药品行业进军，联营了17个正规厂和100多个配套厂，生产30种产品，营销网点遍布50多万个商场，并以兵团作战的方式，开展"三大战役"，投入巨资大做广告，其结局导致巨人集团财务状况恶化。1996年集团已暴露出种种弊端，内部各种违规违纪、挪用贪污事件层出不穷，史玉柱的形势急转直下。为支撑巨人大厦的建设，史玉柱将生物工程的流动资金全部抽走而投入大厦建设，后因建筑受阻，不能按时完工，债务到期，无法按期偿还。1997年初，种种困境最终导致"巨人"的倒塌。

【案例分析】

（1）史玉柱创业失败是发展战略上的错误。其实施多元化的发展战略，是一个小公司力所不及的，结果导致资金分散，顾此失彼，最终全盘皆输。史玉柱若利用募集的社会资金，集中力量开发电脑产业，今天就有可能与"联想"齐名。

（2）史玉柱在经营策略上采取全面出击、大打人海的战术，把军事方法运用到商业经营之中，违背经济运行的规律，导致战线过长，准备不周，仓促上阵，员工队伍素质不高，其结果是内部腐败滋生，外部经营不力，只得以失败告终。

（3）史玉柱创业初期成功后，被一时的胜利冲昏头脑，利令智昏，头脑发热，自以为市场经济不过如此，没有保持冷静清醒的头脑思考发展中深层的问题及潜伏的危机，急功近利，暴露出创业者的心态不成熟，缺乏稳健经营的作风，这种教训后来者要引以为鉴。

【本章小结】

现代企业管理者是企业最关键的人物，关系到企业的兴衰成败。本章对企业管理者的概念、职责和作用进行了论述。一个称职的企业管理者应具备的素质和才能，提高其素质的途径和方法以及要成为一个优秀的企业管理者即企业家应具备的管理艺术和风格，是企业界和理论界亟待解决的重要研究课题。

【关键术语和概念】

现代企业　管理者　企业家　管理职责　管理者团队　决策　素质　机制　管理艺术
管理风格

【练习题】

1. 什么是现代企业管理者？其分为哪几种？各承担哪些职责？
2. 什么是企业管理者团队？怎样组建这个团队？其结构如何？
3. 企业管理者应具备哪些素质？提高管理者素质的途径和机制有哪些？
4. 什么是管理艺术？企业管理者应怎样掌握管理艺术以取得事业的成功？
5. 什么是企业家？你心目中的企业家应具备何种管理艺术和风格？

【补充阅读】

1. 徐艳梅．管理学原理．北京：北京工业大学出版社，2000．
2. 程国平．经营者激励．北京：经济管理出版社，2002．
3. 刘建军．领导科学原理——科学与艺术．上海：复旦大学出版社，2001．

10 现代企业文化建设

⊙ **本章学习要点**

1. 认识企业文化对企业生存和发展的重要意义。
2. 掌握企业文化的概念、特征、内容、功能、形成、构成因素。
3. 掌握企业文化建设和创新的意义、原则、程序和基本途径。

⊙ **本章学习内容**

1. 企业文化的概念、特点。
2. 企业文化的内容、功能。
3. 企业文化的意义。
4. 企业文化形成、构成的因素及分析的步骤与方法。
5. 企业文化理论的产生，各国企业文化的比较。
6. 企业文化建设的内容、原则、程序和途径。
7. 企业文化创新的意义、路径选择、实施过程和方法。

⊙ 个 案
⊙ 本 章 小 结
⊙ 关 键 术 语 和 概 念
⊙ 练 习 题
⊙ 补 充 阅 读

10.1 企业文化概述

10.1.1 企业文化的概念

文化，源于古拉丁文，本意是指耕作、教习、开化等意思。在中国古籍中最早把"文"和"化"两字联系起来的是《易经》"观乎天文，以察时变；观乎人为，以化成天下"。意思是指圣人在考察人类社会的文明时，用儒家的诗书礼乐来教化天下，以构造修身齐家治国平天下的理论体系和制度，使得社会变得文明而有秩序。英国文化人类学家爱德华·泰勒将文化系统表述为："文化是一个复杂的总体，包括知识、信仰、艺术、道德、法律、风俗，以及人类在社会里所获得的一切能力与习惯。"

文化有广义和狭义两种理解：广义的文化是指人类在社会历史实践过程中所创造的物质财富和精神财富的总和；狭义的文化是指社会的意识形态，以及与之相适应的礼仪制度、组织机构、行为方式等物化的精神。

对于任何一种组织来说，由于每个组织都有自己特殊的环境条件和历史传统，从而也就形成自己独特的哲学信仰、意识形态、价值取向和行为方式，于是每种组织也都具有自己特定的组织文化。每个企业都有自己的文化，即企业文化。

根据中外学者的研究和企业实践，我们认为：企业文化是在一定的社会历史条件下，企业及其员工在生产经营和变革的实践中逐步形成的共同思想、作风、价值观念和行为准则，是一种具有企业个性特征的信念和行为方式，是一种企业管理哲学观念。它包括价值观、行为规范、道德伦理、习俗习惯、规章制度、精神风貌等多个方面，其中，价值观是核心部分。企业文化的定义包括广义和狭义两种。从狭义上理解，企业文化主要是企业在生产经营实践中形成的一种基本精神和凝聚力，以及企业全体员工共同的价值观和行为准则。企业文化通常指的是以价值观为核心的企业的内在素质及其外在表现，即狭义的企业文化。从广义上理解，企业文化除了上述含义之外，还包括企业员工的文化素质，企业中的有关文化建设的措施、组织、制度等。也就是说，企业文化是指企业在社会实践中创造的物质财富和精神财富的总和。

企业文化的内涵主要体现在：

1. 企业精神

企业精神是企业的灵魂，一般是指经过精心培养而逐步形成的、为企业员工所认同的思想境界、价值取向、主导意识。它反映了企业员工对企业的特征、地位、形象、风气的理解和认同，也蕴含着对企业的发展、命运、未来所抱有的理想与希望，折射出企业素质、精神风格，成为企业员工无形的共同信念和精神力量。

企业精神一般是以高度概括的语言精练而成的。例如，海尔集团的"无私奉献、追求卓越""创世界名牌"的企业精神；松下电器公司的"工业报国、光明正大、团结一致、奋发向上、礼节谦让、适应形势、感恩报国"的"七精神"；美国国际商业机器公司的"IBM 就是服务"等。

2. 企业价值观

企业价值观是指企业评判事物和指导行为的基本信念、总体观念和选择方针。其基本特征包括：①评判性。它是对现实事物和社会生活做出好坏优劣的衡量评价，或者肯定与否定的取舍选择。②调节性。企业价值观以鲜明的感召力和强烈的凝聚力，有效地协调、组合、规范、影响、调整企业的各种生产经营活动。③驱动性。企业价值观能够持久地促进企业去追求某种价值目标，这种由强烈的欲望所形成的内在驱动力往往构成推动企业行为的动力机制和激励机制。

企业价值观具有不同的层次和类型，优秀的企业总会追求崇高的目标、高尚的社会责任和卓越创新的信念。例如，美国百事可乐公司认为"顺利是最重要的"，日本三菱公司主张"顾客第一"，日本 TDK 生产厂则坚持"为世界文化产业做贡献"。

3. 企业形象

企业形象是社会公众和企业员工对企业、企业行为与企业各种活动成果的总体印象和总体评价，反映的是社会公众对企业的承认程度，体现了企业的声誉和知名度。

企业形象包括员工素质、企业风格、人文环境、发展战略、文化氛围、服务设施、工作场合、组织外貌等内容。其中对企业形象影响较大的有五个方面的因素：①服务形象。社会公众主要是通过产品和服务来了解企业的，因此，能够提供品质优良的产品和服务的企业，总是能够赢得良好的社会形象。②环境形象。整洁舒适优美的工作环境、生活环境不仅能够保证企业工作效率的有效提高，而且有利于强化企业的知名度和信赖度。③成员形象。企业员工整洁美观的仪表、优雅良好的气质、热情服务的态度、统一鲜明的衣装，既反映了个人的良好素质，又反映了企业的高雅素质，有利于企业提高在社会公众中的良好形象。④领导者形象。一个富有领导能力、公正可靠、气度恢宏、勇于创新、正直成熟、忠诚勤奋的企业领导者不仅以无形的示范魅力潜移默化地影响企业的员工，而且也会在社会公众中争取对企业的信赖和支持，有利于不断扩大和巩固企业的知名度。⑤社会形象。企业要树立良好的社会形象，一方面有赖于与社会广泛的交往和沟通，宣传企业；另一方面有赖于在力所能及的范围内积极参加社会公益事业，从而使企业在社会公众中获得认同感，增加完美性。

10.1.2 企业文化的作用

先进的企业文化对于企业的进步和发展，对于企业增强竞争力有着巨大的推动作用；反之，对于企业的生存和发展产生巨大的制约和阻碍影响。巨人集团曾经是中国民营企业的旗帜和明星，但是在建造巨人大厦的时候，头脑发热，不够理智，十多亿资产也难以偿还巨额债务，最后不得不破产。强大的王安电脑在同蓝色巨人 IBM 公司多年的较量中，正要抢得上风时，固执的王安却将各种机会拱手让给了对手，王安电脑因此走上了不归路。这些案例，充分说明了企业文化对企业生存和发展的巨大作用。

1. 企业文化是决定企业兴衰的关键因素

企业文化中的文化不是指企业拥有多少工程师、经济师等专家，也不是拥有多少硕士生、博士生等人才，而是拥有什么样的发展理念，对员工的影响程度，企业发展过程的变革及超越自我的能力。实践证明，文化的丢失是企业生存权的丧失，文化的缺形是企业的畸形，文化的缺憾是企业的遗憾。因为文化是企业的制导系统，不仅具有鼓动、鼓舞、组织、指导、推动等作用，而且具有决定一切的作用。

2. 企业文化是企业生产经营的第一要素

企业文化虽然不像企业营销那样有立竿见影之效，但是，它为企业生产经营奠定厚实基础。在管理领域，管理相对于技术是无形的，但是，又是最重要的、最根本的。企业文化更是如此，它对企业的生存和发展的影响更基础、更根本、更持久。

3. 企业文化是企业发展的内在动力

企业发展需要两个纽带：一个是物质、利益和产权的纽带；另一个是文化、精神和道德的纽带。如果企业只有前一个纽带而没有后一个纽带，那么，企业的发展将不会是健康、持续和快速的。优秀的企业文化，能够创造出一个良好的企业环境，提高员工的道德素质、科技素质和文化素质，对于企业来讲，可以对内形成企业凝聚力，对外增强企业的竞争力，综合形成企业的生存力和发展力。

未来的企业竞争将主要是人的竞争，而人的竞争从某种角度上讲，也就是文化的竞争。所谓"文化是明天的经济"就预示着一个文化竞争时代的到来。所以，企业要想成为世界一流的企业，必须依靠文化的强大作用。

10.1.3　企业文化的分类

企业文化根据不同的角度有不同的分类。

（1）从包含内容的角度看，可以简单地将企业文化分为三个部分，即核心层、中间层与外圈层。①所谓核心层是呈现观念形态的价值观、信念及行为准则，通常称之为企业精神，它体现在企业经营哲学、宗旨、方针、目标、计划和体制等方面。②所谓中间层是呈现行为形态的员工工作方式、社交方式、应付事变的方式等，通常称之为企业作风。③所谓外圈层是呈现物质形态的产品设计、质量、厂容、厂貌、员工服饰等，通常称之为企业形象。

（2）从结构的层面看，企业文化可分为物质文化、行为文化、精神文化、制度文化四个层面。①所谓物质文化是指企业文化的最外层，包括企业产品、企业环境、企业建筑、企业广告、产品包装、产品设计等，是企业精神文化的物质体现和外在表现。②所谓行为文化，它是企业文化的第二层，是指企业员工在生产经营活动中形成的活动文化。它包括企业经营、教育宣传、人际关系活动、文娱体育活动中产生的文化现象，是企业经营作风、精神面貌、人际关系的体现，也是企业价值观和精神的动态反映。③所谓精神文化，它是企业文化的第三层，也是核心层，是指企业在生产经营过程中，受到一定的社会文化背景、意识形态影响而形成的一种精神成果和文化观念。它包括企业精神、企业经营哲学、企业道德、企业价值观、企业风貌等意识形态的总和。它是企业物质文化、行为文化的升华，属于企业的上层建筑。④所谓制度文化，它是人与物、人与企业运营机制的结合，是企业物质文化与精神文化的中介，具有固定与传递的功能。它包括企业领导体制、企业组织机构和企业管理制度。

（3）从形成发展的角度看，企业文化既是一种有意识的企业管理活动，又是一种企业管理理论体系。作为一种有意识的企业管理活动，企业文化最先起源于"二战"之后的日本；作为一种企业管理理论体系，企业文化创建于20世纪80年代初期的美国。从20世纪80年代起，随着企业重组等概念的提出，管理进入了新的阶段，就是文化管理阶段。

10.1.4　企业文化的功能

所谓企业文化的功能，是指企业文化具有的内在的客观职能。它是企业文化能够产生作用的内在基础。企业文化是企业的无形资产，具有潜在的生产力，是企业发展的力量源泉。

企业文化的功能一般包括以下几种：

1. 企业文化的导向功能

企业文化的导向功能是指企业文化对于企业员工和企业生产经营活动发挥了引导作用，

长期引导员工为实现企业的目标而努力奋斗。一方面，企业文化反映了广大员工的共同的价值观和利益追求，对每一个员工具有强大的感召力，把每一个员工的思想、行为引到企业的生产经营目标上，使人们自觉地为实现企业的目标而努力工作；另一方面，企业本身的发展方向也需要企业文化的引导。员工的行为影响企业的行为，企业的行为又影响员工的行为。优秀的企业文化能够直接引导员工的心理、行为朝着企业的目标而努力。优秀的企业文化会使企业整体的价值取向和行为与国家和社会的要求相协调，企业在实现自身价值的同时，也担负起企业应该承担的责任。例如，中国海尔集团的优秀企业文化，对于海尔的成长和成功产生了无可估量的引导作用，使得海尔从一个名不见经传的、濒临破产的小企业，一跃而成为中国的龙头企业、民族工业的骄傲和旗帜。又例如，美国电报电话公司提出"一流服务"的口号，推动了整个公司为此目标而努力奋斗。"一流服务"起着指引方向的导向作用。

2. 企业文化的凝聚功能

企业文化的凝聚功能，是通过企业文化建设而使企业对员工所产生的向心力和凝聚力。企业文化反映了员工的意志，体现了员工的利益，能够把员工团结在一起。当企业文化被员工所认可和接受之后，企业文化就成为一种黏合剂，共同的价值观与意志的信念目标能够促进员工达成共识，形成一个协调融洽、默契配合的高效率的生产经营团队，把全体员工凝聚在企业目标的旗帜之下。因此，企业文化有利于形成企业员工的群体意识，改善人际关系；有利于调动员工的积极性，产生巨大的生产力和竞争力；有利于企业目标更好地实现。例如，松下电器公司每天对员工进行"七精神"教育，每天有几万名员工背诵价值规范，好像大家融为一体了。

3. 企业文化的激励功能

激励就是通过物质的或精神的刺激，调动员工的工作积极性。企业文化不是一种外在激励，而是一种内在激励，是一种精神刺激，比起物质刺激，具有更强的、更持久的作用。企业文化以人为本，把尊重人作为其中心内容，把对人的管理作为整个管理的中心。企业文化的激励功能正是通过正确的价值观、企业精神、企业目标、企业伦理等在员工心目中树立起强烈的责任感和自豪感，树立起正确的思想观念和行为准则，正确理解自身工作的价值的，从而激发员工发挥自己最大的潜力、最高的工作热情，把潜在的生产力变为现实的生产力。

4. 企业文化的约束功能

企业文化不是硬约束而是软约束，是一只无形之手。企业文化虽然不是强制性的行为准则，但是对每一个员工起着制约和规范的作用。其制约和规范的机制是：通过一种观念的力量、氛围的影响、团队的准则、道德的规范，培养员工的荣誉感、自豪感、归属感、优胜感、责任感等，约束、规范、控制员工的思想和行为，使员工的思想和行为能够与企业文化统一起来、一致起来。对于符合企业文化的言行，予以肯定、赞扬、鼓励、保护；对于违背企业文化的言行，予以否定、批评、教育、改正。这样，能够造成强大的从众化的心理压力和动力，产生心理共鸣，能够自我调整、自我控制言行，以符合企业文化的要求。

5. 企业文化的辐射功能

企业文化一旦形成，不仅能够对企业本身产生强烈的感染力，对员工产生强大的凝聚力，而且能够传播、影响到企业外部，能够对企业外部产生强烈的吸引力和感召力，能够对其他企业文化、社区文化、民族文化等社会文化产生重大影响，从而在企业外部树立良好的信誉和声誉。因此，企业文化的这种"自我表现"的功能，不仅提高和优化了企业形象，而且净化和改进了社会文化。

6. 企业文化的渗透功能

企业文化作为一种民族意识的表现形式，对于管理模式的形成及其作用发挥具有较强的渗透力。例如，在企业战略管理中，企业战略目标的确定会受到企业价值观、企业精神、企业理念、企业使命的渗透影响；在企业员工心目中，企业员工的言行要受到企业价值观、企业精神、企业目标、企业伦理的渗透影响。

在企业文化功能体系中，各个功能相互独立、相互联系、相互影响、相互作用。其中，企业文化的导向功能是最为根本的。因为这种功能能够激励员工始终如一地为企业的共同利益、共同目标的实现而努力。企业文化的六种功能综合发挥作用，成为企业发展的动力源泉。

10.2　企业文化的形成与理论

10.2.1　企业文化的形成

1. 企业文化形成的标志

20 世纪 80 年代以后，随着企业重组等新概念的提出，管理开始进入新的阶段，也就是文化管理的阶段。1980 年至 1981 年间，美国管理界连续出版了四部专门研究企业文化的论著：《Z 理论——美国企业界怎样迎接日本的挑战》、《日本企业管理艺术》、《寻求优势——美国最成功公司的经验》、《企业文化——企业生存的习俗和礼仪》。这四部著作以其崭新的思想、独到的见解、精辟的论述、丰富的例证，提出了令人信服的企业文化理论体系，成为当时全美最为畅销的书籍，标志着企业文化理论的诞生，开启了企业管理理论的全新阶段。

2. 企业文化形成的因素

企业文化的形成受诸多因素影响，主要有以下三个因素：

（1）自己的民族文化因素。企业文化扎根于一定的社会之中，离不开自己的民族文化土壤。因此，它必然反映民族文化的特点，从民族文化之中吸取精华，剔除糟粕。

（2）外来的民族文化因素。当前，世界经济全球化、市场一体化成为时代潮流。外来民族文化因素必然对企业文化产生一定影响。企业应当在本民族文化的基础上，融合其他各国的先进文化和优秀企业文化，建立现代企业文化，以增强本企业的市场竞争能力。

（3）企业环境因素。企业环境，是企业生存和发展的基础和条件，包括外部环境与内部环境。所谓外部环境是企业生存的土壤，既为企业活动提供条件，同时又对企业的活动起到制约作用。它包括政治法律环境、经济环境、社会文化环境、科学技术环境，简称 PEST；另外，还有自然环境、资源环境等。所谓内部环境是企业内部的物质环境和文化环境。内部的物质环境是指企业内部的资源拥有情况和利用情况，企业生产力状况是企业物质文化的基础，是影响企业文化形成的重要内容。内部文化环境是企业及其员工的素质、行为方式及这种方式所反映的为企业员工所共同接受的信仰、价值观念与行为准则。员工的素质包括企业家的素质与职工的素质，是影响企业文化形成的重要内因。形成和发展成功的企业文化，必然要求企业员工具有较高的知识水平和素养。

3. 企业文化形成的机制

企业文化形成是一个过程，包括以下五个方面：

（1）企业历史。在一些企业中，强有力的创办人建立起来的价值观会持续地被正强化，进而形成一种稳定的不易改变的行为规范，并进一步升华为企业员工共同认可的文化范畴。

（2）企业环境。由于企业及其所处的环境相互影响，企业环境对企业文化的形成起着重要的作用。例如，在计划经济条件下，国有企业的企业文化通常是保守的、陈旧的、不思进取的；在市场经济条件下，企业为了生存和发展，其文化就必须相应地改变，企业应当及时完成这一转变，以保证企业的生存和继续发展。

（3）企业用人。企业在聘用、续聘、晋升员工中所持的标准，往往倾向于与企业现存价值观相适应的员工。这种选择标准是企业文化得以形成和强化的有力保证。

（4）企业培训。企业在对新来的员工进行培训时，都要对其进行企业文化的灌输。企业文化所涉及的价值观、规范、信念等很少是成文的，新来的员工并不熟悉。培训既减少了新来的员工可能遇到的麻烦，又为他们指明了企业所期望的行为方向。

（5）企业奖惩。奖惩制度是引导企业员工行为趋向一致的重要管理手段。它一方面是企业文化的体现，另一方面又对企业文化的形成起到了一定的正强化和促进作用。

10.2.2　企业文化理论的产生

企业文化理论不同于传统的管理理论和行为科学理论，它是当代资本主义管理理论的新发展，是市场经济条件下先进管理思想的新综合。20 世纪 80 年代初，企业文化理论在管理理论的"丛林"中脱颖而出，很快引起理论界和企业界的关注，此后迅速发展，成为全球的管理潮流。

企业文化理论的产生，是美、日两国比较管理学的研究成果。第二次世界大战之后，美国企业取得较大发展，这得益于其先进的管理理论和科学技术。但是，20 世纪 70 年代初期，由于石油危机，美国企业发展的优势受到了严重削弱，生产率下降，竞争力减弱。然而，与此形成鲜明对照的是，日本企业却快速赶超上来，其高质量、低成本的产品具有强大的竞争优势，对美国企业构成了强有力的挑战。日本企业的成功吸引了许多美国的企业家和学者去研究其原因。经过调查研究，他们发现美国与日本两国的管理模式存在着差异，而差异背后则是两国宏观社会文化、微观企业文化的差异。20 世纪 80 年代初，美国管理学界推出了如下四部名著：《Z 理论——美国企业界怎样迎接日本的挑战》、《日本企业管理艺术》、《寻求优势——美国最成功公司的经验》、《企业文化——企业生存的习俗和礼仪》。这四部名著在全球产生了广泛的影响，标志着企业文化理论的诞生。

1.《Z 理论——美国企业界怎样迎接日本的挑战》

该书作者威廉·大内认为：美国企业应该向兼备美国、日本两种管理模式之长的"Z 型组织"转变，而 Z 型组织则应该培养"Z 型文化"。也就是务必在企业内部开展改革，培育以价值观为核心的企业文化。这种 Z 型文化有一套独特的价值观，例如，长期雇佣，信任、亲密、微妙的人际关系等。

2.《日本企业管理艺术》

该书作者理查德·帕斯卡尔和安东尼·阿索斯从战略、结构、制度、人员、技能、作风、最高目标、企业文化背景等方面将日本与美国企业进行了比较。他们认为在战略、结构、制度这三个"硬件"方面，日美之间没有重大差别，差别在于日本企业更重视人员、技能、作风、最高目标、企业文化背景等"软件"方面。该书指出，"企业管理的现实并不是独立的，它是由社会和文化决定的"，"美国人的'敌人'不是日本人或德国人，而是美国企业管理'文化'的局限性"。要突破这种局限，就必须善于融合其他国家的企业文化，采用过去不熟悉、不习惯的管理方式，提高企业管理效率。

3. 《寻求优势——美国最成功公司的经验》

该书作者彼得斯和沃特曼对美国的一些成功公司进行了研究，发现其具有优秀的文化传统，它们有八个共同特征：①乐于采取行动，保持工作不断取得进展；②接近顾客；③自主和企业家精神；④人是企业增长的动力，通过发挥人的积极性来提高劳动生产率；⑤领导身体力行，以价值准则为动力；⑥发挥优势，扬长避短；⑦组织结构简单，公司总部精干；⑧宽严相济，张弛结合。

该书作者指出，这些公司成功的诀窍并不在于这些原则本身，而在于它们都以公司文化为动力、方向和控制手段，抱着强烈的信念彻底实施这些原则，因而取得了惊人的成功。这正是企业文化的力量魅力。

4. 《企业文化——企业生存的习俗和礼仪》

该书的出版，标志着企业文化理论的正式诞生。作者迪尔和肯尼迪指出，杰出而成功的公司大多有强有力的文化，并分析了构成企业文化的五个要素：①企业环境，是形成企业文化的最重要的因素；②价值观，是构成企业文化的核心；③英雄人物，是企业价值观的人格化和广大员工效仿的榜样；④典礼及仪式，是由企业有系统、有计划的日常例行事务所构成的文化；⑤文化网络，是企业中非正式的、最基本的沟通方式。该书还阐明了企业文化的四种类型：硬汉型文化、努力型文化、风险型文化、过程型文化。

10.2.3 企业文化的比较

由于各国企业所处的社会条件和历史背景不同，企业文化具有各自的特点。下面就美国企业与日本企业的文化进行比较。

1. 美国企业文化的特点

众所周知，虽然美国的历史至今不过两百年，但是，美国是当今资本主义世界最为发达的国家。美利坚民族具有强烈的开拓精神、冒险气质、个人奋斗意识和功利主义观念。重视个人，不重视集体；重视实际，不重视形式。因此，基于本民族文化的美国企业文化具有自己鲜明的特点。

（1）个人主义强烈。如果价值是文化的灵魂，那么，英雄就是中流砥柱。英雄具有一个共同的特点，就是通过个人奋斗，在事业中获得最大的成功，因而被企业确认为英雄模范式的人物。

（2）实用主义鲜明。美国式的个人主义，十分注重实用和务实。任何一种发明和发现是否被美国人接受，关键在于其是否有用，能否在社会生活中产生积极效应。

（3）权利责任明确。企业一般通过激励员工的个人主义，使其与企业的合作达到较高的水平，从而获得较好的经济效益。企业中个人的权利受到尊重，是以尊重别人的权利为前提的。例如，美国硅谷的坦德公司的信条是：任何人都在同一层次上对话，没有人会感到自己高人一等。成功与失败的责任都归于个人。"我的一切由我负责"、"成功归我个人，失败了也不要别人同情"、"允许失败，但不允许不创新"。

（4）价值是企业文化的基础。价值观是在企业内部形成的、由企业员工共享的、丰富的价值体系。价值观推动着企业目标的实现。实现个人的价值、企业的价值是美国企业文化的基础，它为企业员工规定了成功的标准和方向。美国杜邦公司的企业价值观是："通过化学能使美好的生活变得更美好。"

2. 日本企业文化的特点

日本的民族文化与美国的民族文化不同，它属于东方文化，具有突出的特点：安土重迁，重视相互合作，强调集体力量，富有人情味，强调忠诚、孝顺、智慧等。因此，基于本民族文化的日本企业文化具有自己鲜明的特点。其特点具体如下：

（1）崇尚企业集团主义。企业集团主义是日本企业道德准则，是与日本现代企业的经营方式——终身雇佣制联系在一起的。员工与自己所在的企业同舟共济，不仅视为利益共同体，而且看作生命共同体，忠于职守，忘我工作。重视企业集团内部"序列"顺序的稳定，绝对维护上级权威。同事之间，相互尊重，相互体谅。神化自己所从属的企业，否定自我个人主义的存在，重视企业团队的统一与和谐，尊崇企业共同的价值。

（2）信奉热爱劳动的价值观。企业文化倡导企业员工勤奋工作，竭尽全力。倡导生活的价值在于劳动。劳动的意义不只是为了自我改善而进行个人奋斗，首要的意义在于它是人应当自觉分担的一份社会义务和责任。劳动不只是一种与经济利益相联系的单纯经济活动，还是一种高于经济活动的与"为善"相联系的宗教修炼事业。只有工作，生命才会有意义，帮助公司成长、繁荣是企业价值观的核心。

（3）深受儒教、佛教的影响。中国的儒教、佛教对于日本影响很深。日本企业追求的"人和"、"至善"、"上下同欲者胜"等共同的意识来源于中国的儒教、佛教。日本成功的企业家在投身企业界时，都以献身"产业人的使命"作为自己的第一觉悟、最终觉悟，将自己的性命与事业融为一体。感谢报恩，也是日本企业文化所追求的大义之道。善有善报，恶有恶报，这是每一个企业都很敏感的训诫。

（4）注重实践和行动。日本的企业都十分重视企业文化理论的实际运用。例如，本田公司一贯追求的是技术与人的结合，而不仅仅是摩托车。松下电器公司也十分重视企业价值观在企业中的推动作用，通过企业文化的实际运用，成为日本获利颇高的企业。

10.3　企业文化建设与创新

10.3.1　企业文化建设概述

对于现代企业而言，企业文化是关系企业生存、发展的战略工程，企业文化建设是一项需要长时间、大投入的系统工程。

1. 企业文化建设的意义

在市场经济条件下，建设有中国特色的企业文化，不仅是顺应世界管理科学发展的趋势，而且也是我国建设现代化企业的迫切要求。

（1）企业文化建设是促进我国企业自主经营、增强企业活力的需要。由于现代企业的环境越来越趋向动态化、复杂化、国际化、知识化，这不仅要求企业提供高质量的产品，而且要求企业员工的指导思想、经营哲学、价值观念、责任心和主人翁的精神集中到企业的生存和发展的主题上。企业要通过企业文化来统一全体员工的信念和意志，激发员工的热情和干劲，约束员工的言论和行为，维护企业的声誉和形象，不断增强企业活力。

（2）企业文化建设是树立良好的企业形象、提高企业知名度的需要。企业形象是社会大众和全体员工对企业的总体评价。优秀企业的文化，向社会展示了该企业良好的管理风格、经营状态和精神风貌，无形之中向外界提供了可以信赖的信息。信息反馈就是社会对企业的承认与肯定。这使企业向社会塑造了良好的整体形象，树立了信誉，扩大了企业的社会影响。

（3）企业文化建设是从根本上提高员工素质，塑造具有主体意识的人，使之实现自我控制的需要。如果战略决策好比一个人的"心智"，那么，企业文化就是一个人的"身体"。只有"身心合一"，才是一个健康、完整的人，才能创造卓越的业绩。优秀企业文化能够造就高素质的企业员工，使之真正成为企业的主人。

2. 企业文化建设的目标

总体目标是：建设在市场经济中能够实现持续发展的、竞争力和创新力极强的企业。其具体包括：

（1）企业获取较好的经济效益，并为国家和社会做出贡献。

（2）提高企业的知名度和美誉度，树立良好的企业形象。

（3）创造一个和谐、向上、团结、互谅、互助、竞争、包容的内部环境。

（4）逐步满足企业员工的物质文化生活需求。

（5）全面提高员工素质，挖掘员工潜能，提升个人价值。

3. 企业文化建设的原则

在企业文化建设过程中，企业必须遵循其客观规律，坚持以下原则：

（1）企业全员重视的原则。企业必须首先确立建设企业文化工作的优先地位，企业的方方面面、上上下下都要重视企业文化，把它作为关系到企业生存和发展的大事来抓，以发挥企业文化的导向功能，引导生产经营活动实现快速发展。

（2）坚持市场导向的原则。以市场为导向、坚持市场导向是企业文化建设目标确立的前提，离开了市场导向，任何目标都毫无意义。

（3）全面和谐发展的原则。每个企业都有明确、远大的目标，以发展为主题，使员工的工作与企业目标紧密联系在一起。企业要具备卓越的精神，永不满足，以创造促发展，以发展求卓越。企业文化要把企业发展的总体方向和发展目标体现出来，融合到企业文化建设中去，强调企业的长远发展、可持续发展和出类拔萃。

（4）突出个性的原则。企业文化建设必须避免雷同，"千企一面"是企业文化建设的大忌。企业必须在企业价值观、企业精神、经营哲学等方面挖掘特色，体现个性，张扬自我，树立独特的企业文化形象。

（5）亲密合作的原则。要在组织与个人之间、管理者与职工之间、上级与下级之间建立起亲密的朋友式的关系，员工之间彼此信任，真诚相待，建立员工的企业归属感，满足员工的情感需要，形成一个融洽的整体环境。

（6）企业领导先行的原则。优秀的企业文化，是企业领导德才水平、创新精神、事业心和责任感的集中展示。因为优秀的企业文化都是企业领导在长期的生产经营实践中自觉塑造、培育形成的。因此，企业文化建设必须注意发挥企业领导作用，把企业领导的个性与魅力融入企业文化建设之中。

（7）全员参与的原则。企业员工要参与管理，参与企业文化的建设。在具体实施过程中，既需要领导者积极倡导、身体力行，也需要企业员工的普遍认同和贯彻执行，并且取得积极效应。这既有利于企业文化的形成，也有利于企业文化的落实。

（8）共同价值的原则。价值观是企业文化的核心，每一个企业都应该具有一个共同的价值观，企业员工都应该在共同的行动中信守共同的价值观。

10.3.2 企业文化建设的内容

企业文化建设是一项系统工程，内容包括四个方面。

1. 物质文化建设

企业首先要重视产品和服务质量的改进与提高，这是表层文化建设的核心；其次要加强企业的基础设施建设，美化厂容、厂貌；最后要注重产品和服务的商标和包装设计，注重宣传、优化企业形象。

所谓企业形象，又称为企业识别，是指社会公众对企业整体的、抽象的、概括的认识和评价。它对于树立企业良好形象、创建企业优质品牌、增强企业竞争能力、提高企业管理水平、实现企业经营目标等方面发挥着极其重要的作用。企业形象一般是由有形要素、无形要素、员工要素三大类构成的。其中，对企业形象影响较大的有：①产品形象。它是企业形象的代表，也是企业形象的基础。社会公众通过产品了解企业，企业通过产品服务塑造自己的形象。②环境形象。它是企业向社会公众展示自己的重要窗口，反映企业的经济实力、管理水平、精神风貌。③服务形象。它是通过服务态度、服务方式、服务质量来树立企业信誉这块金字招牌的。④员工形象。不仅指员工的装束仪表、言谈举止、服务态度，而且指其价值观念、经营理念、道德规范、传统习俗等。

其中，企业家形象是企业形象的核心和关键。上述各个要素的有机结合，从不同的侧面共同构成了企业的整体形象。

2. 行为文化建设

企业在进行行为文化建设时，第一，要注意人力资源的培育和积累，增加投资，加强培训；第二，要注意经营管理的科学性、效益性；第三，要改进员工工作作风和精神风貌；第四，要建立良好的人际关系环境，为员工提供更多的参与管理、参与企业文化建设的机会；第五，要搞好员工的文化娱乐体育活动，提高员工的综合素质。

3. 精神文化建设

企业要研究和挖掘各民族文化，吸取优秀文化，处理好传统文化与现代文化、民族文化与外来文化的关系，建立具有本企业特色的企业文化。

4. 制度文化建设

企业管理制度必须具有先进性、科学性、合理性、适用性，要实现规范化、系统化、民主化，建立适合企业实际的现代企业制度。这种制度的特点是"产权明晰、权责明确、政企分开、管理科学"。

10.3.3 企业文化建设的步骤

企业文化建设是一个长期不断的、动态变化的、循序渐进的过程。这个过程是由多个步骤所构成的系统工程。它一般包括下列五个步骤：

（1）企业经营战略的制定。规划企业未来一定时期的生产经营目标。

（2）确定企业文化的核心内容。即企业价值观和企业精神，为企业文化建设确定基本架构和大体方向。

（3）进行企业物质文化、制度文化建设。从硬件设施和环境因素方面做准备。

（4）向企业员工进行企业文化的价值观念的导入与渗透，获得员工的理解和认同，贯彻到员工思想灵魂的深处和日常行为方式上。

（5）考核、评估、改进和升华企业的物质文化、行为文化、精神文化和制度文化的各个层次。

10.3.4 企业文化建设的途径

企业文化建设可以通过各种途径展开。它一般有下列四条：

1. 加强领导

企业文化建设属于一项长期性的、战略性的、重大的任务。因此，企业领导必须予以高度重视，将企业文化列入企业工作的重要议事日程。实践证明，优秀的企业文化都是在企业领导的高度重视、积极倡导、大力推进之下建立起来的。企业领导应身体力行、率先垂范，同时，善于引导、交流、协商，与企业员工一道投入这项重大而具有深远意义的系统工程中。

2. 吸取经验

企业文化建设必须从企业实际出发，解决企业自身的生存、竞争、发展问题。因此，不能照搬照套其他企业的文化模式。企业文化建设必须对其他企业的文化进行去粗取精、去伪存真、为己所用，借鉴其他企业的文化建设和发展过程中的原则、方法、经验、内容、方式、形式等有益之处。当今世界经济全球化、市场一体化的历史趋势不可改变。企业文化建设在新的时代，应该是开放型、融合型的。因此，必须兼收并蓄，充分吸取国内外先进的企业文化经验和精华，继承和发扬优秀的传统文化，逐步塑造企业文化。这是我国企业文化建设的一条重要途径。

3. 舆论导向

企业文化建设需要通过各种宣传手段和工具，以多种表现形式，制造舆论，营造氛围，引导企业员工自觉参与。企业文化的基本内容可以用标语、口号简明扼要地表示出来，通过各种媒体宣传报道，以取得社会的支持和认可。

4. 改革创新

企业必须适应市场经济发展的要求，建立现代企业制度。现代企业制度与企业文化互相联系、互相促进、互相依赖。现代企业制度必须依赖于先进的企业文化，先进的企业文化必须依赖于企业经营机制的转换和现代企业制度的建立。

10.3.5 企业文化建设的创新

1. 企业文化创新的意义

企业的生命力在于创新，创新包括技术、制度、组织、市场、文化创新。企业文化创新的作用更加突显，具体表现如下：

（1）企业文化创新能够帮助企业开拓新市场。文化的核心是一种价值，包括一套价值体系。企业发现新市场的重要前提是在企业文化中能够纳入社会文化的差异及变化，使企业本身有适应社会文化导致的市场变化的文化特质，这样才能把握新的市场机遇。

（2）企业文化创新有助于产品创新。企业所出售的产品并不只是单纯经济学意义上的产品，而是一种文化附加。企业文化给产品带来了高附加值，成为企业产品创新的驱动力。

（3）企业文化创新有助于创新项目的科学决策。企业文化只有适应世界文化的发展趋势，并做出相应调整，才能做出符合目标市场的社会文化、企业内部资源状况和文化积淀的创新决策，使创新项目产生理想的经济效益和良好的社会效益。

（4）企业文化创新有助于企业开展创新合作。相同的文化语言、文化背景、文化渊源，能够克服创新交流障碍，加速创新知识传递，沟通联系，在企业创新发展中起到独特作用。

（5）企业文化创新有助于形成企业员工的创新理念。企业文化实际上是企业全体员工共同创造的群体意识，包括创新的理念、价值观、企业精神、道德规范等内容，寄托了企业员工的理想、希望和要求以及他们的命运和前途。

（6）企业文化创新有助于形成企业的约束机制。企业文化的约束是一种内在的软约束。它来自企业创新的文化氛围、群体行为准则和道德规范。

2. 企业文化创新的途径

（1）塑造新的企业价值观。企业价值观是企业文化的核心。新的价值观要素包括：终身学习，不断发展，永葆最强竞争力；心胸开阔，吸收新信息；尊重人才，尊重知识；适应变革，敢于决策；甘冒风险，把握机会。

（2）塑造形神俱佳的企业品牌。企业品牌是企业整体素质的表现，是无形资产。它将企业宗旨、员工素质、产品质量、经营规模、服务特色以及企业标志等传播给客户和社会。

（3）提炼富有个性特色的企业精神。企业精神是企业文化的核心和基石。现阶段要倡导艰苦奋斗的创业精神、办事合作的团队精神、求真务实的开拓精神、强化约束的自觉精神。

（4）树立"以人为本"的核心理念。

（5）构建完善的创新制度文化。它是一种强制性的文化，是企业创新的基本保证。

3. 企业文化创新的实施过程

实践证明，成功的企业文化创新实施过程包括四个阶段：①组建企业文化实施机构。其中，办公室、生产部门、营销部门及其他部门负责人都要参加。②制定《企业文化实施纲要》。③提炼企业文化理念的各个子条款。④细化实施内容。

【个案】

海尔的文化战略

海尔公司成立于1984年，当时是只有800人、亏损147万元的集体企业。经过十多年的发展，1998年海尔已成为全国500强之一，销售收入162亿元、利润4.3亿元、品牌价值265亿元的特大型企业。

海尔公司之所以取得如此成绩，与其成功的企业文化战略无不相关。

1. 海尔文化战略系统

（1）企业内部系统。用海尔核心文化最大限度地调动企业员工的积极性，不断提高产品的质量。

（2）企业外部系统。用海尔营销文化最大限度地满足用户的需要，不断扩大市场份额。

（3）企业快速反应系统。用海尔的战略理念紧密关注并跟上国家宏观调控政策，及时抓住机遇发展企业规模。

2. 海尔文化核心

海尔高度重视人的价值，突出"以人为本"的理念，提出"赛马不相马"的人才观念，"个人生涯计划与海尔所有规划的统一"是海尔的企业口号，由此引出企业的核心价值观：人的价值高于物的价值，共同价值高于个体价值，共同协作价值高于独立单干的价值，社会价值高于利润价值。海尔特别强调共同价值是个体价值得以实现的根本保证，这是海尔的文化核心。

3. 海尔文化落脚点——品牌文化战略的实施

五个观念意识：

（1）质量意识。提出有缺陷的产品就是废品。"砸不合格的冰箱"事件确立了海尔的质量意识和品牌意识，并将其上升到敬业爱国、追求卓越的企业精神。

（2）市场意识。即品牌无国界。

（3）用户意识。用户永远是对的。

（4）品牌意识。即先卖信誉后卖产品。

（5）服务意识。提倡星级服务。

4. 启示

（1）企业要得到发展，确立企业价值观是最根本的动力。

（2）要确立可持续发展的科学发展观。

（3）要激发企业的三种学习能力，即学习主导市场的能力、学习快速应变的能力、学习关注未来发展方向的能力，从而保证企业的长久生命力。

思考问题：

1. 海尔文化战略系统是怎样构成的？

2. 海尔文化核心是什么？

3. 海尔文化落脚点——品牌文化战略实施的基本思想是什么？

4. 你认为海尔的文化战略有什么特色？

5. 海尔公司成功的企业文化战略对于中国企业有哪些启示？

【本章小结】

企业要实现其生产经营目标，必须具有自己的企业文化，并且能够将企业的文化力转变为企业的竞争力、发展力。为此，企业除了要有一定的正式组织和非正式组织以及"硬性"的规章制度之外，还必须要有一种"软性"的凝聚剂和调和力，即无形的"软约束"。

本章对企业文化进行了分析。首先，论述了企业文化的概念、特征、重大意义。一般企业文化由多个不同层次的部分组成。一种学说是三层次学说，即核心层是呈现观念形态的价值观、信念及行为准则，通常称为企业精神，它体现在企业经营哲学、宗旨、方针、目标、计划和体制等方面；中间层是呈现行为形态的员工的工作方式、社交方式、应付事变的方式等，通常称为企业作风；外圈层是呈现物质形态的产品设计、质量、厂容、厂貌、员工服饰等，通常称为企业形象。另一种学说是四层次学说，即企业文化包括物质文化、行为文化、精神文化、制度文化四个层面。

其次，分析了企业文化的功能、内容和主要因素及理论。

最后，介绍了企业文化建设的原则、步骤、主要途径与形成机制，并且结合企业情况进行案例分析。

【关键术语和概念】

企业文化　企业行为　凝聚力　企业形象　企业精神　向心力　文化功能　发展力

【练习题】

1. 企业文化与企业目标之间有何关系？
2. 构成企业文化的主要因素有哪些？
3. 你认为现代企业的发展需要什么样的文化理念？
4. 企业家应该具备怎样的文化素养去面对环境的挑战？
5. 企业文化建设的基本步骤、主要途径和方法有哪些？

【补充阅读】

1. 黄渝祥．企业管理概论．北京：高等教育出版社，2002.
2. 张平华．中国企业管理创新．北京：中国发展出版社，2004.
3. 张存禄．企业管理经典案例评析．北京：中国人民大学出版社，2004.

11　现代企业策划

⦿ **本章学习要点**
　　1. 认识企业策划的基本概念和构成要素。
　　2. 了解企业策划的基本程序和策划人员的培养方式。
　　3. 掌握企业策划书的制作方法。

⦿ **本章学习内容**
　　1. 企业策划的定义、构成要素及策划原则。
　　2. 企业策划的运作程序及管理。
　　3. 企业策划人员的素质与能力的培养。

⦿ 个　案
⦿ 案 例 分 析
⦿ 本 章 小 结
⦿ 关 键 术 语 和 概 念
⦿ 练 习 题
⦿ 补 充 阅 读

　　现代企业面对错综复杂、瞬息万变的市场环境，从市场输入各种所需的资源，生产经营多样价廉物美、适销对路的商品，参与市场的激烈竞争，这一切经营活动都必须经过精心策划，有效地组织实施和控制，才能确保各项经营活动的顺利开展及达到预期的目标和效果。如果策划不周，破绽百出，将给企业造成惨重的损失。对此，企业须加强对策划学的研究，加强对策划工作的管理，培养出优秀的策划人才，使企业跻身于先进的行列。

11.1 现代企业策划概述

11.1.1 企业策划的概念

"策划"一词最早可见于《后汉书·隗嚣传》中的"是以功名终申，策画复得"之句，其中的"画"就是"划"，"策画"的意思是计划、打算。

随着社会的发展，人们对策划的认识逐步深化并赋予了现代意识。中国策划学研究者陈放、谢宏在其所著的《文化策划学》中认为："策划是指运用人的智能，对未来所做的事情进行预测、分析，使之有效完成。"还有些学者提出了：策划是一种对未来采取的行动做决定的准备过程以及策划是一种构思或理性思维程序等观点。概括起来我们认为策划有狭义与广义之分。狭义的策划就是指对特定条件下某些事项的谋划或筹划。广义的策划就是指广泛存在于人类社会生产、生活与社会交往活动中的根据现实需要，依据事物发展变化的趋势，全面构思、设计、选择合理可行的行动方案，从而形成正确决策的工作。

1. 企业策划的定义及其内涵

概括总结对企业策划基本概念的认识，企业策划的基本定义可表述为：企业策划是根据企业现实的市场环境，围绕企业特点目标，全面构思、设计和选择企业未来发展的可行性行动计划的谋划过程。企业策划的内涵主要体现在以下几个方面：

（1）企业策划是在现实所提供的条件基础上进行的谋划。任何一种策划行为都是以人们的实践活动为发展条件的，是在现实所提供的基础上针对现实需求所进行的谋划。企业谋划同样必须立足于企业现实发展的实践，从企业现实出发展开对企业未来发展的谋划。企业策划者要掌握企业所面对的各种现实的情况，全面地了解客观实际的各种因素以及信息，分析研究收集到的材料，寻找出问题的实质和主要矛盾，在此基础上进行合理的策划。

（2）企业策划是围绕企业既定发展目标，针对企业未来发展所进行的谋划。企业策划所体现的是策划本身所具有的一种超前性的人类特有的思维素质。策划的步骤以假定目标为起点，然后定出策略、政策以及详细内部作业计划，以求策划目标的实现。它针对企业未来和未来发展，以及发展结果做出科学的决策，具有指导未来工作的价值，因此必须具有前瞻性特征。只有具有前瞻性的策划才可以把握事物变化的趋向，才是实现科学决策的重要保证，也是实现预期目标、提高工作效率的重要保证。

（3）企业策划具有明确的目的。企业策划一定要围绕既定的目标或方针，努力把各项工作从无序转化为有序。企业策划可以使人们正确地把握事物发展变化的趋势以及可能带来的结果，从而确定能够实现的工作目标和需要依次解决的问题。

（4）企业策划总是针对一定的具体课题而展开的。策划基本的含义是对某事、某种项目有何计划、打算，采取何种对策。企业策划工作更是针对企业运行的战略战术问题所展开的，具有明确的指向性。

（5）企业策划是一门思维的科学，策划工作要遵循科学规律。从企业策划所具有的思维科学的属性上看，企业策划要定位准确、审时度势，把握主观与客观，辩证地、客观地、发散地、动态地把握各种资源。同时企业策划也是一门设计科学。它要求企业策划必须根据企业的需要来设计项目与策划的目标。

（6）企业策划是按特定程序运作的系统工程。现代企业策划为了保证策划方案的合理性和高成功率，不可避免地趋向程序化。这种程序性的策划，要求从确立策划课题到形成策划方案，再到实施策划，策划的各个要素要做到有序进行，各个方面的活动有机组合，各个子系统相互协调，形成一个合理的整体策划。

2. 企业策划的基本要素

企业策划的基本要素是指构成企业策划活动的必要条件和必要因素。从企业策划的活动要素构成上看，企业策划由策划者、策划目标、策划对象、策划方案四个基本要素构成。

（1）策划者。企业策划者是企业策划活动的主体因素，是企业策划活动任务的承担者，是策划工作的实际操作者。策划者既可以表现为策划公司的策划人员，也可以表现为企业内部的企业策划人员；既可以以策划团队（智囊团）的形式出现，也可以以个体的职业策划人员的形式出现。策划活动是人类高智慧的行为，因此对作为每一个个体的策划者来说，要担当起策划主体的重任，就必须具有较高的素质，既要知识丰富、学识渊博，分析问题与解决问题的能力较强，能见微知著，预测事物发展方向，有组织才能；还要求有过人的胆量和勇气，有坚定果敢的性格，有创新的精神，有使别人接受自己策划的能力。博学多识是策划者进行策划活动的基础，谨慎细心是策划者成功策划的保证。

（2）策划目标。企业策划目标是企业策划所要达到的预期结果和策划者将要完成的任务。目标引导实践活动，指引人们取得成功。策划目标依据不同的环境条件制定、实施，它是评价和检查任务完成程度的唯一标准。

（3）策划对象。企业策划对象是策划的客体要素。在企业策划活动中，它是策划目标指向的对象。策划对象既可以表现为企业内部的员工群体、个人、决策层，企业外部的顾客、经销商、代理商以及相关公众等由人构成的对象要素；也可以是由产品、部门、地区等由物或组织构成的对象要素。策划对象处于不断发展变化的环境中，随环境的变化而变化。这种变化性决定了企业策划中认知策划对象的至关重要性。

（4）策划方案。企业策划方案是策划主体从策划目标出发，创造性地作用于策划对象的产物，是在创造性思维的过程中，遵循科学的策划运作程序和步骤设计完成的。企业策划方案是企业策划活动最终的结果，它详细记录了策划的方法以及实施内容。企业策划方案也是企业策划活动成果的唯一标志，它提供策划实施中反馈信息的对比依据。

3. 知识经济时代的企业策划及观念更新

知识经济是指区别于以往以传统工业为产业支柱，以稀缺自然资源为主要依托的新兴经济，它是以高新技术产业为第一产业，以智力资源的占有、配置，以科学技术为首要依托的一种可持续发展的经济。知识经济将给人类社会带来全面而深远的影响，它不仅导致了宏观上的全球经济结构和产业结构发生从物质型经济向信息知识型经济的转变；也给不同区域社会经济、文化发展以及微观上的每一个社会组织特别是企业带来竞争全球化、活动网络化、组织虚拟化、运营创新化、管理知识化等一系列变革，这些变革有的显示为现实的，有的则是潜在的、长远的、战略层次的。面对知识经济的上述时代性特征，作为给企业发展以智力支持和决策支持的企业策划，也必将在继承既有理念的基础上，产生新的策划与谋略观念，引起新变化。其具体表现在：

（1）追求企业整体竞争实力的增强成为企业策划的基本目标。知识经济时代，激烈的竞争将使企业再也不能简单地或盲目地跟随市场、应和市场，而必须把握市场经济深层次的规律，进行开拓市场、创造市场的竞争。创造市场的竞争，不再是单纯质的竞争与量的竞争，也不再是"一招一式"的较量，而是企业整体实力的竞争。企业的实力，不再是单纯地表现在规模和资源上，也不再是单纯的产品和销量上，而是企业整体的系统性、科学性和应变性，以及企业整体的创新能力上。企业的创新能力是指企业在一定条件下产生新思维、新方案、新组合、新方法的能力，它是企业内部综合素质的表现。随着世界经济一体化和国际市场竞争的加剧，一般意义上的科学管理，已经不能给企业带来超额利润。企业必须要有新的突破，不断创造出比别人更新的管理方式和创新技术，才能在竞争中取得优势。因此，进行企业策划，必须确立整体性谋略思想，以提高企业整体竞争实力为目标。

（2）专家智能策划模式将把企业策划与谋略推进到一个新的阶段。知识经济时代，随着现代科学技术的迅猛发展，市场机制逐步成熟，企业环境将更加复杂，企业间的竞争也日趋激烈。在这种情况下，企业策划不能是"个人英雄"式的谋略行为，即使是以人力为主的"群体专家策划"也将注入新的策划理念，其中重要的就是专家智能策划的理念。所谓专家智能策划，不仅具有"群体专家"的特点，即策划主体是由不同学科、不同领域的专家群体以及他们的学科组合构成的；而且可以通过电子计算机将成千上万的专家或灵感汇集、存储起来，并能够按需要方便、迅捷地进行选择、组合和加工，既包括策划人的智能，还包括机器的智能，这实际上是一种更大规模、更加广泛的"专家法"。

（3）信息技术成为企业策划与谋略成功的关键。知识经济时代是一个大规模生产和使用信息、知识的时代，信息作为社会组织的重要资源，是企业策划的基础性要素。在企业策划与谋略的实施中，信息战略与信息技术的策划与谋略，占有举足轻重的地位。由于知识经济时代，信息增长迅猛，传递速度快捷，策划中不仅要考虑占有多少信息以及用怎样的方式占有信息；更重要的还在于对信息的综合分析、加工组合和有效利用。在策划中，如何把零散的资料变为系统信息，形成企业策划的有效信息，关键在于策划者对信息的综合分析以及合理组合。没有对信息的综合分析，就不可能激发灵感，也不可能产生企业策划中的创意与构思。因此，信息技术以及运用信息技术形成的信息战略、战术必然是企业策划成功的关键。

（4）知识创新是企业策划与谋略的灵魂。知识经济是以创新的速度、方向来决定成败的经济，创新是知识经济发展的内在驱动力，是知识经济的灵魂。创新需要在企业、消费者与科研机构等不同行业之间进行大量交流，在科学研究、工程设计、产品开发、生产活动与市场营销之间进行复杂的反馈，从而形成一种网络创新模式，使人类的各种行为更具有活力，推动创新精神的发扬和创新技术的出现。由于知识已经成为知识经济发展的主要动力，知识创新已经成为企业创新的典型特征，因此，企业策划必须以知识创新为灵魂。

总之，知识经济时代为企业策划提出了一系列崭新的课题，也引发了在思维方式、谋略理念、策划机制等多方面的变革要求，知识经济为企业策划开辟了极为宽广的领域。

11.1.2　企业策划的分类

企业策划根据企业经营活动所涉及的主要内容可划分为以下几种类型。

1. 企业战略策划

企业战略策划是围绕企业构建战略计划系统，制定企业中、长期战略，包括对企业总体战略的说明、企业分阶段目标设计、企业的行动计划和企业的资源配置及各级监控系统设计与各接口之间的协调、企业的应变计划等为主要内容的专项策划。

2. 企业文化策划

针对企业文化建设所进行的一系列调查分析、设计制作以及实施的活动就构成了企业文化策划。它包括了根据风俗、习惯、舆论进行的文化策划，根据企业一定的思维方式进行的策划，根据企业所要求的要素进行的策划。目标在于形成一种企业独特的有效的文化管理格局，形成企业文化支持下的企业核心竞争力。

3. 企业形象策划

企业形象策划是以为企业进行完整的企业形象（CIS）设计，包括 MI、BI 和 VI 策划，并将管理理念和企业视觉形象结合起来，辅助进行适当培训，贯彻实施一整套企业文化等为内容的专项策划。

4. 企业品牌策划

企业品牌策划是围绕企业创立驰名品牌中所涉及的战略战术进行的专项策划。策划内容包括品牌定位策略、品牌质量管理策略、品牌开发策略、品牌延伸策略、品牌全球化策略等。

5. 企业公关策划

企业公关策划是通过提出系统的公共方案，协助企业实现可持续业务拓展的专项策划。作为专业策划机构来说，此项策划主要包括提供深层次公关咨询及综合性市场营销服务，如政府关系、危机公关、媒介关系代理、公关活动管理、新闻中心代理等，以帮助企业获得并保持市场的领先地位。

6. 企业营销策划

通过调查、分析客户市场状况，为企业提供有效的营销解决方案，包括企业产品的国内和国际市场调查、市场占有率调查、市场细分化、目标市场的定位、定价策略、营销组合策略、市场管理、广告宣传策划、品牌管理、营销管理人员的培训、渠道管理及客户关系管理，从而使企业的市场开拓更具针对性和有效性。其策划内容涉及产品市场推广策划、企业产品拓展策划、企业营销制度策划、营销业态策划以及营销国际化策划等。

7. 企业产品策划

企业产品策划是围绕产品设计开发、产品市场推广、产品品质管理等内容进行的专项策划。企业通过产品策划，建立以完善产品开发设计为前提，以质量管理为保证，以产品行销策略为载体的产品推广支撑系统。

8. 企业媒介策划

企业媒介策划是在全面掌握媒体的最新资料，以及深入分析媒介动态和趋势的基础上，从研究受众及市场出发，以为企业提供媒介战略战术，或者提供正规化、专业化的媒介代理服务等为策划内容的专项策划。

9. 企业会议策划

企业会议策划是以知识共享基本理念为核心，针对企业多层面热点理论和实务研讨为主要内容的专项策划。其中包括策划、组织各类国际性理论与实务研讨会；提供一系列多方式的专家咨询服务；策划、组织各类企业管理专业培训；承办各类会议，如项目洽谈会、产品发布会、技术研讨会、展览会、公司年会、经销商大会等。

11.1.3 企业策划的原则

企业策划是一项严谨细致的工作，需要倾注十分的心血，按照特定的工作原则和要求，才能收到事半功倍的良好效果。这些策划原则主要有以下三条。

1. 企业策划的系统性原则

企业策划是一个系统工程，是一个运作程序。策划中的"金"点子和策划方案的详细内容既有联系又有区别。点子是一个灵感，而企业策划则是一个由点到面结合而成的体系。企业策划的系统性要求策划人员在策划实务中必须做到：①系统各细微策划要素的准确把握，就是强调必须考虑到所有要素特别是一些细微要素对策划的效果影响。策划最终能得到满意的收益效果的关键环节，在于与整个策划活动相配套的细微要素的准确实施。②策划整体效益与长期效益的战略把握。策划应避免盲目性、片面性，避免只追求短期效益的急功近利的做法，应注重长期的规划，策划首先应该是一个完整的、长久的规划。③短期与中长期策划方案，主方案与配套方案的有机统一。要避免只追求一时的轰动策划，应该合理分配资金，注意短、中、长三方案及主方案与配套方案两者的整体策划，科学到人、有序实施。中长期策划方案与短期轰动效应配套实施，目的就是避免策划的盲目性。

2. 企业策划的效益性原则

企业策划必须体现出以较少的投入获取较大的收益的效益性特征。这是策划的效益性要求，也是衡量策划成败得失、质量高低的一个重要标准。在这里，所谓较少的投入是一个相对的概念，其多少的判断可以从以下几方面考虑：①与竞争对手的同期投入相比所形成的投资效益比率；②与企业历史同期投入相比所形成的投资效益比率；③与市场通行价格形成的成本相比较所形成的投资效益比率。在衡量企业策划效益时，既要考虑有形资本的收益，还要考虑无形资产的收益；既要保证当前利益，也要着眼企业后续效应、可持续发展，做到两者的有机结合。

3. 企业策划的创新性原则

企业策划是根据一定目标提出富有创新性发展计划的过程，可以说创新既是企业策划的目标要求，也是衡量企业策划质量的一个标准，创新渗透于企业策划的全过程。因此，企业策划责在创新，只有通过这种具有创新性的企业策划，才能保持企业竞争优势。但创新不能凭空想象，不能想当然地去"创新"。不具有超前意识就要被淘汰，但脱离实际的所谓"超前"就要招致失败。企业策划需要策划人对企业特性和国情、省情、区情有非常深刻的把握，以及对社会和行业趋势的把握，应在掌握规律的基础上进行创新。企业策划者要在策划实践中贯彻好创新性原则，必须具备创新精神、创新知识、创新方法和创新环境四个基本要素和条件。①创新精神是指企业策划者在策划过程中所表现出的创新意识、创新欲望和创新品格，它在策划中起着核心作用。创新精神可以激发策划人保持勇于开拓、不断进取的精神境界。②创新知识强调企业策划人要实现企业策划的创新目标必须优化知识结构，夯实创新的知识基础。③创新方法强调策划人要善于运用非习惯性的思维方法来分析问题、解决问题。④创新环境就是强调在企业策划中必须努力营造对创新活动有利的内外部条件，确保具有创新性的企业策划的提出和实施。

11.2　企业策划的运作程序及管理

企业策划必须分阶段、有步骤地进行，循序渐进、逐步深化，把策划方案制订得十分周密详尽，有效地指导企业的经营活动成功地向前推进。企业策划工作分成三个阶段、八道程序，现将这些工作分别表述如下。

11.2.1　企业策划的前期阶段

企业策划的前期阶段应做好以下工作：

1. 确认策划课题与目标

企业策划是一种目的性很强的创造性思维谋略活动。任何一个策划方案的产生，都是针对企业的某个问题或者是针对某个特定的目标的。因此，企业策划必须将设定课题与目标作为策划工作的第一道程序。可以说策划的实际操作流程，是由正确掌握课题开始的。在策划工作中，确认策划课题的具体操作步骤是：①由企业或客户提出策划，阐明策划背景、动机以及欲达到的要求；②企业策划者与客户管理阶层会面商讨，确认策划课题；③接受课题并根据策划课题所涉及的策划任务制订企业策划工作方案。

在策划实施中，如果企业上级领导或策划公司所面对的客户，其课题指示模糊时，企业策划人员一定要再次确认。在进行作业时，也要不断向对方确认课题。在接受课题时，策划人员或参与策划的工作人员应做到：第一，收集并研究对方（负责人）的所有资料，为理解课题创造条件；第二，详细记录策划课题，说明布置会议的内容；第三，充分掌握发布者的讲解内容；第四，在听讲的同时，及时将自己的发现和感想记录下来，为进一步研讨课题和确认策划课题创造条件；第五，及时对课题发布中的各种问题进行多角度确认。

策划人员在接受策划课题后的主要工作包括：第一，进行讨论，整理出重点；第二，将疑问找出并加以整理，然后配合需要，再次进行课题方面的沟通工作；第三，最终确认课题并明确课题策划工作的起止时间、要求、费用、工作机构和人员分配。

2. 企业策划环境分析

企业策划环境分析是企业策划工作中的基础性工作，是企业策划中拟订策划方案的前提调查阶段，为策划中的创意构思提供素材。企业策划环境要素包括企业所处自然环境，国际、国内政治环境，产业环境，市场环境等。策划环境要素分析的具体操作步骤与任务主要包括：企业或客户提供工作概要及策划所需的公司和产品的资料，研究客户的市场环境，搜集市场最新情报及进行市场调查，分析市场情报和调查结果等。为企业策划提供详细的环境资料，具体内容见第三章"现代企业环境分析"。

3. 策划课题的创意与构想

策划课题的创意与构想是企业策划的核心阶段，也是体现策划人创造性的阶段。根据作用流程或策划思路的演进过程，策划课题的创意与构思分为概念挖掘、主题开发、制订具体操作计划三个层次。其中，概念挖掘居于策划的中央，属于核心层次的策划；主题围绕概念，居于中间层；居于主题开发外部的是时间与空间运筹的具体方案，属于延伸层。

（1）概念挖掘。概念挖掘是在策划人运用和发挥分析谋划能力的基础上，由整体上的期待效果构成的策划轮廓，到策划轮廓逐步清晰化的策划印象，再到形成内在结构的构想，最后到概念的形成，这样一个由表及里、逐步明朗、概括抽象的创造性思维活动过程。

（2）主题开发。企业策划活动的主题是对某项企业策划活动内容的高度概括，它集中反映着该项公共关系活动的中心思想。企业策划的主题开发就是一个通过科学策划形成企业策划活动中心思想的过程。策划人通过主题开发，可以形成诸多创意、设想、方案、形式、活动等；通过主题开发使整个策划方案有根红线贯串始终，可以指导整个企业策划活动有序进行。

策划人运作企业策划活动中的主题开发，就是要根据企业策划活动的目标，以及活动所针对的目标市场消费者的心理需求，设计出一个主客观双方受益的共识点，并将其表达出来。

因此，企业策划活动主题由主体目标、客体需求和共同载体三个要素构成。其中，共同载体是这个主题的具体表达形式，主体目标和对客体需求满足的承诺是主题的潜在内涵和外在表现，三者有机结合，构成策划活动的主题。

已经开发出的企业策划活动的主题，还必须具有简明易懂、独特新颖、生动具体等特征。切忌在主题表现上出现如下情况：①同一化，即不能与其他活动主题相区别，使受众混淆不清；②扩散化，即主题含糊，有太多的主张，使受众不得要领；③共有化，即缺乏明确的指向性等倾向。

（3）制订具体操作计划。制订具体操作计划是策划构想的细化过程。在主题开发完成后，根据已经确定的主题，制订具体的操作计划，主要包括策划活动开展的时间、地点、活动项目内容、组织机构和涉及人员、活动方式、活动日程、协助工作的组织和人员、活动所需要的设备有物资、具体经费预算等。具体操作计划的设定使构想变成详细的计划，从而为策划人头脑中的想法变成具体的、可行的方案准备了重要的内容，它使策划初具现实意义。

11.2.2　企业策划书的制作阶段

企业在制作策划书时应做好如下几项工作。

1. 制作企业策划书

（1）企业策划书的制作顺序。企业策划书（以下简称企划书）是企业策划工作计划的书面表达形式。企业策划活动通常是根据企划书来执行的。如果企划书的表现效果不佳，那么企业策划将无法得到预期的效果。如果说企业立案是情节，那么企划书便是剧本，两者互为依存。制作企划书，一般应按以下顺序进行：①撰写整个策划的大纲。②列出大纲中各章的大致内容。③检查大纲中各部分是否平衡，重新调整后，确定各章节分配。④将收集的资料以及构思的要点进行阐述，写进各章节。第一稿的企划书写成后，还要统一企划书的体裁与叙述方法，并留意主要细节，前呼后应。然后，正式撰写企划书。

（2）企划书的结构与内容。企划书的基本结构可分为以下10项：

①封面。封面是企划书的外在表现形式之一。通常封面应注明下列四点：A. 企业策划的形式；B. 企业策划的主体（制作企业策划的公司名称以及部门名称，或企业策划人名称）；C. 企划书的撰写日期；D. 企划书的编号。此外，可以在封面简洁地附加兼有说明作用的内容简介。

②序文。序文是企划书中核心内容的概括性说明文字。序文内容要求简明扼要，最多不超过400字。

③目录。目录是按一定次序开列出的反映企划书内容的章节篇目。目录的制作应考虑让读者看后可以很好地了解企划书的全貌。

④宗旨。宗旨是企划书中关于企业策划的必要性、社会性、可能性等问题的具体解说。企划书中的宗旨通过表明企业策划的理由来陈述从开始到立案的经过和意图。

⑤内容。内容是企划书的主干，是企划书中最重要的部分。内容因策划的类型不同而有所变化。

⑥预算。预算是对企业将要实施的策划活动所需投入费用的概算。实施策划活动必然需要投入一定的人力、物力和财力，因此，必须进行周密预算，使各种花费控制在最小规模内，以获得最优的经济效益。在预算经费时，为方便起见，最好绘制表格。

⑦策划进度表。把策划活动起讫全部过程拟成时间表，标示清楚何年何月要做何事。要

对策划进度进行检查，如未按表行事，而完成之日已定，则需要重新制订进度表。制订进度表是策划工作计划化、目标化的内在需要，是确保策划活动进度的重要措施，也是效果测评的一个重要依据。

⑧有关人员分配表。这是人事安排上必需的，何人负责何事，必须写明确。一旦发生权责不分或某个环节出差错，马上可以采取相应的改进措施。

⑨策划阶段、物品及场地。在何时、何地提供何种方式的协助，需要安排什么样的布置，需要何种物品等在策划书中都应做出细致的安排。

⑩策划的相关资料。这部分内容，主要是给策划参与者提供决策时的参考。资料不宜太多，应择其要点而附之。

2. 企业策划方案的优化

企业策划方案的优化，就是通过反复论证后，将操作性的意见体现到策划方案中的每一个策划工作环节，是确保企业策划方案具有现实指导性、可操作性的必然要求。

（1）企业策划方案优化的操作要求。在对企业策划方案的优化过程中，应着重考虑以下几个方面：

①方案实施过程中的人员问题。企业策划要求在实施中，调动一定的人员力量。而如何确保这些人员的及时到位，如何发挥其应有的作用，原定方案中所涉及人员的身世、思想、习性、交际范围等是否有所掌握等，都制约着策划活动的有效实施，在方案优化中应予以具体化考虑。

②方案与既得利益组织的关系问题。策划时常牵一发而动全身，关系到别的组织或团体，这时便要具体分析它们会在策划中获得什么利益，或是损失什么利益，它们会支持还是阻挠策划的实施，针对这些问题，都必须制定具体的对策。对策应在方案优化中予以体现。

③方案实施的资金条件。企业策划必须要有一定的资金保证。可以说，企业策划的经费落实，是策划活动启动、运行的重要物质基础。在方案优化中，应充分考虑其运作中可能遇到的难点，并预先在精心测算的基础上，提出几种备用的解决方式，同时通过优化使资金使用计划更加合理，消除各种资金使用漏洞。

④与新闻媒介的进一步协调问题。策划活动方案的拟定有时需要较长一段时间，具体实施传播时，通常会有各种实施传播条件的变化情况发生，这种变化可能是微弱的，但也可能是巨大的，为此，在实施前的方案优化中，应通过与新闻媒介的进一步协调沟通，使媒介策划更加适应操作时的具体实际，确保相应媒介策略的准确实施。

⑤方案实施中的不定变数问题。由于企业策划往往是"想人之所未想"的创造性活动，因此必然会在社会中引起一定的情感碰撞、心理摩擦和接受上的某种障碍因素，应准备应急对策和消除方法，以便使损失减至最低限度。

⑥与方案有关的法律与道德问题。策划方案在实施中，必须充分考虑所有涉及的法律问题和道德问题。好的策划方案，应体现强烈的法律意识，渗透崇高的道德要求。为此，策划实施前一定要综合考虑各种法律因素和道德因素，确保策划始终在遵循法律法规和社会道德要求的条件下，获得推动企业进步的应有的价值。

（2）企业策划活动方案优化的步骤。企业策划活动方案的基本内容确定后，还需要进一步分析评价，以期在动态修正中达到更好的效果。优化方案的基本步骤是：

①选择专家。优化策划方案，通常需要邀请专家来评估策划活动各个环节的优劣。邀请的专家，是根据策划任务的特点来安排的。在选择专家时，既要有权威性专家，又要有能对

策划可行性提供有价值意见的一般专家；既要有本领域、本学科的专家，又要有交叉、边缘学科的专家，这样才可以做到博采众家之长。

②确定群体结构。参加策划的专家，在人数上的规模主要由策划任务的复杂程度和信息交流的难易程度决定。小的群体，信息交流充分，可迅速得到策划的结果，但由于面过窄，不能保证对复杂问题落实的质量；群体增加，又会带来工作时间长、开支大等问题。因此，要确定一个合理的群体结构。群体结构就是专家之间相互沟通、协调的一种组织形态。

③综合意见。把众多专家意见综合，多属于非结构性问题，但客观上又有实现程序化、规范化的需要。因此，归纳专家群体意见，不是靠简单的举手表决，而是要运用一定的科学方法，如利用整理统计原理的方法，加以科学统计。

④答辩论证。一般由有关领导、专家和实际工作者对计划的可行性提出问题，由答辩人员答辩论证。

⑤持续优化。由于在策划工作中，策划人不完全就是执行人，因此，难免会在执行中出现与策划思路不符合、使策划质量降低的情况；另外，策划方案设计与执行时的客观环境、制约条件等都有可能发生变化，因此策划方案的实施，应从构思到行动终结，不断检查与总结，从可操作性与收益风险的角度不断发现问题，进行改进与深化。

11.2.3 企业策划方案的实施阶段

企业策划方案制订完成后，必须通过实施过程加以验证分析，评价与修正，使其逐步完善和成熟；并通过实施，锻炼企业策划人员，提高他们的策划能力和水平。这个阶段应做好的工作如下：

1. 策划实施前的准备

（1）模拟演练。在将策划方案提交实施部门具体实施前，策划人员可以按照策划方案的具体要求与操作程序，进行预先的模拟演练，进一步测试操作方式和检测操作效果。在模拟演练中，通常可以把参与人员划分为两个小组：一个小组人员可以充当评审人员，评审人员在模拟演练中，要仔细阅读策划书，之后站在评审者的立场上坦率地提出问题和质询意见等；另一个小组为模拟操作人员，主要承担方案的预操作任务，并要在模拟操作中，及时回答有关操作的相关问题。根据具体情况和实际需要，模拟演练可进行多次，最后应将演练情况进行汇总分析。

（2）与实施部门的沟通。当策划的制定与实施分属两个不同的部门或两个不同的单位时，要将策划付诸实施，策划部门就必须特别注意与实施部门保持良好的沟通。也就是说，策划部门要将策划的目的、内容与要点准确地传达给实施部门。如果不进行这种沟通或这种沟通不彻底的话，就无法达到预期效果。在沟通中，尤其是对策划书中的许多操作细节问题，策划人员与实施部门应有充分的磋商。

（3）策划方案的讲解。在策划实施前，策划人员应对实施部门和具体实施人员进行策划方案的讲解说明。讲解说明中应注意说明的主要内容包括策划的背景、策划的意图与宗旨、策划目标、实施内容、实施步骤、实施方法与技巧、实施中应注意的重点问题等。

在讲解说明中，根据需要可以在讲解主要策划方案后，对备用方案予以概要性的说明，以增强实施部门具体操作中的灵活性，以应对骤然变化的操作环境。在讲解说明中，讲解人员应思路清晰、重点突出、主题鲜明、用语恰当、对问题的解答恰到好处。

2. 策划实施中应注重的几个问题

策划实施中，具体实施应注意以下几个主要问题：

（1）依靠组织的力量实施策划。策划的实施必须充分依靠组织的力量。也就是说，一个策划方案的成功与否，一个重要的前提就是看实施中能否充分利用组织或团队的力量，实施队伍是否具有团队精神。

在策划实施阶段，由于策划环境处在不断的变化中，这种变化或不确定性，会导致实施人员情绪的不稳定性，以及彼此配合的不确定性，为此，在策划实施中，应根据不同企业所处策划环境的不同，建立一种有效的适应机制，消除影响团队内聚力的各种不利因素，形成有利于策划实施的组织力量。

（2）实施中的分工协作。策划实施人员要充分运用组织实施系统，把任务合理地分配给各个小组或各个部门（经营、生产、人事、财务、后勤等），使各个部门按各自的任务与职责分头实施。各个部门既要分工明确，又要有良好的协作。另外，各个部门要根据预算表和进度表，对策划方案中费用的实际支出和进度进行严密控制，并互通信息，交流进展情况，使策划实施工作保持最佳的协调状态。

（3）加强实施中的考核与评价。实施中要加强中间考核。中间考核与评价方法，因策划内容的不同而不同。重要的考核项目包括工作纪律、工作效率、传播效果、费用使用、市场推进状况等。为此，企业应建立一定的考核、奖惩制度，制定相应的考核表，对考核人员要事先进行严格培训；对中间考核结果，要及时汇总，并对已经出现的问题，有针对性地采取改进措施。

3. 策划效果分析

策划实施后的效果评估，是总结、积累策划经验，进一步提高策划水平，并确保下一步策划实施获得成功的重要环节。策划效果的评估，要通过策划实施的信息反馈与结果分析来实现。具体来说，可以参照下列步骤进行操作：

（1）分析结果。当策划结果出来后，还必须对这一结果的形成经过做充分的分析、检讨，找出成功的经验和失败的教训，以利于下次策划。分析结果主要是分析策划实施的过程和结果与策划方案的预测之间的差距。这种差距不仅表现在定量的结果方面，也表现在定性的过程方面。在具体分析中，概括起来涉及的主要工作内容是：准确掌握预测值与结果之间的差异，分析差异的原因；找出实施过程中的有关问题并确定问题点；总结本次策划立案以及实施过程中的教训、启示以及创意等，以便在下次策划中改进。

（2）问题点的进一步分析与改进。导致策划出现与预测效果产生差距的关键环节，构成了策划方案中的问题点，通过分析结果找到问题点后，应进行更深层次的分析，并在分析基础上，提出改进意见。寻找到的策划中的问题点，就是下次策划的改善点。策划问题点的分析不仅应由策划者个人来做，也应由策划小组以及实施部门来做。通过召开分析会，对问题点进行分析。

在问题点的寻找和分析中，应避免一开始就妄下结论以及仅仅只是通过调查表对实施人员和策划人员进行调查等做法。如果一开始就妄下结论，就会把人们的注意力集中于自己的某种经验判断上，或受思维定式的影响，而得出某种错误的结论。仅仅只是通过调查表进行调查，很难掌握策划的细节，也就很难找出真正的问题所在。

（3）策划结果的界定。策划的结果可以用"策划力×实施力＝成果"的公式来表示。策划结果的界定包括成果鉴定和责任界定两个方面。策划方案移交给实施部门执行，如果取得应有成效，结果非常理想，就需要进行成果界定，主要是对成果的价值进行认定，对实现该成果所涉及的策划人、实施人或单位和部门进行认定等；如果结果不理想，并找出了策划的问题点，就需要进行结果责任的界定。要界定好策划结果责任，策划人在策划实施前，可以做一张明确策划责任和实施责任的评价表或责任书，要求各部门实施人员，在实施活动前界定责任，以确保策划实施工作责任明确。

（4）分析结果的储存与运用。通过策划效果分析所形成的有关策划结果分析鉴定的资料，以及期间分析者自身所形成的认识，都构成了策划知识和策划经验。为此，效果分析的最后一个阶段性工作，应当是对分析结果的有效储存和合理运用。在这个环节的工作中，资料保存一定要注意规范化，通常企业的策划部门，应建有完备的档案管理系统，对策划资料及时予以分类化、动态化的整理归档，并为随时使用提供便捷的资料查询系统。

11.3　企业策划人员的素质与能力培养

企业策划是一项具有挑战性的工作，企业经营策划活动的成效与业绩，有赖于策划人员的素质、技能及积极性和创造性的发挥。注重对策划人员的培养是企业十分紧迫和重要的任务，企业必须抓紧做好这项工作。

11.3.1　企业策划人员的基本素质

企业策划人员应具备的基本素质是：

1. 企业策划人员的政治思想和道德素质修养

（1）政治思想素质。企业策划人要有正确的政治方向、信念、立场和观点，包括人生观和价值观；要有对与咨询企业经营有关的各种政策法规的领悟力与执行力；要有敏锐的政治鉴别力，对于所负责的咨询企业和项目涉及的政治事件和思想问题有洞察和辨别的能力，以国家和人民的利益为重。

（2）职业道德。具有良好的社会公德、职业道德的正确的价值取向是企业策划人基本的道德素质修养的重要表现。企业策划人应有以天下为己任的博大胸怀，自觉确立以人为本、服务社会的策划理念；在策划活动中遵守咨询业的道德规范。重视保持企业的信誉，不为谋取一时的利益而进行欺诈行为；严格保守国家、客户和本企业的秘密；切实保证本企业咨询产品的质量，以优质的服务满足企业或客户的需求，赢得企业的信赖。

（3）开拓和创业精神。企业策划人应有强烈的事业心和开拓精神，不畏艰难、不怕挫折和失败，具有百折不挠的勇气；善于接受新事物，敢于摒弃旧观念，树立新观念，有创造卓越的竞争意识和自信心；有强烈的创新意识和清醒的风险意识，既不因循守旧、墨守成规，敢于冒风险，敢为天下先；又要做好应对各种风险的准备。

2. 企业策划人的知识和技能素质

企业策划人员在知识结构上应具有博采广学的特征。从企业策划的专业工作的要求来看，企业策划人员应把握好三位一体的知识构成：第一，策划学的基础理论和实务知识。其中包括策划学的基本概念、基本智能、基本原则、工作程序和基本方法等。第二，做好企业策划应具备的相关的学科知识。如管理学科中的管理学、行为科学、市场营销学等；传播学科中的传播学、新闻学、广告学等；社会学科和心理学科中的社会学、心理学、社会心理学等。

第三，有关策划工作所涉及的专业知识和策划项目中所需要掌握的有关社会、经济、政治、法律等方面的知识等。概括起来应注意以下知识和技能素质的提高：

（1）政策理论素质。策划人须对国际和国内的政治、经济和军事的基本政策和理论有全面系统的了解，对迅猛发展的科技潮流有动态的跟踪和科学的预测，当前尤其对知识经济和技术创新的现状和前景有客观的评价。

（2）金融法律知识。企业策划人必须掌握有关金融、财会、税法、经营方面的知识，学习资本经营、经济法律、国际金融贸易等学科以及相应的操作技巧，自身学会理财之道才能帮助企业创造财富。

（3）专业技术知识。企业策划专业知识主要包括企业策划咨询理论、方法、技术等。企业策划人要掌握世界现代咨询策划理论的最新进展和现代化的咨询策划方法与技术，涉及软科学研究、市场调查、数据处理、统计分析、建模、网页制作和上网操作等，还要求具有一定的计算机操作技能。此外，由于企业策划涉及面较广，还需要掌握一定的高新技术领域的专业知识。

（4）经营管理知识。要做好企业策划工作，企业策划人必须具有企业经营管理的理论知识。企业管理是科学，企业策划同样也是一门科学，它涉及机构、人事、财务、业务等多层面的经营管理内容。要做到科学管理，就要采取系统工程的方法，使企业形成一个有机的整体，有条不紊地运行。针对企业管理与经营的策划工作，策划人就必须熟练掌握企业经营管理的基本理论和知识技能。具备企业经营管理知识是从事企业策划的基本前提。

（5）现代化技能。企业策划人应适应日益到来的学习型组织与学习型社会的要求，掌握现代化手段与技能；并通过掌握计算机应用技能和较好的外语水平等学习现代化技能的"基本功"，实现知识与技能结构的优化目标，从而适应不断发展的现代科技和经济进步，对企业策划人提出的新的更高的素质要求。

3. 企业策划人的行为和经验素质

（1）决策、谋划素质。企业策划人要帮助企业决策者驾驭企业，使其在市场竞争中破浪前行，就应具有能够站在战略思维的高度进行决策、谋划的思维品质。

（2）协调、管理素质。优化企业管理、协调企业行为是企业策划中必须要实现的目标要求，为此，企业策划人应善于将管理知识和经验用于企业策划与企业咨询实践中，具备实际的组织协调、企业管理的素质，并具有较强的团队意识、合作意识。在策划中企业策划人还要有分工协作的工作观念，要有创造最佳工作绩效的管理意识。

（3）育人、用人素质。进行企业策划还需要通过策划激活企业人力资源，为企业创造一个良好的用人机制。为此，企业策划人自身要知人善任，善于站在企业发展战略的高度发现人才、培养人才、储备人才，善于通过建立激励机制和约束机制来调动每个人的积极性。

4. 企业策划人的身体和心理素质

身体和心理素质是决定企业策划人整体素质的必要条件，是企业策划人形成较强策划力的重要保证。它主要包括：

（1）身体素质。企业策划人员要胜任十分繁重的企业策划任务，必须有一个睿智的头脑和一副健康的体魄。只有勤用脑、勤锻炼，才能保持旺盛的精力，去应对激烈的市场竞争和繁忙的市场运作与企业策划工作。

（2）心理素质。在激烈的市场竞争中，企业策划人要有经得住成功与失败的考验，胜不骄，败不馁，在纷繁复杂的环境中保持相对平静的心态，"以静制动"，才能冷静地分析和处理问题，抓住机遇，以顽强的毅力和锲而不舍的精神，争取获得最佳的效果。企业策划人员的职业心理要求主要有：①自信，即对自己所从事的策划事业总是充满了必胜的信念。在工作中能够面对挑战，敢于追求卓越。②勇敢，即具有敢于破除旧观念、旧思想的束缚，具有勇于探索、大胆开拓、敢于创新的心理品质。③果断。果断也是策划人需要的一种心理品质，因为，策划人的水平虽高但若不具有果断的心理品质，就会贻误战机，机会一经错过，再好的策划方案也是一纸空文。④开放。策划工作是一项创造性的工作，这种工作要求策划人应以开放的心态，不断接受新事物、新知识、新观念。只有具备了开放的心理品质，才能用发展的眼光、宽广的视野看待问题，才有助于提升策划工作质量。

11.3.2　企业策划人员的基本能力

企业策划人员的基本能力要求主要有：

1. 注意力

注意力是能力结构中首要的素质要求，因为，企业策划人员只有把注意力集中于所要策划的课题上，才能对课题有创造性策划。策划人员的注意力表现为能够在复杂的环境中，排除各种影响创造性思维活动的干扰因素，高效率地锁定策划目标，高质量地捕捉策划环境中最有价值的信息元素，可以说较强的注意力是策划人员形成自身观察力的基础。

2. 观察力

观察力就是指全面、正确、深入地分析认识客观现象的能力。企业策划人员在观察力的培养上，应该做到具有通观全局、全面分析的分析力；具有透过现象、抓住本质以及着眼发展、科学预见的判断力。策划人员只有全面、深入、反复地观察客观现象，才能发现问题的症结之所在，才能找到解决问题的方法，才能取得策划的成功。具备较高观察能力的策划人员，还应善于从过去和现在的资料文献中，迅速地察觉出可供策划的资料，并转化为策划中用于创意活动的重要素材。总之，"察人之所未察，见人之所未见"是策划人应具备的重要能力。

3. 记忆力

记忆力是指大脑对经历过的形象的储存和再现能力，它包括识记、保存、再认和再现四个阶段。记忆力是学习的前提和基础，记忆力越强，掌握的知识就越多，观察时就越容易发现问题，思考就越全面、深刻。

4. 思维能力

思维能力是在一定理论指导下的理性化的系统思维谋划能力。对策划人员思维能力的要求表现在：思维的逻辑性，即根据逻辑规则进行思维；思维的流畅性，即思维活动必须顺利完成从分散到集中的思维流程；思维的直觉性，即具有透过表象判断本质的思维能力；思维的广深性，即既有思维的广度又有思维的深度；思维的灵活性，即具有善于进行多向思维的能力。

5. 判断力

判断力是指企业策划人建立在及时把握事物发展变化趋向以及社会发展方向基础上的，在策划进程中所具有的明晰利弊得失、形成正确决断的能力。具有较强判断力的企业策划人，应不断提高自身认识未来发展的趋势和社会价值取向的水平，以保证自身在策划实践中的各种决断和预测不背离正确的方向，进而获得具有前瞻性的决策。在策划实践中，企业策划人特别要对社会生活中所发生的新生事物有敏锐的反应能力。因为，只有及时呼应社会的新风尚、新时尚、新事物，才能使策划体现时代精神和创新特色。企业策划人要具有较强的判断力，还应培养自身的审美能力。策划人较高的审美能力表现在能够领时代风气之先，符合大众审美标准，而又卓尔不群。

6. 构想力

构想力就是指策划人建立在丰富的想象、精心的构思基础上，所应具有的及时提出蕴含创新性品质的巧妙构想的能力。在构想力的形成中，想象是关键。想象能力是策划人的知识积累和智力开发的结果。没有知识阅历做基础，就不会有丰富的想象；没有睿智的头脑，也难以使自己的头脑在更为广阔的领域自由驰骋。因此，作为构想力基础的想象力的培养一要积累知识，二要勤于思考、善于思索，肯动脑浮想、联想、遐想或幻想，并在此基础上大胆地提出各种蕴含智慧的假说、设想，这是成功策划的思维前提。

7. 整合力

整合力就是指企业策划人在占有大量信息资源的基础上，所应具有的有效取舍信息元素，形成策划要素组合的合力效应的能力。企业策划人需要对策划活动中的系列行为举措进行整合。

（1）整合首先要提纲挈领，抓住中心，抓住事物的主干，并突出灵魂，用灵魂统帅策划活动的始终，并以主题思想作为旗帜，将相关内容统串在一起。

（2）整合的过程也是对对象进行合理取舍的过程。整合中取什么、舍什么，如何链接，如何铺垫，如何突出中心，如何呼应，如何点睛等，这些环节操作过程的效果是评判企业策划人能力强弱的试金石。

（3）整合力的获得还要以策划人应具有的信息情报资源的大量、合理、高效的占有能力为前提。策划人要创造性、创新性地提出策划方案，首先就必须占有大量的信息情报资源。在处理和利用所占有的情报时，鉴别、取舍、浓缩、引申、推断的过程就是整合信息资源的过程。

8. 表达力

企业策划人的创意需要精当生动的表达，这样才能实现其应有的效果。精就是精确、精致、精粹，不偏离、不啰唆、不烦琐；当就是适当、恰当，具有准确性、分寸感；生动就是要调动语言、艺术技巧，使其在色彩、形、字里行间等方面都生机盎然，内蕴丰富，动感强烈，感染力强。

9. 执行力

执行力就是企业策划人将创意整理为可实行的方案，并指导操作者有效实施的能力。作为一个合格的企业策划人，只有创意是不够的。杰出的企业策划人不仅要善于出主意，而且提出的企业规划方案要能够付诸实施，实施后能获得良好的结果，包括营业额提高、收益增加、成本降低、员工士气提升、经销商共识增加、企业品牌形象蓄势增值等。具有执行力的企业策划人，还必须把自己美好的创意、独特的构想予以加工、整理、修正，巧妙融入企业的计划中，使企业中每一个具体操作者能够理解、领悟并支持这个企业规划方案，并有效执行，这样才是具有执行力的具体体现。

11.3.3 企业策划人员的培养

1. 培养途径

要造就一支高素质的企业策划队伍，就必须加强对企业策划人员的培养。对策划人员来说，也必须经过一定的专业教育和专职教育以及培训，才能适应策划工作的要求。根据国外的经验和我国的实际情况，培养企业策划人员的基本途径主要有以下两个：

（1）通过大专院校公开招生，进行专门教育和培养。在当代经济发达的国家，担任大公司企划部以及咨询公司的高级企业策划人员，一般都是通过正规大学培养的本科毕业生，有的大学本科毕业后还要再接受一至两年的相关专业的研究生教育。

（2）在职培养企业策划人员。企业策划是一个实践性很强的学科，要想成为一名出色的企业策划人才，就必须通过社会实践。广泛的阅历和经历，与各种公众交往的经验，对临时事件进行应变策划的能力，都是在实践中形成的。因此，企业要重视在工作中培养企业策划人员。

2. 培养方法

作为一个企业策划公司或企业内部的企业策划部，应根据自身特征确定培训的具体内容、方法、时间，并及时聘请培训老师。

（1）培训的方法。初期培训一般采取四种方法：一是课堂教学，大型的企业策划公司或大型企业的企业策划部拥有自己的培训中心或培训学校。教学一般采取课堂教学的方法；小型企业策划公司或小型企业的企划组织，没有自己的培训中心，一般是派出去学习。课堂教学应注意调动学生的积极性。二是进行模拟练习，就是选择一些企业典型咨询策划案例，让大家讨论，进行咨询策划的实验。三是跟班实习，即学员可深入某一个企业去实习。四是自学，自学比培训更具有灵活性，其内容由老师确定。

（2）选择培训教师。培训教师要根据培训内容和方法进行选择，一般包括两类：课堂教学教师和实习教师。课堂教学教师应是具有咨询策划理论和实践经验的人员。他们可以是企业策划公司的高级咨询人员，也可以是外请的大学教授或有声望的其他公司的咨询策划顾问。实习教师，对于一个策划公司来说，他们应是与客户在一起工作的执行咨询顾问，他们必须有一定的培训能力，热心指导学员。双方共同工作，一起完成若干咨询策划任务。

3. 培训内容

对企业策划人员的培训应从基础性培训与专业性培训两个方面确定培训内容。其中基础性培训内容主要包括：

（1）政治素质的培训。它主要是通过培训，使企业策划人员提高自身的理论修养，培养实事求是的工作作风，公正廉洁、谦逊礼貌、宽容大度的良好品德，服务社会、服务顾客的价值观念。

（2）心理品质的培训。它主要是培养企业策划人员的良好心理品质，使他们具有广泛的兴趣、稳定而乐观的情绪、开朗的性格以及不断追求的意志。

（3）基本知识的培训。它主要是通过对企业策划人员的培训，使他们具有扎实的专业理论知识、管理科学知识及相关科学知识，具有合理的知识结构，从而在掌握知识的基础上提高自身的策划能力。

（4）基本能力的培训。它主要是提高企业策划人员的决策能力、创新能力、应变能力以及表达能力、社会交往能力等。

【个案】

"汽车自动遮阳篷"开发企业策划书

1. 开发目的

夏日，被日光照射的车中温度往往在50℃以上，方向盘非常热，令人有不敢触摸之感，即使立即打开空调，也需花费一定的时间，才能降低车内温度。为了能够降低车内温度，停车时简单地进行防晒处理，非常必要。为此，需要开发能够遮挡夏日强光照射的汽车自动遮阳篷。

2. 新产品的特点及结构

（1）汽车自动遮阳篷具有以下特点：①操作简单（盖上、取下非常容易）；②原料为布，结实且轻便；③价格便宜。

（2）新产品结构。

可以将新产品卷起放入盒中，该盒可放入汽车的后备箱内。遮阳篷的布不直接与车体接触，用细长棒将布与车体隔开2cm，以此空间取得隔热效果。

（3）新产品简图（略）。

3. 新产品实验结果

经过测试得出的结果是：汽车盖上此遮阳篷后，当阳光直接照射汽车时，能使车内50℃~60℃温度降低至30℃~40℃，实验数据如下：

项目 \ 温度 \ 车种	A	B	C
盖上遮阳篷	35℃	38℃	30℃
没盖遮阳篷	58℃	62℃	52℃
汽车外气温	29℃	30℃	28℃

4. 销售价格

经过测算，其销售价格大致为1 500元。

5. 开发日程安排

3月1日起在各种资料准备齐全的情况下开始设计，预定7月1日生产出500套上市。具体日程安排略。

【案例分析】

1. 此策划书结构简明，层次清晰，任务明确，要求各部门协同配合，按要求组织完成。

2. 此策划书以新产品实验的结果为依据，其设计、生产、销售等经营活动都建立在科研的基础上，有希望打开市场，争取用户。

3. 策划人员要紧密联系企业生产经营活动的实际，才能做出周密的策划及安排，确保在7月初上市，抢占时机。

【本章小结】

企业策划是对企业生产经营活动运营前的谋划和安排，这项工作需要知识智慧、实践经验、信息的掌握、科学的分析、人才培养。本章介绍企业策划的基本知识，要求初学者认识企业策划的类型，策划的原则、程序和方法，注重提高自身的素质和能力，并立志成为企业策划的专业人才，为企业的发展做出贡献。

【关键术语和概念】

企业策划　策划者　策划方案　形象策划　产品策划　营销策划　公关策划　品牌策划

【练习题】

1. 现代的企业策划观念发生了哪些变化？
2. 企业策划运作的基本程序是什么？
3. 策划书的基本构成是什么？
4. 怎样提高策划人员的工作能力？
5. 撰写一份企业策划书。

【补充阅读】

1. 张爱玲. 现代企业策划. 北京：中国经济出版社，2002.
2. 陈建平. 企划与企划书设计. 北京：中国人民大学出版社，2000.
3. 徐育斐. 市场营销策划. 大连：东北财经大学出版社，2002.

12　现代企业诊断

12.1　现代企业诊断的概念、意义与种类

12.1.1　企业诊断的概念

1. 企业诊断的含义

顾名思义，诊断是在检查病人的病症之后，判断病人的病症及其发展情况，以便对症下药。它本来是一个医学名词，现在把它借用于企业管理。企业诊断就如同医生对患者的身心诊断，其目的在于维护病人身体与心理的健康，在于维护企业生产经营运作的健康发展。

企业诊断有狭义概念与广义概念。所谓狭义的企业诊断，即开"处方"，是指诊断企业弊病，寻找致病原因；所谓广义的企业诊断，包括两层含义：既诊断又治理。它是指不仅能

够开出"妙方良药",而且要求帮助企业"对症下药"。也就是说,企业诊断,是指分析、调查企业生产经营的实际状况,发现运营中存在的问题,然后有针对性地深入企业的具体运作中,运用科学方法,进行定量或定性分析,查明产生问题的原因,提出切实可行的改进方案,进而指导方案的实施,以提高企业经济效益,谋求企业合理经营、和谐发展的一门管理科学。

2. 企业诊断的来历与发展

企业诊断,在美国称之为"管理咨询"或"管理顾问";在日本称之为"经营诊断"或"能率指导";在中国称之为"企业诊断"。国外企业诊断的产生与发展,大体上经历了三个阶段:

(1) 企业诊断的萌芽阶段。企业诊断最早以咨询的形式起源于英国。在 19 世纪 90 年代,英国建筑师约翰·斯梅顿组织了一个"土木工程协会",独立承担从土木工程中分离出来的技术咨询服务工作,这就是最初的诊断业。美国开展企业诊断工作也比较早,早在 20 世纪初期,企业管理顾问咨询组织机构就已产生,在 20 世纪 20 年代开始普遍盛行。以后相继传到了英、法、德等国家。1916 年,日本的上野阳一在东京"狮牌"牙膏厂进行了改善流水线作业方式的指导工作,这是亚洲企业诊断的萌芽。

(2) 企业诊断的全面诊断阶段。全面诊断阶段大体发生于 20 世纪 50 年代至 60 年代。由于科学技术的不断进步,一些发达国家经济发展迅速,市场竞争激烈,发展中国家也在寻求脱贫致富的道路。在此环境下,企业项目可行性论证、企业筹资分析、资源合理配置、经营方式选择、市场预测及决策、市场营销策略研究等都需要指导和服务。企业的全面诊断由此产生了。本阶段的特点是:①企业诊断的主要目的是建立现代企业制度。②企业诊断的范围从个别企业及其内部个别部门发展到所有企业,从对中小企业诊断发展到对大企业诊断。③企业诊断的重点在于经营管理总体。也就是说,从单纯的部门研究、单项经营活动细节改善,转向企业经营总体改善;从企业个别方面的基础性诊断,转向以经营管理为中心的企业总体诊断。④企业诊断的机构逐步健全完善。企业诊断机构成为企业集团的"智慧库",例如,美国的兰德公司、英国伦敦国际战略研究所、日本的野村研究所等。

(3) 企业经营诊断阶段。20 世纪 70 年代以后,企业诊断的重点由一般的全面诊断阶段转向以企业经营为中心的系统诊断阶段。此阶段的特点是:①系统性强。以企业的经营活动为中心,强调系统诊断和非系统诊断相结合。这不仅看到企业眼前的营运活动,而且着眼于企业长远的战略规划。②方法多样。诊断技术中运用了宏观经济模式、系统规划、经济预测等方法。

现代企业诊断产生于 20 世纪 30 年代的美国,发展于 20 世纪 50 年代和 60 年代。至今在西方国家有超过 80% 的企业非常重视企业诊断。为了保证企业能够健康经营、持续发展,企业应聘请有关方面的专家,针对企业经营发展中的问题,用科学的方法进行分析研究,提出改进方案,并且实施有效治理。当今,在许多发达国家或地区,例如,美国、西欧、日本等国家和中国香港、台湾等地区的企业,都相应开设专门企业诊断与治理的课程,教授企业诊断与治理的知识,培养企业诊断与治理的人才。

当今,企业诊断与治理已经发展成为世界企业管理中不可或缺的新兴的高层次的应用管理科学,在当代企业管理中占有极其重要的地位,成为成功企业家和高级管理人员必备的知识。中国企业为了适应加入 WTO 的需要,通过诊断与治理,搞清楚自己企业的优势、劣势、问题之所在,谋求企业经营战略方针的正确性、清晰性、科学性。以现有事业的诊断为基础,对将来所要经营的事业发展设定目标,进而为目标的实现及其经营行动加以确定,使企业能够在竞争中求生存，在生存中求发展，在发展中求提升。

3. 企业诊断的比较

为了更加准确地理解企业诊断，下面对企业诊断与企业咨询、管理顾问进行比较。

（1）企业诊断是在企业咨询活动的基础之上发展起来的。从上述企业咨询的来历可知，20世纪50年代，企业诊断从繁杂的咨询服务中游离出来成为一种企业诊断制度。这种制度有组织性，全面诊断企业生产经营活动，提出改进方案，并负责指导其实现方案。

然而咨询顾问只是就具体问题帮助企业论证或提出解决的方案，却没有帮助企业实现这个方案的责任。

（2）企业诊断包括纯营业性的或由政府设立的诊断机构与企业性诊断机构相结合的企业经营诊断制度，它是一种专业性很强的工作，具有高度的科学性、综合性和独立性。

然而咨询顾问一般隶属于领导集团，容易在一定范围内凭借领导权力获得所需的信息和资料，也难免造成在咨询过程中看领导的脸色办事，严重影响咨询的科学性、客观性、正确性。

12.1.2 企业诊断的意义

1. 企业诊断的必要性

一个企业不论其经济性质、经营内容、经营方式和经营规模如何，其投资者、经营者、管理者及员工都希望自己的企业取得尽可能多的利润，能长期生存和不断发展，并在社会的经济生活中占有一定地位。这种愿望和想法分别体现于一切企业的投资者、经营者和管理者的投资目的、经营目的和管理目的，这也是一个企业的根本目的。但是企业是由各种要素组成的一个有机的经济实体，在日常经营管理活动过程中，由于各种外部因素和内部条件的变化，往往会发生各种问题（即弊病），影响着投资、经营和管理活动的正常运行，使企业陷入困境，产生不应有的损失，甚至影响企业的生存和发展。为此，一个企业的投资者、经营者和管理者对企业所发生和存在的弊病，应有足够的认识和重视，及时察觉，及时制定政策，及时采取措施，给予有效的彻底解决，否则，将会产生严重的后果，甚至导致企业破产倒闭。如果发现企业出了问题，应当立刻采取措施进行调查研究，摸清问题之所在，针对问题之原因，拟定解决办法，给予积极治理，消除弊病，使企业健康发展。可见，企业诊断不同于其他的检查与审计。它立足于企业的生存与发展，具有帮助企业消除弊病、摆脱困境，改善经营与管理，开发资源、发展生产、开拓市场、提高效益，确保企业在竞争中立于不败之地，实现预定目标的特殊功能。许多发达国家或地区的企业，把企业诊断作为向管理要效益，求生存，求发展的"秘密武器"，当作现代经营管理不可缺少的一种方法。

2. 企业诊断的重要性

企业诊断是借用医学比喻，专门用于帮助企业发现经营管理的弊病，针对其产生根源提出改革治理方案，改善经营管理，开发各种资源，提高企业效益，保障企业生存与发展的一种新型管理方式。其实质是了解企业现状、策划未来、消除弊病，使之健康发展。

12.1.3 企业诊断的种类

根据不同的划分依据，可以把企业诊断分为下列类型。

1. 按照诊断范围划分，企业诊断可以分为全面诊断、部门诊断和专题诊断

（1）全面诊断。所谓全面诊断，又称为"综合诊断"，是指对企业经营做出的综合性的诊断，是一种"矩阵型诊断"。全面诊断是非常有用的。因为我们知道，企业经营就是企业人力、财力、物力、技术、知识、时间等资源的有机整合，追求企业经营预期收益。如果这些资源整合不平衡，就会产生"木桶现象"，企业经营就会陷于危机境地。只有在企业经营成果与活动的各项经营中，做适当的衡量与处理，才能够避免陷于失误境地。

全面诊断的主要内容是"六力"，即生产力、收益力、安定力、活动力、成长力、创新力，以此来计量和衡量企业经营的有效性。

全面诊断，首先要对企业经营活动的整个过程进行全面的综合的调查研究，然后在此基础上按照轻重缓急为企业列出需要解决的问题，找出其病症所在，并分析产生病症的原因，向企业提出改善意见和建议，辅佐企业采取具体措施切实改进。

（2）部门诊断。所谓部门诊断，又称之为经营活动诊断，即是对企业市场部门、财务部门、生产部门、人力资源部门、物流部门、公关部门、研发部门等各个部门进行诊断。

（3）专题诊断。所谓专题诊断，又称"纵向诊断"，即指对于引导各部门的活动，运用各种方法、技术、事件等各事项的诊断，在专题诊断中，包括"经营者诊断"、"经营战略诊断"、"计划诊断"、"组织诊断"、"价格诊断"、"经营均衡诊断"、"环境诊断"等数种。①经营者诊断。所谓经营者是指企业高层管理者。企业经营活动，都需要依靠经营者策划与决策；企业经营的成效，经营者要负全部责任。对经营者进行诊断，要多观察其"经营理念"、"经营才能"、"组织运用"、"功能发挥"等四项表现。②经营战略诊断。经营战略是企业从全局出发制定的经营行动的总策划、总方针和总体部署，是企业日常经营活动的指导。企业的发展方向是否正确，重大的行动步骤是否得当，直接关系着企业的存亡与发展。它的具体内容包括战略目标的诊断、战略措施和战略步骤的诊断及战略计划的诊断。③计划诊断。企业经营能够顺利进行，应依据其经营计划是否精确而定，计划靠执行才能完成。而执行的效果如何，必须通过考核才能确定。④组织诊断。企业经营目标只有在健全的组织体制中加以贯彻才可能实现，组织诊断时，并不一定能完全从形式上的组织系统中观察了解到真实的情况，还必须从无形的组织、员工士气、激励制度等方面去考察。⑤价格诊断。产品价格诊断，应多注意企业与同业竞争所产生的市场价格。而价格定位，往往可能决定企业的成败。对产品价格的诊断，可从内部成本分析和外部竞争市场分析两方面入手。⑥经营均衡诊断。企业经营在各方面活动都能保持均衡，是企业"身体健康"的征兆之一。经营均衡能促使企业稳定发展，使利润得到维持或提高。均衡意味着减少了内部消耗，趋向有序性的"熵"减。它包括部门活动的均衡、经营效益的均衡、经营财务的均衡、利益分配的均衡等。⑦环境诊断。企业是社会的一个构成部分，它不可能离开整个社会而孤立存在。企业经营是在一定环境中进行的。企业的生产和发展，除了自身的条件之外，还与企业的外部环境有关。作为企业管理者，既要考虑本组织的自身条件，又要考虑外部环境的各种影响，包括影响企业生产经营活动的政治环境、法律环境、经济环境、技术环境、社会文化环境等。

2. 按照诊断人员划分，企业诊断可以分为外来专家诊断和企业自我诊断

（1）外来专家诊断。所谓外来专家诊断，是指企业在经营过程中遇到了难以解决的问题而企业内部却无法解决时，邀请咨询人员、经营专家、技术人员、诊断专家等来解决。

外来专家诊断的优点：一是采取专门技术方法；二是效果比较明显。但是，由于实施者是外部人员，其诊断的范围和实施的时间经常受到限制，因此，无法时常开展此项工作。

（2）企业自我诊断。所谓企业自我诊断，是指企业组织内部人员所进行的诊断。其优点是：①保密性强。在企业诊断过程中，内部诊断人员了解许多有关企业的经营信息和情报，能够确保企业内部经营信息和情报不被泄密。②经济性好。企业自我诊断由企业内部人员进行，不必另付诊断费用，因此，可以节约费用开支。③灵活性大。企业自我诊断由企业内部人员根据自身需要灵活掌握，可以经常实施。

但是，企业自我诊断由企业内部人员进行，诊断问题容易受到某些主观偏见的影响和局限，很难客观公正地诊断自身问题。

3. 按照诊断角度划分，企业诊断可以分为企业管理诊断和企业经营诊断

（1）企业管理诊断。企业管理诊断，主要是从管理的角度对企业进行诊断，找出生产经营存在的问题及其原因，提出改善的对策和措施。

（2）企业经营诊断。企业经营诊断，或称为企业经营分析，是以企业的财务指标为分析的基础，掌握企业经营现状，从中发现和分析企业经营的问题。

12.2　现代企业诊断的目标、任务与内容

企业诊断是一种客观的实践活动，具有内在规律性。也就是说，企业诊断的目标决定企业诊断的任务，企业诊断的任务决定企业诊断的对象，企业诊断的对象又决定企业诊断的方法。下面分别就企业诊断的目标、任务和对象进行阐述。

12.2.1　企业诊断的目标

1. 企业诊断目标的意义

企业诊断与治理不是随意的活动，而是一种目的性很强的有组织、有计划、有步骤的诊治企业经营管理弊病的活动。企业诊断治理的目标是指对企业诊断对象进行诊断所要达到的结果，是企业诊断治理方向和诊断治理人员执行企业诊断任务的一种行动指南。它充分体现企业诊治的要求和企业诊治人员的意志、能力和责任，并体现企业诊治的内容和应该使用的方法与遵循的原则，这是企业诊治人员首先要研究的问题。

2. 企业诊治目标的确定与分类

企业诊断与治理的目标是根据企业的经营性质、经营内容、经营管理的现状以及未来发展的要求确定的。企业诊断治理的目标，按照企业诊断治理的任务来划分，可分为诊断性目标和治理性目标两类。

（1）诊断性目标。诊断性目标是一种通过诊断断定弊病的症状及性质的目标。这类目标主要表现在以下几方面：①确认经营战略、经营方针、经营目标的制定及贯彻执行情况；②确认企业经营状况、财务状况和管理状况；③确认企业投资、经营和管理的有效性；④确认企业经营、管理和投资过程中的弊病与病情。

诊断性目标又可分为经营性目标、财务性目标、投资性目标和管理性目标。经营性目标按照经营过程的环节又可细分为采购、生产、销售、储存等目标。财务性目标按照资金形成、运用、耗费、收益的过程，可细分为资金筹措、资金运用、利润、成本费用等目标。管理性

目标按照管理过程、方式、体系等可细分为决策、计划、组织实施、指挥、控制、信息、存货、设备、员工和行政管理等目标。

（2）治理性目标。治理性目标是一种根治企业弊病、改善经营管理、提高经济效率和效益的目标。它是在实现诊断性目标之后，由诊治人员开出"处方"，由企业管理人员贯彻执行的，所以又称为建设性目标或间接性目标。此种目标是从企业未来发展的角度出发，针对确认的弊病及其表现提出的处方。同时，此类目标需经过治理以后的若干时间方能实现，所以又称为战略性目标或远期目标。这类目标主要表现在以下几方面：①帮助企业制定正确的经营战略、经营方针及一定时期内要实现的经营目标。②帮助企业改进经营管理决策和投资决策；改善企业的经营状况、财务状况，提高企业的创新能力、竞争能力和应变能力，充分挖掘和利用各种资源，增强企业实力，提高经济效益，树立企业的形象。③帮助企业建立健全内部控制组织和控制制度，提高企业对生产、经营、财务和管理活动的控制能力，提高企业的经营管理水平。④帮助企业根治经营管理弊病，消除隐患，摆脱困境，制定预防弊病发生的措施，确保企业健康地生存和发展。⑤帮助企业提高员工素质，调动、发挥员工的积极性、主动性、创造性，提高员工的业务水平和工作能力，增强企业的实力。

（3）两类目标的关系。企业诊断性目标与治理性目标之间具有密切的联系，是互为前提和互为制约、相互促进、相辅相成的，两者不得有任何偏废，也不能将其割裂开来。诊断性目标是根据治理性目标的要求确定的，治理性目标是在诊断性目标的基础上提出来的，并通过贯彻而实现的。诊断性目标在前，治理性目标在后。前者是找出原因、确定病源，而后者是针对病源加以治理，使企业健康发展。找不到病因，无法对症治理；找到病因不予对症治理，也不能达到诊断目的。两者相辅相成，目标都是促使企业健康发展。所以，诊治人员只有明确两者辩证统一的关系，并在实际工作中予以正确运用，才能较好地完成诊治任务，取得好的诊治结果。

12.2.2　企业诊断的任务

企业诊断的过程，可分为两个阶段：第一阶段是诊断企业弊病，寻找致病病因；第二阶段是治理企业弊病，恢复企业健康。这两个阶段的工作，就是企业诊断治理的基本任务，具体来讲有以下四个方面。

1. 帮助企业正确诊断经营管理中的弊病，找出致病病因

企业的弊病一般发生在企业的经营管理过程中，因为企业是一个有机经济实体，经营企业是一个复杂的经营管理过程，它受企业内外部多方面因素的制约。在整个经营管理过程中如果某一方面发生故障及问题，就必然影响到其他方面的正常活动，问题严重时会导致企业停止运营、破产倒闭。而造成弊病的原因也错综复杂，既有外部的客观原因，也有内部的主观原因；既有直接主观的，也有隐蔽间接的；既有前期历史遗留的，也有后期现时形成的。不仅如此，有些企业还患有并发症等。要想恢复企业健康、治愈这些弊病，首要任务是对企业弊病做出正确的诊断，弄清它的病源，使问题一清二楚，才能对症开方给予治理。没有正确的诊断或发生误诊就会贻害企业，也就不会有正确的治理。可见，帮助企业正确诊断经营管理中的弊病，找出致病根源，是企业诊断治疗的首要任务和主要责任。

2. 帮助企业正确诊断经营管理中的弊病，消除经营管理中的隐患

企业诊断的目标是使企业增强活力、恢复健康，确保健康生存和发展。企业诊治人员应该在正确诊断的基础上，及时开出"良方"，积极予以正确治理，尽快恢复企业健康，否则，

可能给企业带来更大的危害。由此可见，企业诊断不仅要开出良方妙药，而且要及时对症下药。这是企业诊断的根本任务和道义责任。

3. 帮助企业预防弊端发生，确保企业健康发展

这项任务体现了企业诊断从消极诊断，转化为以积极防治的预防为主，使企业的诊断具有以防为主的积极战略意义。因此，企业诊断人员必须实施防治结合，以防为主的企业诊断治理工作方针，协助企业完善经营管理体制，建立健全切实可行的规章制度，严格内部控制制度，增强企业的控制能力与应变能力，防患于未然。这是企业诊断的战略任务和应尽责任。

4. 帮助企业改善经营管理，提高市场竞争力

帮助企业开拓市场、广辟财源、挖潜创新，开发企业拥有和控制的各种资源，做好人才战略工作，发挥人的积极性，提高企业的创新能力，不断提高企业的经济效益，保证企业的生存和发展，使企业在竞争中立于不败之地，这是企业诊断的基本任务和经济责任。

12.2.3　企业诊断的内容

企业是一个系统，企业诊断是一个系统工程，企业诊断的内容涉及企业的经营战略、组织机构、职能管理、人力资源、财务会计、技术设备、物流仓储、资源开发、信息资源、行政领导等方方面面。其具体内容概括如下：

1. 企业经营战略方面的诊断内容

其诊断内容一般包括经营目标、经营方针、经营活动。经营是企业的中心环节，每个环节的具体内容很多，且比较繁杂。例如，销售活动的诊断内容包括经营品种、市场环境、市场占有率、销售渠道、销售价格、促销手段、销售广告、销售组织、销售人员、合同签订、交货方式、交货日期、货款结算方式、服务态度、服务质量、售后服务、销售方针、销售政策、计划制订、计划实施等。

2. 企业组织机构方面的诊断内容

其诊断内容包括组织机构设置、层次幅度、人员配备、岗位分工、协作配合、责权利关系划分、规章制度制定等。

3. 企业职能管理方面的诊断内容

从管理职能看，其内容包括决策、计划、组织、指挥、激励、控制、调节、创新等职能；从管理内容看，其内容涉及人力资源管理、销售管理、财务管理、生产管理、质量管理、技术管理、设备管理、物流管理、信息管理等职能管理方面。因为各种管理的环节较多，所以各种管理包含许多内容。例如，财务管理包括筹集资金、运用资金、对外投资、债权债务管理、成本费用管理、利润及其分配管理等。

4. 企业人力资源方面的诊断内容

其内容包括员工招聘、薪酬、培训、任用、考核、奖惩等。其中对于高级人员的聘任及其知识水平、业务能力、思想品德、职权责任、作风待遇等方面的考核比较重要。因为其直接关系到企业的经营决策、市场营销的成败和企业的前途。

5. 企业财务会计方面的诊断内容

在财务方面，内容包括资本构成、投入方式、注册资本、资本筹集、资金成本、资金运用、资产结构、资产负债率、资产资本比率、债权债务、营业收入、营业成本、营业费用、营业税金、利润及利润分配、现金流量、筹资渠道、筹资成本、对内投资、资金周转、资金利润率、经营安全率、应收账款、坏账准备金、存货及对外投资项目、可行性论证、项目规

模、项目效益、资金回收期等；在会计方面，内容包括会计核算方法、制度、体系及内部控制，会计档案资料等。

6. 企业技术设备方面的诊断内容

内容包括两方面：一方面是技术，包括工艺技术、新工艺、新材料、新技术、新产品、新配方、产品质量、技术引进、技术转让等；另一方面是设备，包括研制设备、生产设备、动力设备、计量设备、运输设备、监控设备、计算机网络设备、管理设备、厂房库房、场地工具等的新旧程度、运转状况、利用情况、维护保养、大修更新等。

7. 企业物流仓储方面的诊断内容

具体内容包括各种材料、半成品、产成品、委托加工、外购商品、各种物资的进出流动与存储等。

8. 企业资源开发方面的诊断内容

企业资源一般包括人、财、物、技术、信息等内容。因此，企业资源开发方面的诊断内容既包括人才、资金、物资、设备、技术、信息等经济资源的利用、挖掘、扩展、创新等，还包括企业的无形资产，例如，专利权、专有技术、商标权、商誉、土地使用权、版权等利用、开发、出售、转让等。

9. 企业信息资源方面的诊断内容

其诊断内容一般包括经济环境、人才资源、市场需求、科技发展、新产品、货源、销售、生产、储存、财务、价格、新技术、新工艺、新材料的应用、MIS、网络信息等内容。

10. 企业行政领导方面的诊断内容

通常内容包括领导阶层的能力，即决策能力、组织指挥能力、应变能力、协调能力、授权能力、创新能力；还包括领导阶层的文化，即领导的价值观、经营观、行为方式、团队精神、信息沟通、岗位责任、建议意见、思想作风、工作态度等。

12.3 现代企业诊断的程序与方法

12.3.1 企业诊断的程序与报告

企业诊断工作是一个系统工程，一般分为五个阶段，即确定诊断课题→开展调查研究→论证诊断方案→提出诊断报告→跟踪反馈。

1. 确定诊断课题

在诊断之前，诊断工作小组与企业商讨一些双方应该配合的事项，对企业情况做一个全面的了解。

（1）提出经营诊断申请。被诊断企业负责人填写诊断申请书。在诊断申请书中，要求说明接受诊断企业的基本情况、要求诊断的问题以及诊断的目的要求等。

（2）做好准备工作。它包括资料准备、组织准备、后勤准备。

（3）确定诊断课题。课题应该是企业生产经营中存在的最关键、最迫切需要解决的问题，确定诊断课题是诊断的重点。方法一般包括两种：一是归纳法。归纳法就是了解现状、找出问题、分析原因、确定目标。二是演绎法。其基本思路是根据企业的发展目标来衡量企业现状，即企业发展目标、企业经营现状、企业诊断课题。

（4）制订诊断计划。诊断工作小组负责人应该写出诊断工作计划，内容包括诊断课题进行步骤、调查范围内容、人员组织等。

（5）签订诊断协议。按照诊断要求，双方应该在协议的基础上就诊断的起始、目的、范围、内容、质量要求、完成时间、费用酬金、责任权力等内容订立正式的诊断协议合同。

2. 开展调查研究

调查研究是企业诊断的重点，内容包括以下三方面：

（1）搜集有关资料。按照诊断课题的要求搜集有关资料，它包括内部资料和外部资料。企业内部资料主要是指企业概况，包括企业发展历史资料，人力、财力、物力、技术、信息等情况，企业内部规章制度，各项经济指标完成情况，经济效益分析情况等。

（2）深入开展调查。企业经营诊断调查常见的方法有许多种。①现场实地调查法。诊断工作小组人员亲自到企业现场观看和了解。②访问调查方法。诊断工作小组人员采取面对面的形式，利于调查双方进行双向沟通。③问卷调查方法。诊断工作小组人员采取问卷形式，比较适合于通过大面积的抽样调查搜集较多样本。④电信调查方法。该方法形式灵活，辐射面广，适应性强，但回收率低。⑤统计调查方法。借助有关统计报表，要求调查对象按照报表要求进行统计。⑥实验调查方法。在诊断初步方案确定后要通过实验方法以验证诊断方案的正确性。

（3）初步分析资料。它是对通过调查所搜集的大量信息资料进行分类整理、综合分析和专题研究。它可以按照时间序列、问题、专题、因素等资料分类方法分类。在分类整理资料的基础上进行初步分析，发现有用的资料。分析方法包括综合分析、专题分析和部门分析三种。

3. 论证诊断方案

论证诊断方案是企业诊断过程的关键阶段。其主要包括三个步骤：

（1）提出改进方案。为了能够深入开展诊断工作，提出合理科学的诊断方案，在认真调查研究的基础上，诊断组织经过集体研究，充分发表意见，按照系统性、效益性、可行性等原则，提出两个以上的被选方案。

（2）评价论证方案。邀请有关专家学者参加、受诊断企业有关负责人出席，召开方案论证会议，运用科学方法，从两个以上的被选方案中选出一个最优方案。

（3）征求意见。要向受诊断企业征求意见，尤其是征求课题直接当事人的意见。

4. 提出诊断报告

提出诊断报告是整个诊断工作的总结阶段。主要工作是编写和提出诊断报告。诊断报告既要提出企业在管理中存在的问题，又要重点对改进方案进行全面的汇总和说明。改进方案必须具有创新性。下面列出企业诊断报告案例：

从20××年×月×日至×月×日，对武汉市××公司进行诊断。现将诊断问题、原因、对策报告如下。如表12-1所示。

表 12 - 1　企业诊断报告书　　　　　　　　　　编号：

委托人	武汉市××公司	委托日期	20××年×月×日	报告日期	×月×日
诊断前概况 与诊断进展	在诊断前，该厂管理不健全，执行不力，业绩考核不严格，质量不达标，指示贯彻不下去，管理基础薄弱。人员素质差、离职率高等。 通过发放问卷调查，深入生产现场与职工座谈，查阅有关记录资料，并且与有关管理人员交换意见。				
诊断结果 （附表）	见附表（略）				
治理方案 （措施） （方法）	建立、健全必要的规章制度，加强对职工的教育，提高职工素质（附表略）。				
建议	领导应该重视制度建设以及职工业务素质教育，做好人力资源管理。				
附件	计×页				

企业诊断单位（盖章）×××　　　　　　　　诊断人员（盖章）×××

5. 跟踪反馈

企业诊断是一个跟踪反馈的过程。在诊断工作结束后，管理顾问公司要有计划、分阶段地与受诊断企业保持沟通和交流，对改善诊断方案的执行情况，提出意见和建议。

12.3.2　企业诊断的方法

企业诊断如同医生诊断病人一样，需要运用一定的专门方法。一般有下列多种方法：

1. ABC 分析方法

ABC 分析方法，又称作业成本核算法，是以活动为基础的成本核算方法，就是按照活动进行杂项费用及其他间接成本的分配。进行 ABC 分析时，在影响企业生产经营的各种因素中，按照重要性程度，将其分为三类：A 类是最重要的因素，确定开展的关键活动、每一项活动的成本驱动因素，利用已经确定的成本驱动因素以及所收集的关于每一项活动的信息，按照活动确定各自的杂项费用及其他间接成本系列，然后根据活动用量将成本分配到产品，予以重点分析，并且提出控制和治理的方案，采取有力措施；B 类是次要因素；C 类则是无关紧要的因素，可以暂时搁置一边。

2. 关键事件法

关键事件法是指集中关注关键的事件来深入了解基本问题，其目的在于寻找激发重大事件的关键事件。

3. 力场分析法

力场分析法是发展的一种分析方法，是组织变革场论中的一部分。勒温认为，任何一个组织中，都存在两种力量：推动变革的力量；阻碍变革的力量。如果这两种力量的实力均衡，组织就会处于平衡状态。在企业诊断中，就应该测量组织中这两种力量之间的平衡状况，从而找出组织变革为什么没有得到推行的原因。

4. 德尔菲法

德尔菲法，又称为专家意见法。这种方法采用通信方式，请 10～40 位专家背靠背地对需要预测的问题提出意见，企业将各种意见经过多次信息交换，逐步取得一致意见，从而得出预测值。具体做法是：①拟订预测课题，列出调查表，并附有背景材料。②选择与预测课题有关的专家。③将调查表邮寄给专家，由他们填好后寄回企业，而后企业对第一轮调查表进行综合整理汇总成新的调查表，再邮寄给专家征求意见。如此反复，使意见趋于一致。④对最后收到的专家意见存在着乐观、中间、悲观三种估计值，可用推定平均值的方法将其综合起来求得统一的预测值。

$$推定平均值 = （最乐观估计值 + 最可能估计值 \times 4 + 最悲观估计值）/6$$

5. 头脑风暴法

这是一种以畅谈会形式来求取方案的方法。会议人数以 5 ~ 12 人为宜。会议主持者不指明会议的明确目的，而只就某方面的总议题要求与会专家自由发表意见，会上不评论别人的意见。主持人不发表意见。其优点是：可以直接交流信息，充分发挥创造性思维，能够在短期内得到富有成效的创造性成果。

6. 波士顿矩阵

波士顿矩阵是以设计这种分析工具的公司波士顿咨询集团（Boston Consulting Group）命名的，它是一种根据市场份额、赢利水平以及成长潜力分析公司活动的方法。

波士顿矩阵分析，将业务活动分成四种类型，如图 12 - 1 所示。

高市场成长率

	高市场份额			低市场份额
	明星业务		问题业务	
	现金牛业务		瘦狗业务	

低市场成长率

图 12 - 1　波士顿矩阵

（1）明星业务：市场份额和市场成长率都高的活动。这是由问题业务继续投资发展起来的，可以视为高速成长市场中的领导者，将来成为公司未来现金牛的业务活动。

（2）现金牛业务：市场份额高、市场成长率低的活动。这是成熟市场中的领导者，是企业现金的来源。

（3）问题业务：市场份额低、市场成长率高的活动。这往往是一个公司的新业务，必须投入大量资金。

（4）瘦狗业务：市场份额和市场成长率都低的活动。一般这类业务常是微利甚至亏损的。

波士顿矩阵分析诊断能够有利于确定哪些区域需要收缩退出，哪些区域属于高风险区域。

7. 战略评价

它是指对各种可供选择的战略方案进行评价。其方式是：①关键要素排序。根据组织的环境、组织的资源及股东的期望对各种备选战略方案进行关键要素排序。②决策树。通过绘制决策树，按照一定的标准排除其中的一些选择。③情景规划。对各个不同的情景选取相应的备选方案，然后从中选择最优化的方案。④模拟。运用反组织的商业系统建成一个模型，然后，在各个模型下评价组织的竞争环境。

8. 企业绩效评价分析法

它是根据企业的实际状况，通过 20 个定量指标和 8 个定性指标测定的企业实际值，与财政部定期（一年一次）公布的、分行业分类型统计计算的平均标准值进行对比，以此判断企业在所处行业中的水平和健康情况。

9. 标杆学习

标杆学习是一种通过确认最优做法，并且以实施最优做法的方式来改善业绩的方法。其基础是将公司的业绩与最佳竞争对手进行比较。它不仅与所在行业中的最佳竞争对手进行比较，而且还与其他行业中的最佳竞争对手进行比较。

10. 财务分析方法

它是运用企业的财务指标数值，对企业的现状、发展趋势等进行分析对比，观察有无异常现象，从而判断企业是否健康。最常用的有报表分析、现金流量分析、收益率分析、离差分析、安全性分析、边际分析、预警分析、杠杆分析、资金周转率分析、存货周转率分析、不良资产占有率分析、应收账款周转率分析、投资收益率分析等。常言不比不知道，一比吓一跳，通过分析对比，可以了解企业经营状况、财务状况及偿债能力是否正常，有无异常情况，从而判断企业的健康水平。

11. 问卷测评法

它是将需要调查了解事项设计成一定形式的问卷，然后发给被调查对象，由被调查人在卷上作答。将问卷收回后进行分类统计，从而了解掌握一些非财务指标的定性情况，进而判断企业是否健康。它是企业诊断中不可缺少的一种诊断工具。

【个案】

"太阳神"挫折的原因何在

"太阳神"曾经是中国保健饮品行业的一面旗帜。但在残酷的市场竞争中，其保健品口服液的市场占有率从 1990 年的 63% 跌至目前的不到 10%，销售额从 1993 年 10 亿元的最高峰跌至 1997 年的 2 亿多元。这到底是怎么一回事？

"太阳神"1988 年创业，只用了三年时间就占领了全国大部分市场。但从 1994 年开始便急剧膨胀：一年内，上马了包括石油、房地产、化妆品、电脑、酒店等在内的 20 个项目，成立了新疆、云南、广东等三家经济发展总公司和山东弘易公司，投资 3 亿多元。不幸的是，这些钱几乎犹如"石沉大海"。

导致"太阳神"效益滑坡的另一重要原因是产品更新换代滞后。在中国保健品市场，除了"太阳神"的甘菊型和猴头菇口服液外，尚不能找出第三种产品可以连续卖 10 年。由于科技人员严重脱离市场，"太阳神"耗费巨资开发出来的 20 多种产品都无法在市场上站稳脚跟，使企业一再错失发展良机。

这些年，"太阳神"内部实行职工效益与推销业绩挂钩。这一政策导致企业内部和外部都只愿意去做利润丰厚的当红产品。这样，更导致需较长推广期、利润低的新产品死于襁褓之中。就在"太阳神"新老产品出现断层的时候，异军突起的其他口服液乘虚而入。

"太阳神"的董事长用了半个月时间写出了一份"反省"材料，提出了"太阳神"的"九大反思"。在一次高层会议上，"太阳神"做出通过体制创新杀出一条血路的决策，其中包括调整企业高层人事结构，开拓具有科技内涵的产品和建立信息、研究开发、市场科技化体系等。一个企业最可悲的是看不到潜在的危机，而已经意识到危机的"太阳神"有希望重新崛起。

【案例分析】

"太阳神"受到挫折的原因是多方面的，在此仅集中讨论有关广义的全线全面产品组合策略（无关联多元化）的问题。企业的发展扩张既可以实行无关联多元化经营，也可以实行关联性多元化经营（即狭义的全线全面型产品组合策略）。"太阳神"采用的是无关联多元化经营，除保健饮品外，还经营石油、房地产、化妆品、电脑、酒店等20个项目，这些项目分属不同行业。从理论上讲，实行无关联多元化经营可以利用剩余资产扩大经营，通过分散投资来规避风险，并通过进入一些有发展前途的新兴产业来取得新的经济增长点等。但这并不是所有企业的市场机会，其中"太阳神"就没有得到这种好处，反而受其拖累。由此可见，无关联多元化经营也有缺陷，对于我国企业而言，其缺陷可从以下几个方面来分析：

（1）从管理的水平来看。像"太阳神"这些企业，它们的发展是否是科学管理的结果，是否具备无关联多元化经营的管理能力。

（2）从产业整合的角度来分析。无关联多元化有没有核心，能否对不同产业加以整合。

（3）从管理的难度来看。企业进入新的行业后，与原有产业的管理要求是否相同，能否对多个产业加以有效的控制。

（4）从竞争的角度来分析。企业实行无关联多元化经营后，能否发挥原有的竞争优势，将会带来怎样的竞争压力。

【本章小结】

企业为了能够在市场竞争中求生存、求发展、求效益，都应开展企业诊断，以便及早发现异常，采取必要的步骤和措施，及时治疗，防止弊端的蔓延，使企业在发展道路上，不断创新与开拓，确保企业健康发展。企业诊断已经成为企业经营管理中不可缺少的手段。

本章论述了企业诊断的意义、种类，提出了企业诊断的目标、任务与对象，介绍了企业诊断的多种方法，并且分析了企业诊断的程序和报告，列出了企业诊断案例。

【关键术语和概念】

企业诊断　目标　诊断性目标　治理性目标

【练习题】

1. 为什么要开展企业诊断？
2. 企业的诊断性目标与治理性目标各是什么？
3. 企业诊断的主要方法有哪些？

【补充阅读】

1. 陈放．企业病诊断．北京：中国经济出版社，2002.

2. 虞文均．企业诊断．上海：上海财经大学出版社，2003.

3. 吴志远．企业经营诊断术．北京：经济管理出版社，2002.

4. 盛骏飞，高立法．企业全面诊断与综合治理．北京：中国时代经济出版社，2004.

13　企业管理现代化

⦿本章学习要点

1. 认识企业管理现代化对企业生存和发展的重要性。
2. 了解企业管理现代化的基本内容及其特征。
3. 掌握实现企业管理现代化的基本原理和基本方法。

⦿本章学习内容

1. 企业管理现代化的概念、意义、内容。
2. 企业管理思想现代化的主要内容、特征、原则。
3. 企业管理组织现代化的内容、原理、应用、特征。
4. 企业管理方法现代化的内容、特点、原理、应用。
5. 企业管理手段现代化的基本原理、原则、阶段。
6. 企业管理人员现代化的基本内容与要求。

⦿个 案
⦿案 例 分 析
⦿本 章 小 结
⦿关 键 术 语 和 概 念
⦿练 习 题
⦿补 充 阅 读

13.1 企业管理现代化的概念、意义和内容

13.1.1 企业管理现代化的概念

所谓企业管理现代化，是指根据我国企业实际和客观需要，综合运用自然科学、社会科学和管理科学的成就，在管理思想、管理组织、管理方法和管理手段等方面达到世界先进水平，从而创造出最佳的经济效益的过程。

13.1.2 企业管理现代化的意义

1. 企业管理现代化的必要性

实现企业管理现代化是我国企业管理体制改革追求的目标，但这并不意味着这一目标是由人们的主观愿望决定的，或是由个人意志决定的。企业管理现代化是企业管理发展的一种必然趋势，具有不以人们意志为转移的客观必然性。这种客观必然性表现在：

（1）企业管理现代化是社会化大生产的客观要求。管理具有由生产力决定并影响生产力发展的自然属性，有什么样的生产力，就要求有什么样的企业管理与之相适应。现代化生产是建立在高度发达的科学技术基础上的，生产过程中广泛运用各种机器设备，生产建立在高度分工与协作的基础之上，劳动的社会化程度大大提高，企业成为一个既有严密分工又有高度协作的复杂的生产体系，企业与企业之间、部门与部门之间有密切的技术经济联系。这种现代化生产的特征，必然对管理提出与之相适应的现代化的要求。只有现代化的企业管理才能适应社会化大生产的特征，也才能反过来对社会化大生产的发展起促进作用。

（2）企业管理现代化是实现国际化的客观要求。当前，世界经济全球化，市场一体化，而且中国加入了 WTO，这既是中国企业发展的大好机遇，又为企业管理提出了新的更高的要求。企业只有迅速改变传统的管理方式和方法，学习和掌握国际先进的企业管理技术、方法和手段，制定符合国际管理惯例的现代企业管理制度，建立符合国际管理要求的企业运行机制，才能提高企业的国际竞争能力，在国际竞争中立于不败之地，才能得到健康、快速、可持续的发展。

2. 企业管理现代化的重要性

（1）企业管理现代化是实现科技转换的关键。科学技术是第一生产力。现代科学技术的突飞猛进，迫切要求实现企业管理的现代化。这是企业管理自然属性的又一体现。因为，科学技术是第一生产力，并不是说科学技术可以作为独立的生产力要素起作用，而是指自然科学、社会科学和技术发明在生产过程中被应用并与生产力诸要素相结合，可以成为巨大的物质力量，从而转化为现实的、直接的生产力。在科学技术转化为现实生产力的过程中，管理起着关键性的作用。管理是把科学技术转化为现实生产力的手段和中介。只有用现代的管理思想、管理组织、管理方法和管理手段加强对科学技术研究开发，并尽快将最新科技成果应用于企业生产过程，才能使科技成果转换为现实的生产力。离开企业管理的现代化，任何先进技术都无从发挥作用。所以人们常说，企业发展靠的是"三分技术，七分管理"，科学技术和现代管理是现代经济发展的两个"轮子"。

（2）企业管理现代化是提高企业经济效益和社会效益的重要手段。企业管理现代化能够提高管理水平，高管理水平才能够出高经济效益。在一定的生产技术条件下，企业经济效益

的高低，在很大程度上取决于管理水平的高低。只有先进的管理，才能以较少的劳动消耗和物质消耗、较少的资本占用生产出更多的更好符合社会需要的产品。

13.1.3 企业管理现代化的内容

1. 结构体系

企业管理现代化是一个综合的概念，是一个系统工程。企业管理现代化涉及的问题很多，主要包括五大内容：管理思想现代化、管理组织现代化、管理方法现代化、管理手段现代化、管理人才现代化，如图 13 - 1 所示。

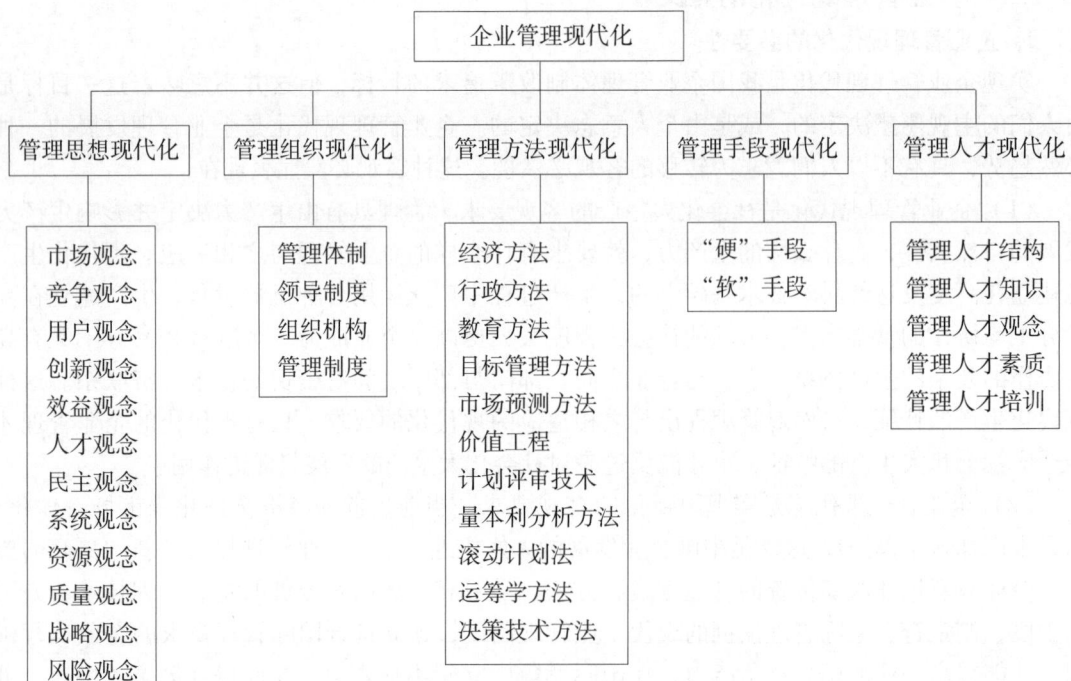

图 13 - 1　企业管理现代化结构体系

2. 主要内容

（1）管理思想现代化。所谓管理思想现代化，是指企业管理者树立富有时代精神、符合现代社会化大生产内在要求的思想观念的动态过程。也就是说，企业管理者应该彻底打破小生产经营、封闭式管理等传统思想的枷锁，确立起符合现代社会化大生产、现代科学技术、经济全球化、市场一体化以及现代国际化管理的要求以及具有中国特色的经营管理思想观念。管理思想现代化的主要内容包括市场观念、竞争观念、用户观念、创新观念、效益观念、人才观念、民主观念、系统观念、资源观念、质量观念、战略观念、风险观念等企业经营管理思想观念。

（2）管理组织现代化。管理组织现代化，是企业在管理体制、领导制度、组织机构、管理制度等方面适应现代化大生产内在要求的过程。企业管理者应该彻底改革束缚生产力发展、阻碍企业经济效益提高和员工积极性发挥的陈旧管理体制、领导制度、组织机构、管理制度等，建立权责明确、分工合理、管理科学、制度完善、运转灵活、行之有效的现代企业管理体制、领导制度、组织机构、管理制度等新兴组织体系。现代管理制度是指改革旧的用工制度、工资制度、财会制度等，建立起包括企业的人力、财力、物力、供应、生产、销售、安全、质量、保险等在内的全方位的高效的科学管理制度，形成激励机制和约束机制完美结合的企业经营机制。

（3）管理方法现代化。管理方法现代化，是企业应用现代科学技术新成果而实施的管理过程。企业管理者应该不断改变传统、落后的管理技术和方法，在管理实践中全面地、系统地、综合地运用经济的、行政的、思想教育的先进方法，运用信息论、系统论、控制论的原理和技术，依靠充分而准确的数据和信息，将定性分析与定量计算结合起来，结合企业的实际情况有计划、有步骤地推广和应用现代化管理方法，例如，经济方法、行政方法、教育方法、目标管理方法、市场预测方法、价值工程、计划评审技术、量本利分析方法、滚动计划法、运筹学方法、决策技术方法等。

（4）管理手段现代化。管理手段现代化，是指在企业管理中广泛采用包括电子计算机、网络、通信设备、监测仪器、显示仪器、办公自动化设备等各种现代化设备，建立企业管理的信息网络系统，实现信息收集、传递和处理工具现代化的过程。管理手段包括"硬"手段和"软"手段。

（5）管理人才现代化。管理人才现代化，是要使企业的管理者和全体员工都成为符合现代化大生产要求的现代人才，使得企业的管理人才必须具备现代经营思想和现代文化知识，掌握现代科学技术和现代管理方法、管理手段，善于运用现代管理制度等素质。

3. 内在关系

企业管理现代化五大内容是一个完整的范畴，其中任何一方都不能孤立存在；否则企业管理现代化就不能实现。因而，企业管理现代化是相互联系、相互影响、相互促进的有机统一体。企业管理现代化内在关系如图 13 – 2 所示。具体关系是：管理思想现代化是企业管理现代化的灵魂，是现代企业管理现代化的前提条件。没有管理思想现代化，就根本谈不上任何其他现代化；管理组织现代化是企业管理现代化的保证，是实现企业管理现代化的组织基础和制度保证；管理方法现代化是企业管理现代化的基础，也是企业管理现代化的表现形式；管理手段现代化是企业管理现代化的主要工具，它能够大大提高企业管理效率，加快企业管理现代化的进程；管理人才现代化是企业管理现代化的关键，企业管理人才现代化是企业管理现代化的最终体现者和强大推动力量，因此，它是实现企业管理现代化的根本保证。

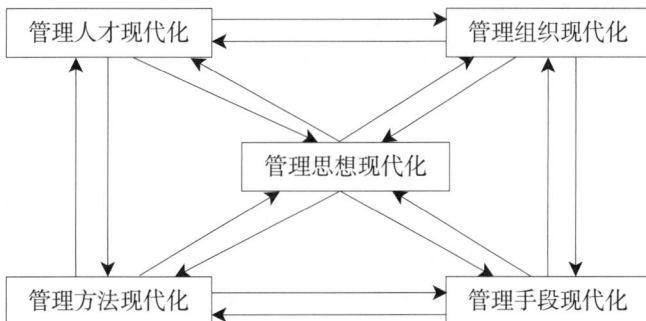

图 13 – 2　企业管理现代化内在关系

13.2 企业管理思想现代化

13.2.1 管理思想现代化的意义

1. 科学的企业管理思想推动企业有效开展生产经营管理工作

（1）科学的企业管理思想，有利于企业领导者统驭全局。现代社会化生产大规模地采用机器体系进行生产，不仅规模大，而且分工细、协作广，具有高度的比例性和连续性。如何合理明确管理人员的权利与责任，如何进行目标管理，如何适应环境变化、把握企业发展的方向，这就需要有科学的企业管理思想做指导。

（2）科学的企业管理思想，有利于企业管理者抓住管理工作的症结，开创企业经营管理的新局面。企业管理的范围广、因素多、问题杂，如何从乱"麻"中理出头绪，找到管理的主攻方向，需要一个科学而正确的企业管理思想做指导。

（3）科学的企业管理思想，有利于企业生产经营活动保持刚性与柔性的平衡。管理工作必须严格遵行客观规律，按照规章制度的要求办事，体现出一定的原则性，即刚性；但同时管理工作又要根据各个时期的中心任务及时确定企业的总目标，从而具有一定的灵活性，即柔性。

2. 科学的企业管理思想促进企业行为趋于健康合理

企业行为是企业在一定动机驱使下的活动方式或模式。由于管理的动机不同，企业行为也会不同，或符合政策法令，或违法违纪。科学的企业管理思想强化了企业健康发展的管理动机，从而促进企业行为趋于合法合理。

3. 科学的企业管理思想是管理教育的重要内容

企业管理教育的内容既包括管理职能、管理方法和管理手段等知识和技能的培训，也包括企业管理思想理论的教育。只有树立科学的企业管理思想，才能以此为主线将管理知识融会贯通，才能把各个管理方法和手段综合运用于具体的管理实践。同时，科学的企业管理思想有利于现代企业文化的健康发展。

4. 科学的企业管理思想是衡量企业领导者素质的重要标准

企业领导者素质的高低，可以从其企业管理思想得到反映。一个碌碌无为或以权谋私的企业领导者，绝不会树立促进企业生产经营发展的正确的企业管理思想。

13.2.2 管理思想现代化的内容

管理思想现代化是一个系统。除前面提到的市场观念、竞争观念、用户观念、创新观念、人才观念、效益观念、价值观念之外，还有以下观念。

1. 民主观念

民主是实现有效管理的重要途径之一。有效管理的关键在于员工参与。只有员工参与、集思广益，才能确保决策的科学化和决策的实施。民主既是管理的重要形式和内容，也是决策的必要手段和方法。所谓"一人决策，千人献策；一人拍板，千人进谏"，就是这个道理。现代企业民主管理的基本形式，一是发挥职代会的作用，选举代表参加企业最高决策机构；二是选举职工代表参加企业最高监督机构；三是职工广泛参加日常生产管理。

2. 系统观念

企业是一个系统，具有目的性、整体性、层次性、适应性等特征。现代企业管理必须根据企业系统的特征确定相应的准则，实施相应的管理。

（1）目的性。企业系统都具有特定目的。为了实现其目的，企业必须具有特定的结构和功能。

（2）整体性。企业局部利益必须服从整体利益，企业系统整体功能应大于各个部分总和。

（3）层次性。企业各层次子系统必须职责分明，各司其职，正确处理各层次纵横关系。

（4）适应性。企业系统要与环境发生各种联系，必须适应环境，与环境保持动态的平衡。

3. 资源观念

资源是资财之来源。从整个社会来讲，资源具有稀缺性，有的资源具有不可再生性，因此，市场的价格机制像一只看不见的手引导着资源合理流动而有效配置。对企业来讲，人力、物力、财力、时间、信息、技术等资源是十分有限的，必须遵循市场规律，合理使用资源，有效地利用资源，做到"人尽其才，物尽其用，时尽其效"，走资源节约型道路，实现从粗放型管理向集约型管理转变。

4. 质量观念

质量是企业的生命。一个企业能否经得起市场竞争的考验，在很大程度上取决于产品质量。现代企业家应该具备高度的质量意识，用一流质量占领市场，必须建立全面质量管理体系，采取现代化的质量管理手段和方法，加强产品的质量监督，为顾客提供一流产品和服务。

5. 风险观念

市场经济是风险经济，利润不过是承担风险的报酬。企业家对企业的经营过程，事实上表现为对各种风险因素的预测和化解，也就是表现为风险管理的过程。企业在日常生产经营过程中主要受到市场风险、社会风险、自然风险等干扰。管理者的一项重要任务就是分析风险困难的干扰程度，确定获取风险收益的可行性方案，采取积极的避险措施，追求风险收益。

6. 信息观念

在市场经济中，信息就是财富，信息就是效益。企业家要把握市场脉搏，就必须关注市场信息。只有紧盯市场信息，不放过任何可资利用的市场机会，才能在市场竞争中立于不败之地。在知识经济时代，企业主要生产要素已不再是土地、劳动力和有形资本，而是知识信息。为此，企业必须将信息管理放在企业管理的重要的位置上。

13.2.3 管理思想现代化的原则

1. 与中国国情相结合的原则

中国企业管理者必须清楚认识到中国国情的特殊性，将国外先进的管理思想与国内具体国情相结合。由于各国的国情千差万别，社会文化多姿多彩，管理实践千变万化，因此，由此产生和形成的管理思想丰富多样，指导各国的实践也就不能照搬照抄。只有与各国国情相结合，这样管理思想才能有生命力，才能有生产力，也才能实现管理思想现代化。

2. 按客观规律办事的原则

树立科学正确的企业管理思想，目的在于逐步认识企业管理的客观规律性，按照客观规律的要求去管理企业的生产经营活动，使企业的管理达到世界先进水平。在管理思想的探讨中，有许多规律值得我们去研究和认识。在实现企业管理思想现代化的进程中，必须深入研究这些规律的特点，反映这些规律的要求，逐步提高企业管理水平。

3. 从企业实际情况出发的原则

从中国的实际情况出发，就必须反映中国的经济、政治、社会、文化等情况；就必须考虑中国企业管理的实际水平，有步骤、分阶段地推进管理思想现代化；就必须考虑本民族特点，从中吸取精华，弘扬光大；就必须从中国传统文化中吸取营养，丰富现代化管理思想。

4. 适应现代化大生产要求的原则

必须按照现代企业生产力的规律办事；必须使企业生产技术经济活动的各个环节、各个方面保持一定的比例关系；必须以尽可能少的资源耗费，取得尽可能大的经济效益；必须面对新技术变革创新的挑战，不断提高企业管理思想现代化水平。

13.3 企业管理组织现代化

企业管理组织现代化是企业在管理体制、领导制度、组织机构、管理制度等方面适应现代化大生产内在要求的过程。

13.3.1 管理体制

管理体制是指一系列组织体系、运行机制以及维护这些组织体系、运行机制所形成的规章制度组成的有机整体。管理体制包括宏观管理体制和微观管理体制。所谓宏观管理体制是指国民经济管理体制；微观管理体制则主要是指企业管理体制。企业管理体制主要包括企业领导制度和企业管理组织。企业领导制度确定企业领导层各方面的职责、权限关系；企业管理组织从总体上建立企业开展管理活动的框架结构。二者是企业管理中相辅相成的重要方面。

13.3.2 领导制度

企业领导制度是指领导层中各个方面、各个环节的职责分工、相互关系、权力划分和工作机构的设置，是企业组织行为模式的具体体现。企业领导制度主要解决企业中党、政、工组织的相互关系，明确它们之间的职责、权限和分工协作关系。科学健全的领导制度是企业有效开展生产经营活动和取得较好经济效益的重要保证。按照中国现行体制，企业实行经理（厂长）负责制，公司制企业实行董事会领导下的总经理负责制。

1. 经理（厂长）负责制

（1）内涵。经理（厂长）负责制，是一种专责制，是经理（厂长）统一领导、全面负责企业生产行政和经营管理的一种领导制度。经理（厂长）是企业的法定代表人，在企业的生产经营活动中处于中心地位，担负全面责任，发挥主导作用，对于企业的建设和发展有着决定性意义。《企业法》明确规定：企业必须建立起以经理（厂长）为首的生产经营管理系统。

（2）职权。经理（厂长）的职权，内容主要包括：①企业行政机构设置权；②副经理（副厂长）任免提名权；③中层管理者任免权；④制定劳动工资人事制度；⑤经营决策权。

（3）职责。经理（厂长）既拥有上述的权力，又必须承担相应的责任：①遵纪守法，贯彻政策，对国家负责；②履行合同，保护环境，对社会负责；③发展生产，提高效益，对企业负责；④改善条件，提高待遇，对员工负责。

2. 董事会领导下的总经理负责制

（1）含义。董事会领导下的总经理负责制，是现代公司制企业普遍采用的一种领导制度。其特点是：董事会授权，总经理负责。总经理是公司法定代表人（董事长）的代理人以及公司行政工作的主持人。总经理依照董事会的宗旨，对公司一切业务工作和行政工作进行全权经营管理；处理公司日常内外的各种业务活动，对董事会负责。

（2）职权。《公司法》规定了总经理行使的职权，主要职权包括：①主持公司的生产经营工作，组织实施董事会决议；②组织实施公司经营计划方案；③拟定公司管理机构设置方案；④拟定公司基本管理制度；⑤拟定公司具体规章制度；⑥提请聘任或解聘公司副经理等；⑦聘任或解聘除了应由董事会聘任或解聘之外的负责管理人员；⑧其他职权。

（3）行政班子。以总经理为首的行政班子包括总经理、副总经理、部门经理、经济师、总会计师、总工程师、公司秘书等。

13.3.3 组织机构

1. 特征

公司企业在市场经济的发展中，形成了一套完整的组织机构及其制度。其最明显的特征是：所有者、经营者、生产者之间通过公司的权力机构、决策和管理机构、监督机构形成各自独立、权责分明、相互制约的关系。

2. 组织机构

（1）权力机构。股东会是公司的最高权力机构，有权选举、罢免董事会成员和监事会成员，制定、修改公司章程，审批公司预算、决算、投资、分配等重大事项。

（2）决策机构。董事会是公司的经营决策机构，执行股东会的决议，决定公司生产经营决策和任免公司总经理等。

（3）管理机构。公司总经理负责公司的日常经营管理，对公司生产经营全面领导，对董事会负责。

（4）监督机构。监事会是公司的监督机构，由股东和职工代表组成，对股东会负责。

13.3.4 管理制度

科学的管理制度，是现代企业制度的重要内容。重点是企业的组织结构设置、用工制度、工资制度、财会制度、企业队伍和文化等方面。

1. 组织结构设置

应根据生产经营特点和市场竞争的需要，按照职责明确、结构合理、人员精干、权责对等原则来设置。重点强化研发、质量、营销、财务、信息等管理系统，提高决策水平、企业素质、经济效益。企业集团根据情况可形成投资中心、利润中心、成本中心的管理体系格局。

2. 现代企业用工制度

企业与劳动者之间的劳动关系，以双方平等自愿签订劳动合同的方式建立。完善社会保障体系和劳动力市场，形成用人单位与劳动者双向选择、合理流动的就业机制。

3. 现代企业工资制度

经营者的收入与资产的保值增值及企业的利润相联系，员工的收入根据其劳动技能和绩效来确定，贯彻按劳分配与按资分配原则，充分发挥工资的激励作用。

4. 现代企业财会制度

建立与国际惯例相一致的企业财务会计制度体系。强化企业内部财务管理，完善企业审计制度。

5. 企业队伍和文化建设

加强企业员工队伍和企业文化建设，全面提高企业素质，培养员工优良的职业道德精神，树立团结协作、爱岗敬业、守法守信、开拓创新的精神。

13.4　企业管理方法现代化

13.4.1　管理方法的意义

管理方法的重要意义，主要表现在以下几个方面：

1. 管理方法是管理科学的重要组成部分

管理科学是由一系列的管理理论、管理原则、生产方式和组织形式、管理方法、管理制度构成的科学体系。行之有效的科学管理方法必须在科学的管理理论和原则的指导下，与企业的生产方法和组织形式相协调。先进的管理方法的运用和推广，会促进管理理论的创新和管理观念的转变，促进生产组织方式的变革，促进总体管理水平的不断提高。

2. 现代化大生产水平不断提高，需要先进的科学的管理方法与之相适应

随着科学技术快速发展和现代化大生产水平的不断提高，新的生产方式层出不穷，需要现代化的科学管理方法与之配套。如果对不断涌现的新的管理方法不研究，不创造条件准备实行之，抱残守缺，墨守成规，管理水平将永远陷于落后状况，再好的体制和制度都无济于事。在经济体制改革中，有的国有企业实现资产重组，进行改制、改组、改造后，有了完全的经营自主权，但与之相配套的管理制度未变，管理方法是老套套，穿新鞋走老路，企业活力仍然不足，经济效益仍然低下。这种客观现实的存在，有力地说明了管理方法的重要性。

3. 研究和推广先进的管理方法，可以促进企业强化管理，实现低耗高效

当前，许多企业面临很多困难，如产品竞争力差、资金短缺、产能不足、技术落后、消耗高、浪费大、职工下岗、在岗职工积极性不高等。研究和推广先进的企业管理方法，可以引导企业眼睛向内，扎扎实实抓管理，从企业内部挖掘潜力，扭转企业里由于管理不善所造成的浪费现象，降低消耗、提高效益、解决困难。把"向管理要效益"这句话变成实在的行动。如邯郸钢铁厂的"成本倒逼法"、石家庄第一塑料厂的"满负荷工作法"、东风汽车集团的"一流生产方式"、荣事达的"零缺陷生产"、美菱的"质量链"、海尔的"OEC 管理模式"与"内部市场化"成本核算方法等。这些先进的管理方法是在管理实践中创造并且获得显著效益的。

13.4.2　管理方法的分类

企业管理方法多种多样，即使是同一种方法也有多种表现形式。为了研究和应用的方便，企业可以选择一定的标志（如管理手段），对管理方法加以归纳分类。

1. 管理的经济方法

（1）价格。企业要实行成本控制和经济责任制，正确处理企业内部各个生产单位之间的经济关系，调节他们之间的经济利益，必须制定进行内部核算的内部价格。内部价格直接关系到企业内部各个单位、各个员工的切身利益，所以，内部价格也是一种经济手段。制定内部价格应该符合实际，公平合理，正确反映劳动消耗和劳动成果，能够将企业的经济效益和

员工的经济利益挂钩。

（2）税收。税收是国家取得经济收入的重要来源，也是国家管理社会生活的重要手段之一。国家根据宏观控制的需要，合理制定不同的税种和税率，以调节生产和流通，调节企业的利润水平，控制消费基金的过快增长，使社会经济的内部结构、发展趋势、活动规模等趋于和谐合理。

（3）信贷。信贷是银行存款、贷款等信用活动的总称。信贷是最为灵活、有效的经济杠杆。银行信用活动以吸收存款和储蓄形式，集中社会闲散资金；同时，按照社会经济发展的需要，以贷款形式发放给生产经营单位，满足其生产经营活动的需要。企业应该充分利用信贷这一经济杠杆进行融资、筹资，开展企业的经营活动。

（4）工资。工资是劳动报酬的一种形式。这一经济手段直接涉及企业和员工的物质利益，正确使用工资有利于调动企业经营的积极性和员工劳动的积极性。企业应该采用适合本企业特点的工资形式，例如，计时工资、计件工资、浮动工资、结构工资、年薪工资等。

（5）利润。在市场经济条件下，利润是反映经济组织效益的综合指标。利用利润杠杆来进行管理，总公司对分公司（利润中心）的管理，通常都是把一定的经济责任、经济权限、经济利益和利润指标紧密结合在一起的。企业在完成指标以后，可以得到更多的留用于发展生产和改善员工的生活福利；反之，则少留。所以，利润也是企业经济效益与员工经济利益挂钩的一个重要指标，利用这种挂钩可以促进企业员工从个人利益的角度更多地关心企业的经营及其成果。

（6）奖金、罚款。奖金是根据员工对企业所做贡献的大小，用货币形式付予员工的奖赏。奖金的目的和条件应该能够反映企业领导者对员工行为的期望，应该能够对员工的行动方向和努力程度起引导作用。罚款是对员工违返规章制度所进行的计件惩罚。它能够制约员工的不轨行为，使之符合企业的规章制度的要求。

2. 管理的行政方法

行政方法是指依靠行政组织的权威，运用命令、规定、指示条例等行政手段，按照行政系统和层次，以权威和服从为前提，直接指挥下属工作的管理方法。

3. 管理的法律方法

4. 管理的教育方法

5. 其他

如管理的数学方法等。

13.4.3　常见的现代管理方法

改革开放以来，我国有计划、有步骤地引进西方企业管理的一批先进经验，从 1983 年起，在全国范围内重点推广了其中的 18 种现代管理方法和手段。许多企业在运用过程中都收到了显著的效果，并且结合企业自身条件，从单项运用发展到配套运用，从实行局部优化到企业管理的整体优化，有力地推动了企业管理现代化进程。下面介绍几种常见的管理方法。

1. 量本利分析法

量本利分析法，又称盈亏平衡点分析法。它是依据产量（销售量）、成本（费用）、赢利三者的内在关系来分析企业的生产经营状况，合理选择经营方案的一种企业管理方法，在经营决策中被广泛运用。量本利分析法，这里的"量"是指生产量、销售量或购进量；"本"是指销售成本、生产成本或流通费用；"利"是指利润，一般是指纳税前利润。

（1）产量、费用、赢利三者之间的关系。

产量、费用、赢利三者之间的关系如图 13-3 所示。

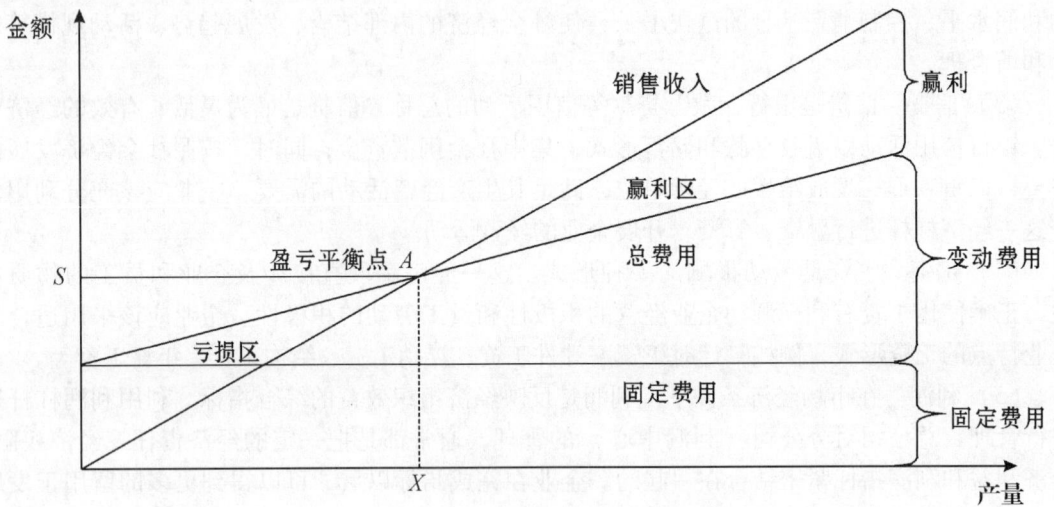

图 13-3 产量、费用、赢利三者之间的关系

（2）盈亏平衡点的确定方法。盈亏平衡点是指销售收入等于销售成本的销售量，即利润为零的销售量。对于企业管理者而言，要对盈亏平衡点 A 以及对应的产量 X 做到心中有数。一般确定的方法包括产量法、销售额法、临界收益法三种。

产量法：如果生产出的产品全部能够实现销售，生产量即为销售量，那么，则有下列公式：

$$赢利 = 销售收入 - 变动费用 - 固定费用$$

即 $E = S - V - F$，

因为 A 点 $E = 0$，

所以 $S = V + F$，

设单价为 P，单位产品变动费用为 C，则 $PX = CX + F$，

整理得 $X = \dfrac{F}{P - C}$，

这就是盈亏平衡点产量公式。

如果企业的目标利润 E 一定，要实现目标利润的产销量时，则有下列公式：

$$X = \frac{F + E}{P - C}$$

例：某企业生产某产品，销售价格为 400 元，计划年度预计生产销售 4 000 件，年固定费用总额为 60 万元，年变动费用总额为 80 万元。试求：

①该产品盈亏平衡点产量；

②销售 4 000 件时的赢利额；

③如果要求实现赢利 30 万元，产销量应该达到多少？

解：已知 $P = 400$，$F = 600\,000$，$V = 800\,000$，$X = 4\,000$

① $X = \dfrac{F}{P - C} = \dfrac{600\,000}{400 - 800\,000/4\,000} = 3\,000$（件）

② $E = S - V - F = 400 \times 4\,000 - 800\,000 - 600\,000$

　　$= 200\,000$（元）

③ $X = \dfrac{F + E}{P - C} = \dfrac{600\,000 + 300\,000}{400 - 200} = 4\,500$（件）

销售额法：如果企业生产的是多种产品，或者是经营商业或者服务性行业，则一般可以运用销售额法来解决。因此该办法具有广泛的应用价值。

根据公式 $E = S - V - F$，

在 A 点 $E = 0$，

则　　$S_0 = V_0 + F$　　$S_0 = S_0 \times V/S + F$

$$S_0 = \frac{F}{1 - V/S}$$

其中，S_0——盈亏平衡点销售量；

　　　　V/S——单位销售收入变动费用率；

　　　　$1 - V/S$——临界收益率。

如果企业的目标利润 E 一定，

则有公式：

$$S = \frac{F + E}{1 - V/S}$$

临界收益法是用临界收益和临界收益率来确定平衡点的一种方法。临界收益，就是边际贡献，是销售收入减去变动费用的余额，在数量上等于固定费用加赢利。

公式

$$M = S - V = F + E$$

临界收益法关系如图 13-4 所示。

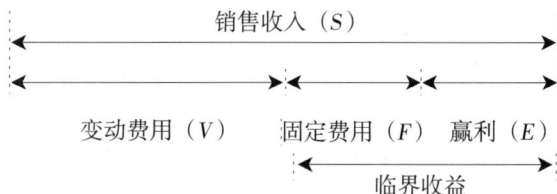

图 13-4　临界收益法关系

临界收益率，是临界收益与销售收入的比率，公式为：

$$m = M/S = (S - V)/S$$

对于单位产品，单位产品临界收益，就是单价减去单位变动费用；单位产品临界收益率，就是产品临界收益与单价的比率。临界收益与临界收益率是评价产品获利能力的重要指标，是企业领导者和管理者在决策过程中做到心中有数的重要数据。

2. 线性规划法

（1）意义。线性规划法是企业在制订生产计划和生产作业计划时，对计划方案进行选优的一种方法，是确定型决策的一种应用方法。线性规划法是运筹学的一个分支。其解决两类问题：一是在资源条件一定的条件下，如何确定合理的生产任务，才能取得最大的经济效益；二是在任务一定的情况下，如何用最少的资源完成任务，从而取得较好的经济效益。

（2）要素。线性规划包括三个要素：①决策变量；②目标函数；③约束条件。

（3）步骤。线性规划法的解题步骤包括下列三步：首先，建立线性规划数学模型，即确定三要素：①决策变量；②目标函数；③约束条件。其次，求解，建立平面直角坐标系，并根据约束条件作图，找出可行解区域。最后，求出最优解。

3. 决策树法

（1）意义。决策树法用于解决连续决策下的方案评价，是风险型决策的一种方法。一般运用于长期的投资方案过程，简单明了，比较适用。

（2）准则。它遵循的决策准则可以是期望值准则，也可以是效用准则。

（3）要素。决策树法是用树形图来表达的。其构成要素有四个：①决策点；②方案枝；③自然状态点；④概率枝。

（4）步骤。首先，绘制树形图。从左向右展开。其次，计算期望值。从右向左逆向顺序计算，把结果填在自然状态点上。最后，比较不同方案期望值，选出合理方案，剪去未采用的方案枝。

例如，一个企业想要投资扩张，向银行申请贷款。银行经理要决定是否提供贷款。如果银行提供贷款，该企业的扩张可能成功，也可能失败。如果该银行不提供贷款，该企业可能会与以前一样与该银行保持业务关系，也可能将其账户转到其他银行，那么，这些方案和事件的时序可以用决策树反映，如图13－5所示。如果知道未来每一事件下的收益和发生的概率，就用期望值方法评价出最优方案。

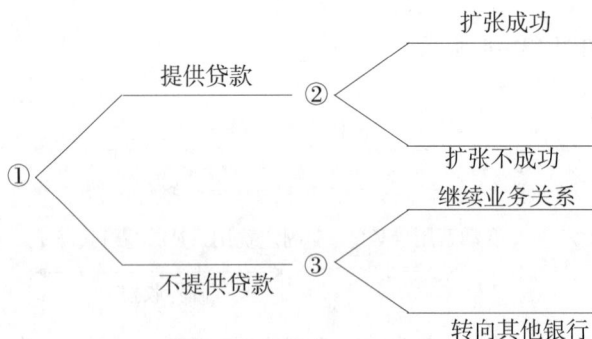

图 13－5　决策树方法

4. ABC 分析方法

（1）意义。ABC 分析方法起源于 19 世纪意大利人帕累托对于人口问题的研究，其发明了帕累托曲线。在其后的实践过程中，ABC 分析方法内容不断丰富，应用范围不断扩大，广泛地应用到企业的生产管理、成本管理、质量管理、财务管理、物资管理、销售管理等多个方面，成为企业管理中进行重点管理的基本方法。

（2）原理。ABC 分析方法是运用数理统计的方法，对于客观事物和问题，按照其主要特征，进行分类排列，分清重点和一般，从而有区别地确定管理方式的一种方法。通常把分析对象分成 A、B、C 三类，对其中起决定性影响作用的 A 类事物进行重点管理。

（3）步骤。ABC 分析方法大致划分为五个步骤：

①收集数据。针对不同的分析对象和分析内容，收集具有特点的有关数据。例如，应用于质量管理时，分析某种质量问题的原因，应该找出形成这种质量的各种原因，每一种原因造成质量问题的频数等数据。

②统计汇总。对原始数据进行整理并按照要求进行计算。例如，对品目数、品目百分比进行计算；对各类品目的资金占用量、损失量、废品数量进行计算等。

③编制 ABC 分析表。按照各类物资的资金占用量或消费量，或形成产品质量问题的各种原因出现的频率，按照从大到小的顺序排列，并在表上计算累计品目数、累计品目百分比、累计资金占用量（消费量或频数）百分比。排列方法有两种形式：一是将全部品目逐个排列的大排队方式；二是对品目进行分层的分析表。

④绘制 ABC 分析图。在直角坐标系内，以品目或品目百分比为横坐标，以金额或频数百分比为纵坐标，按照 ABC 分析表所列示的对应关系，在坐标图上取点，绘制出帕累托曲线和 ABC 分析图。如图 13 - 6 所示。

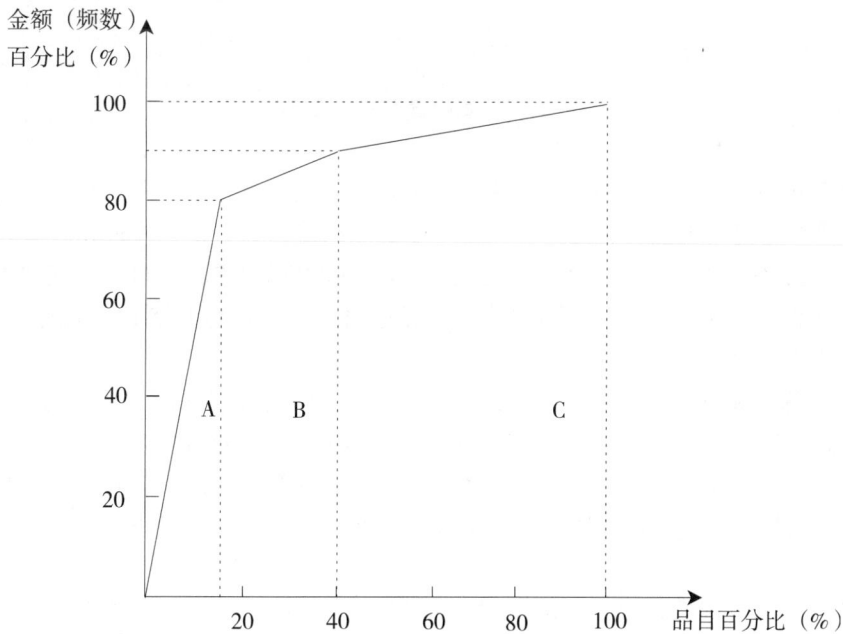

图 13 - 6　ABC 分析图

ABC 分析方法按照关键的少数与次要的多数的划分原则，一般将分析对象划分为三类：

A 类：累计百分数在 0% ～80% 之间，品目数较少，占总品目数的 10% ～15% 。

B 类：累计百分数在 80% ～90% 之间，品目数较多，占总品目数的 20% ～30% 。

C 类：累计百分数在 90% ～100% 之间，品目数很多，占总品目数的 60% ～65% 。

⑤确定重点管理方式。根据 ABC 分析的结果，再权衡技术条件、管理力量和经济效果，对三类对象进行有区别的管理。ABC 分析方法，如果在质量管理上应用，A 类因素是影响产品质量的主要因素，B 类因素是影响产品质量的次要因素，C 类因素是影响产品质量的一般因素。关键是要抓 A 类因素，把影响产品质量的主要因素解决了，其他影响产品质量的主要矛盾就能解决。

5. 目标管理方法

目标管理，是一个全面的管理系统，它采用系统的方法，使许多关键管理活动结合起来，将组织的整体目标转换为组织单位和成员的目标，通过层层落实和采取保证措施，有效而又高效地实现目标。

目标管理一般包括五个基本步骤，如图 13-7 所示。

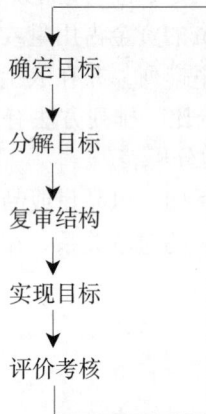

确定目标

分解目标

复审结构

实现目标

评价考核

图 13-7　目标管理的一般步骤

（1）在确定目标时，应该遵循五项原则：①要以市场为导向和依据，体现企业发展的战略思想；②要在一定的价值观的支配下，提高企业的经济效益；③从实际出发，避免"走过场"，全员参与，集思广益，最有效地利用客观条件和主观因素；④目标要先进合理，切实可行，行之有效，具有一定的难度和挑战性，经过努力应当能够达到；⑤目标要清晰明确，具有较强的可考核性。

（2）在分解目标时，采取自上而下层层展开与自下而上层层保证相结合的方式。在复审结构时，要确保目标的系统性、先进性、可行性、效益性。在实施实现目标时，要有计划、有措施、有安排、有控制、有检查、有监督，确保企业目标的实现。在评价考核时，必须要有充分的评价依据，一定要将物质奖励与精神奖励结合起来，体现公开、公平、公正的原则思想。

（3）特点。①目标管理是一种参入管理的形式。企业的领导者和员工一起共同确定目标，然后分解目标，直至每一位员工的个人目标，形成一个"目标——手段链"。②目标管理强调"自我控制"。目标管理的主旨在于用"自我控制的管理"代替"压制性的管理"，使管理人员能够控制自己的成绩。③促使权力下放。④注重成果第一。实行目标管理之后，由于有了一套完善的目标考核体系，从而能够按照员工的实际贡献大小如实评价员工，并且能够增强员工的满足感、向心力以及企业的凝聚力、竞争力。

13.5 企业管理手段现代化

企业管理手段现代化，是指在企业管理中广泛采用先进的现代化设备，建立企业管理信息系统，实现信息管理现代化。这是实现企业管理现代化的主要工具。

13.5.1 企业信息

1. 信息的概念

人们对信息的理解可谓见仁见智。其中代表性的定义有：

（1）信息是物质的一种存在形式，它是借助于一定的物质载体传递或储存的。

（2）信息是人与外界相互作用过程中相互交换的内容和名称。

（3）信息是反映客观世界中各种事物特征和变化的一种可通信的知识，是具有新内容和新知识的消息以及包含一定内容的信号等。

（4）信息是指客观世界中各种事物的变化和特征的反映，是客观事物之间联系的表现，也是客观事物状态经过传递后的再现。

可见，信息具有客观性、普遍性、时效性、与载体不可分性、共享性、可存储性及污染性等特征。

2. 企业信息的种类

企业信息是信息的一种。它一般是指与企业的人、财、物等诸要素以及供、产、销等环节有关的信号、数据、消息、情况、指令等内容。

（1）从来源看，企业信息分为企业内部信息与企业外部信息。企业内部信息是企业生产经营过程中产生的各种信息。企业外部信息是从企业外部环境传输到企业的各种经济信息。

（2）从内容看，企业信息分为指令信息、市场信息、管理信息、环境信息、科技信息、人力信息、财务信息等。

（3）从作用看，企业信息分为描述性信息、预测性信息、决策控制性信息。

3. 作用

企业信息就像"神经系统"，是企业的生命，其作用十分重大。主要表现是：

（1）它是现代企业科学决策的依据。企业决策贯串于管理的全过程，是企业活动的纲领。决策正确与否，关键在信息。在市场经济不断发展、竞争日益激烈的情况下，企业决策者只有"知己知彼"、"胸中有数"，才能"百战不殆"。

（2）它是现代化建设企业进行有效控制的工具。企业生产经营始终贯串着物流、资金流和信息流。其中，信息流起着主导作用。管理的过程也就是利用信息进行控制的过程。正是信息具有控制作用，才能有效地保证企业目标和计划的实现。

（3）它是企业经济活动有秩序进行的组织手段。信息是"黏合剂"，把整个企业组织结合起来。没有信息，就无从管理；离开信息，管理的整体化、最优化、目标化就不能实现。

（4）它是现代企业提高经济效益的重要条件。信息在生产力体系中的地位越来越突出，作用越来越重要。信息是无形的财富。企业只有重视信息这种"软件"的管理，才能使企业的经济效益达到最佳状态。

13.5.2 企业管理信息系统

1. 意义

管理信息系统（MIS），是指运用现代化的管理思想和方法，采用电子计算机系统，对企业管理决策中的信息进行收集、存储、加工、分析以及辅助，从日常的业务处理直到决策方案的制订和选优，以及对管理系统进行跟踪检查、监督指导、全程控制的人—机系统。管理信息系统是实现企业管理创新和提高效率的重要手段。管理信息系统的建立和运行的过程是企业全面信息化的过程。

2. 企业信息化

企业信息化建设是提高企业核心竞争力的重要途径。企业信息化建设，不单是信息技术应用的过程，还是通过信息技术应用与企业经营管理模式转换推动企业经营管理水平提升的过程。企业信息化主要内容包括企业人员的信息化、主导流程的信息化、管理系统的数据化。

（1）企业人员的信息化。企业信息化要通过信息系统的开发和应用来实现，而信息系统的开发需要使用非常复杂的信息技术。一般地，掌握这些技术的专业人员难以与管理人员沟通交流，但是信息系统的开发和应用必须与企业管理紧密结合才能成功。因此，要求信息专业技术人员与管理人员沟通交流。只有既懂经营管理，又懂信息专业技术的人员才能承担起这两种人员沟通交流的中介。这就是系统分析员。系统分析员是企业信息化的最重要的角色，在企业信息化进程中起着举足轻重的作用。因此，企业信息化首先要求企业人员的信息化。

（2）主导流程的信息化。企业人员的信息化的过程是实现企业核心业务和主导流程再造的过程。任何企业都有其独特的主营业务，核心业务的运作过程就是企业的主导流程。企业在实现信息化时，必须紧紧围绕企业的核心业务和主导流程开展。

（3）管理系统的数据化。实践证明，开发企业信息系统，应该首先在战略数据规划的指导下，根据企业的主导业务，开发主题数据库。然后，再围绕主题数据库开发业务处理系统。最后，根据企业实际，开发适合企业使用的独特软件系统。

3. 阶段

企业信息化的实施一般分为三个阶段：一是建立工艺设计与生产控制的信息系统；二是建立企业内部的管理信息系统；三是建立基于互联网的企业电子商务系统。

13.5.3 企业管理信息系统创新

当今时代，在全球竞争激烈的大市场，无论是流程式还是离散式的制造业企业，其内部管理都可能遇到诸如如何保持市场占有、准时交货、柔性制造、生产成本等许多严峻问题。为此，要求企业管理信息系统不断创新。

信息技术最初在管理上的运用，十分简单，主要是记录数据、方便查询和汇总。现在，发展到建立在全球互联网基础上的跨国家、跨企业的运行体系。大致可分为如下阶段：

（1）MIS 系统阶段。企业的信息管理系统主要是用于记录大量原始数据、支持查询和汇总等方面。

（2）MRP 阶段。企业的信息管理系统对产品构成进行管理，借助计算机的运算能力及系统对客户订单、在库材料、产品构成的管理能力，实现依据客户订单，按照产品结构清单展开并计算物料需求计划，实现减少库存、优化库存的管理目标。

（3）MRPII 阶段。在 MRP 管理系统的基础上，系统增加了对企业生产中心、加工工时、生产能力等方面的管理，以实现计算机进行生产排程的功能，同时也将财务的功能囊括进来，在企业中形成以计算机为核心的闭环管理系统。这种管理系统可以动态监察到产、供、销的全部过程。

（4）ERP 阶段。进入 ERP 阶段后，以计算机为核心的企业级的管理系统更加成熟，增加了包括财务预测、生产能力调节、调整资源调度等方面的功能，配合企业实现 JIT 管理、全面质量管理和生产资源调度管理及辅助决策的功能，成为企业进行生产管理及决策的平台工具。

13.6 企业管理人员现代化

企业管理人员现代化是要使企业的主要领导者、中层管理人员以及其他人员都成为符合现代社会化大生产要求的现代人。现代企业管理人员，特别是企业领导者必须具备现代企业经营管理的理念、思想、知识、方法、手段、技能和艺术，必须具有下列素质。

13.6.1 政治素质

现代企业管理人员，特别是企业领导者，是企业的决策者、组织者、指挥者，其直接关系到企业的兴衰成败。其必须把握坚定正确的政治方向，即能高举建设中国特色社会主义的旗帜，坚持"三个代表"重要思想，一心一意谋发展，聚精会神搞建设；必须正确行使手中的权力，承担责任，权为民所用，利为民所谋，情为民所系，带领企业广大员工同心同德、群策群力、同舟共济为实现企业目标奋斗。

13.6.2 知识素质

掌握现代自然科学新成果——系统论、信息论、控制论的基本原理，学习和懂得经济学、管理学、法学、领导学等方面的基础知识，具备合理的知识结构，拥有 80% 的广博的横向知识和 20% 的精深的纵向知识。

13.6.3 能力素质

能力素质具有特别意义。管理人员，特别是高级管理人员，要具有多方面的才能，主要有两大类：创新能力和综合能力。

1. 创新能力

（1）洞察力。即"洞若观火"的能力，也就是敏锐、迅速、准确观察和抓住目前问题要害的能力。它是一种直觉力，需要有很高的资质禀赋。

（2）预见力。即"未卜先知"的能力，也就是超前把握市场环境未来发展趋势的能力。

（3）决断力。即"英明果断"的能力，也就是实际的决策能力，方案的选择与机会、风险、利害、压力、责任等相连。决断力是一种意志力，必须具有当机立断的魄力与胆略。

（4）推动力。即"一呼百应"的能力，也就是激励员工实现企业目标的能力。具体表现为感染力、吸引力、凝聚力、号召力、影响力、个人魅力。要求善于授权、善于"弹钢琴"、善于激励人，树立良好的公众形象。

（5）应变力。即"随机应变"的能力，也就是化危机为时机、变挑战为希望的能力。要求具备处变不惊、临危不惧、灵活善变的能力。

（6）辨才力。即"慧眼识才"的能力，也就是善于辨别和起用人才的眼力。要求惜才爱才，知人善任。

2. 综合能力

（1）信息获取能力。要求能够及时掌握企业生产经营情况及市场动态，对各种各样的信息进行去粗取精、去伪存真、由此及彼、由表及里的处理。

（2）知识综合能力。要求掌握多学科的知识并且运用于企业生产经营实践。

（3）利益整合能力。要求把企业眼前利益与长远利益结合起来，把企业利益与客户利益、竞争者利益、社会利益、国家利益、员工利益有机统一起来，形成最优化的利益。

（4）组织协调能力。要求企业中高层管理人员指挥有方，层次分明，团结协作，消除误解，增进了解，相互理解，达成和解。

13.6.4 心理素质

企业管理人员的心理素质包括心理活动与心理品质两个方面。这里主要是指企业管理人员应该具有的个性品质类型。其表现为：

1. 敢于决断的气质

气质是比较稳定的个性特征。企业管理人员应该针对自己的气质特点进行培养，做到扬长避短。

2. 竞争开放的性格

性格是一个人对人、对事的稳定态度及其适应的习惯行为方式。管理人员应该能够容纳竞争、敢于竞争、适应环境、引导环境。

3. 坚韧不拔的意志

意志是自觉确定目的、支配自己行为、克服困难、实现目的的心理过程。现代社会更加复杂多变，市场竞争更加激烈，经营风险日益增加，企业管理人员必须具备百折不挠的意志力，才能将企业的经营理念与目标付诸实施并且取得成功。

【个案】

东阿阿胶集团 ERP 的应用

东阿阿胶集团有限公司是全国最大的阿胶生产企业。该企业在实施 ERP 的过程中，始终贯串一条主线：全面吸收 ERP 的管理思想，重新打造企业价值。虽然在实施中，遇到了许多问题，例如，员工的畏难情绪、基础数据收集困难、业务流程重组缺乏成效等，但是，经过近一年的努力，东阿阿胶成功建立了自己的 ERP 系统，该系统以供应链管理为核心，以客户关系管理为重要支撑，强调生产、采购、库存的计划管理，对资金的管理进行全程监控，确保资金的效率。通过应用 ERP 系统，东阿阿胶取得了显著的效益。

（1）直接效益：20×× 年该公司销售额达到 4.15 亿元，利润 1.04 亿元，利税 1.79 亿元，分别比上一年增长 40.06%、66.73%、73.82%。

（2）直接效益：通过 ERP 的实施，该公司建立了以财务管理为中心的企业管理新机制，实现了资金流、物流、信息流的一体化管理；实现了决策科学化、规范化管理；提高了整个企业计算机管理系统和软件应用系统的集成度，企业内外信息得到了共享，整体上提高了企业对市场的反应能力；促进了企业体制、机制的管理创新，提高了新产品开发速度，使企业从传统的制造模式转变为现代先进的制造模式。

【案例分析】

东阿阿胶集团在建立 ERP 系统上表现出了极大的决心，也做了大量的工作，他们在总结教训的基础上，首先搞好引进的选型，抓好员工技术培训，重视基础数据的收集整理，所以保证了项目的成功。

东阿阿胶集团 ERP 实施成功的关键，是用 ERP 先进的管理思想和方法去规范企业的管理行为，企业管理的核心和决定的因素是人，如果不立足于管理创新，ERP 就不可能成功。

思考提示：

1. 东阿阿胶集团决策者为什么决定实施 ERP 系统？

2. 东阿阿胶集团在实施 ERP 系统中遇到了哪些难题？

3. 东阿阿胶集团在实施 ERP 系统后取得了哪些效益？

4. 东阿阿胶集团在实施 ERP 系统后取得的经验是什么？

【本章小结】

企业管理现代化是一个系统工程，涉及企业管理思想现代化、企业管理组织现代化、企业管理方法现代化、企业管理人员现代化、企业管理手段现代化等多个方面的内容。

本章首先论述了企业管理现代化的内在含义、重大意义、实质属性、地位原则、主要内容及其相互关系。其次介绍了企业管理组织现代化的四大内容，即管理体制、领导制度、组织机构和管理制度。再次说明了企业管理方法现代化的重大意义、分类，重点介绍了常见的五种方法原理以及运用。然后分析了企业管理手段现代化的基本内容，论述了企业信息概念、分类，重点介绍了企业管理信息系统的意义、主要内容、实施阶段和原则以及企业管理信息系统的创新。最后探讨了企业管理人员现代化的基本思路，提出了企业管理人员在政治素质、知识素质、能力素质和心理素质方面的基本内涵与要求。

【关键术语和概念】

企业管理现代化　企业管理思想　企业管理组织　企业管理方法　企业管理制度　企业管理手段　企业管理人员

【练习题】

1. 企业管理现代化的主要内容有哪些？

2. 你认为企业管理现代化需要什么样的环境？

3. 企业家如何面对企业管理现代化的机遇和挑战？

4. 企业管理方法现代化的主要方法有哪些？

5. 企业管理手段现代化是指什么内容？

6. 企业管理人员现代化的基本要求有哪些？

【补充阅读】

1. 王乐夫. 领导学：理论、实践与方法. 广州：中山大学出版社，2004.

2. 张存禄. 企业管理经典案例评析. 北京：中国人民大学出版社，2004.

3. 何永祺，张传忠，蔡新春. 市场营销学. 大连：东北财经大学出版社，2002.

参考文献

1. 高海晨. 现代企业管理. 北京：机械工业出版社，1999.

2. 杭中茂. 现代企业经营管理. 大连：东北财经大学出版社，2002.

3. 程国平. 管理学原理. 武汉：武汉理工大学出版社，2002.

4. 王方华. 现代企业管理. 上海：复旦大学出版社，1998.

5. 张爱玲. 现代企业策划. 北京：中国经济出版社，2002.

6. 穆庆贵. 新编企业管理. 上海：立信会计出版社，2000.

7. 徐盛华，陈子慧. 现代企业管理学. 北京：清华大学出版社，2004.

8. 陈秋元. 现代企业管理. 北京：经济科学出版社，2003.

9. 张平华. 中国企业管理创新. 北京：中国发展出版社，2004.

10. 张存禄. 企业管理经典案例评析. 北京：中国人民大学出版社，2004.

11. 巨天中. 品牌策划. 北京：中国经济出版社，2004.

12. 苏勇，陈小平. 品牌通鉴. 上海：上海人民出版社，2003.

13. Paul Temporal. 高级品牌管理. 北京：清华大学出版社，2004.

14. 徐艳梅. 管理学原理. 北京：北京工业大学出版社，2000.

15. 程国平. 经营者激励. 北京：经济管理出版社，2002.

16. 刘建军. 领导科学原理——科学与艺术. 上海：复旦大学出版社，2001.

17. 陈建平. 企划与企划书设计. 北京：中国人民大学出版社，2000.

18. 徐育斐. 市场营销策划. 大连：东北财经大学出版社，2002.

19. 陈放. 企业病诊断. 北京：中国经济出版社，2002.

20. 虞文均. 企业诊断. 上海：上海财经大学出版社，2003.

21. 吴志远. 企业经营诊断术. 北京：经济管理出版社，2002.

22. 盛骏飞，高立法. 企业全面诊断与综合管理. 北京：中国时代经济出版社，2004.

23. 王效昭，赵良庆，吴泉信. 企业管理学. 北京：中国商业出版社，2001.

24. 谭力文，徐珊，李燕萍. 管理学. 武汉：武汉大学出版社，2004.

25. 李令德. 企业战略管理新编. 上海：华东理工大学出版社，2003.

26. 冯文权. 经济预测与决策技术. 武汉：武汉大学出版社，2002.

27. 王霖. 特许经营. 北京：中国工人出版社，2000.

28. 李继延. 现代工商管理实务. 北京：经济科学出版社，2000.

29. 任剑新. 企业科技管理. 武汉：湖北科学技术出版社，2000.

30. 罗时凡. 工业企业的新产品开发. 武汉：华中理工大学出版社，2000.

31. 何春田. 工业企业科学技术管理. 南京：南京大学出版社，2000.

32. 周三多，陈传明，鲁明泓. 管理学. 上海：复旦大学出版社，2002.

33. 李道明. 财务管理. 北京：中国财政经济出版社，2003.

34. 李海波，刘学华. 企业管理概论. 上海：立信会计出版社，2003.

35. 黄渝祥. 企业管理概论. 北京：高等教育出版社，2002.

36. 王乐夫. 领导学：理论、实践与方法. 广州：中山大学出版社，2004.

37. 何永祺，张传忠，蔡新春. 市场营销学. 大连：东北财经大学出版社，2002.